utb 4852

Eine Arbeitsgemeinschaft der Verlage

Brill | Schöningh – Fink · Paderborn
Brill | Vandenhoeck & Ruprecht · Göttingen – Böhlau · Wien · Köln
Verlag Barbara Budrich · Opladen · Toronto
facultas · Wien
Haupt Verlag · Bern
Verlag Julius Klinkhardt · Bad Heilbrunn
Mohr Siebeck · Tübingen
Narr Francke Attempto Verlag – expert verlag · Tübingen
Psychiatrie Verlag · Köln
Ernst Reinhardt Verlag · München
transcript Verlag · Bielefeld
Verlag Eugen Ulmer · Stuttgart
UVK Verlag · München
Waxmann · Münster · New York
wbv Publikation · Bielefeld
Wochenschau Verlag · Frankfurt am Main

Wolfgang Funk

Gender Studies

2., aktualisierte Auflage

BRILL | FINK

Der Autor:

Dr. Wolfgang Funk ist Wissenschaftlicher Mitarbeiter am Institut für Anglistik und Linguistik der Johannes Gutenberg-Universität Mainz. Er ist Autor einer Monographie (*The Literature of Reconstruction*, Bloomsbury, 2015) und zahlreicher Aufsätze in Fachzeitschriften und Sammelbänden sowie Mitherausgeber der Bände *Fiktionen von Wirklichkeit* (transcript, 2011) und *The Aesthetics of Authenticity* (transcript, 2012). Er lehrte Anglistik und Gender Studies an den Universitäten Regensburg (2005-2008) und Hannover (2008-2015). Von 2008 bis 2015 koordinierte und konzipierte er darüberhinaus Studienschwerpunkte zum Thema Gender Studies an diesen Universitäten.

Bibliografische Information der Deutschen Nationalbibliothek
Die Deutsche Nationalbibliothek verzeichnet diese Publikation in der Deutschen Nationalbibliografie; detaillierte bibliografische Daten sind im Internet über https://www.dnb.de

2., aktualisierte Auflage 2024

Printed in Germany.
Herstellung: Brill Deutschland GmbH, Paderborn
Einbandgestaltung: siegel konzeption | gestaltung

UTB-Band-Nr: 4852
ISBN 978-3-8252-6156-6
eISBN 978-3-8385-6156-1

Inhalt

Vorwort zur 2. Auflage

Als der Verlag zu Anfang des Jahres 2023 mit der Anfrage einer Neuauflage dieser kleinen Einführung in die Gender Studies auf mich zukam – schließlich „habe sich ja auf diesem Gebiet seit 2018 eine Menge getan", fiel mir diese Entscheidung – deren Resultat Sie jetzt in der Hand halten – ehrlich gesagt nicht leicht. Ohne Frage hat sich in den vergangenen Jahren die gesellschaftliche, politische und kulturelle Perspektive sowohl im Hinblick auf Konfigurationen und Wahrnehmungen menschlicher Geschlechtlichkeit im Allgemeinen als auch bezüglich der akademischen Disziplin der Gender Studies im Besonderen merklich verschoben. Als Meilenstein im Bezug auf Letzteres sind sicherlich die *Empfehlungen zur Weiterentwicklung der Geschlechterforschung in Deutschland* zu nennen, die der Wissenschaftsrat im Juli 2023 veröffentlichte. Als Fazit dieser umfangreichen Inventarisierung der einschlägigen Forschungs- und Lehrlandschaft appelliert der Rat „an die wissenschaftlichen Fachgemeinschaften, die Leitungen von Hochschulen und außerhochschulischen Forschungseinrichtungen sowie Forschende aller Disziplinen und jeden Geschlechts konkrete Anstrengungen zu unternehmen, **Geschlechterperspektiven in Forschung und Lehre stärker zu integrieren**" (8; Hervorhebung im Original), was durchaus als offizielle Anerkennung der Disziplin als ‚vollwertige' Wissenschaft anzusehen ist. Da „Fragen des Geschlechts und der Geschlechterverhältnisse – wenn auch in unterschiedlichem Maße und in unterschiedlicher Ausprägung – nahezu alle Wissenschaftsdisziplinen" betreffen (7), ist zudem der inhärent disziplinübergreifende Charakter der Gender Studies zu berücksichtigen, und damit auch deren Relevanz für jede Form von „Forschung, die sich mit gesellschaftlichen Phänomenen, Menschen und ihren Artefakten befasst". Diese, so der Wissenschaftsrat weiter, „kann nur dann einen adäquaten Komplexitätsgrad und eine hohe Qualität erreichen, wenn sie Gesellschaft nicht als einen geschlechtsfreien Raum und Menschen nicht als geschlechtslose Wesen betrachtet".

Doch nicht nur das wissenschaftspolitische Standing der Gender Studies hat sich seit 2018 signifikant gewandelt. Auch thematisch und inhaltlich haben sich in den letzten Jahren neue Konzepte, Diskurse und Schwerpunkte herausgebildet, die – wie z.B. im Fall der Neubewertung von Transgeschlechtlichkeit und -identität oder in Gebrauch und Konnotation des Begriffs und Konzepts der ‚Wokeness' – ohne Zweifel wichtige Impulse für die theoretische Rahmung und das Selbstverständnis der Forschungsdisziplin als Ganzes gezeitigt haben. Jenseits dieser kontextuellen Bedingungen bringt es die Struktur dieses Buchs, das jeweils von einem aktuellen Diskurs-Phänomen ausgehend die Geschichte und Genealogie der einzelnen Kapitel erschließt, notwendigerweise mit sich, dass einige dieser Anknüpfungspunkte (Conchita Wurst, Ampelmännchen-Diskussion) nicht mehr ganz so ‚aktuell' und präsent sind wie noch vor sechs Jahren.

Diese Entwicklungen und Erkenntnisse allein wären hinreichend, die Notwendigkeit einer Neuauflage zu rechtfertigen.

Wenn ich dennoch diese Neubearbeitung mit etwas mehr Bedenken in Angriff genommen habe als das ursprüngliche Manuskript, liegt dies ebenso in der Entwicklung begründet, die die Gender Studies (sowohl im Bezug auf fachliche Inhalte wie gesellschaftlicher Repräsentation) seit der Erstauflage genommen haben. In der Erstaufgabe dieses Buchs stelle ich wiederholt klar, dass meiner Auffassung nach eine theoretische Beschäftigung mit ‚Gender' nicht automatisch einer bestimmten politischen und kulturellen ‚Gesinnung' entspringen muss. Der Wissenschaftsrat unterstreicht ebenfalls die zentrale Bedeutung dieser Entkopplung, wenn er fordert, die „Geschlechterforschung als wissenschaftliches Forschungsfeld einerseits und die Gleichstellungspolitik andererseits sind – trotz inhaltlicher Berührungspunkte sowie sinnvoller Kooperation – grundsätzlich zu unterscheiden" (7). Dementsprechend ist eine Einführung in die zentralen Begriffe und historischen Grundlagen der Gender Studies per se keine ‚woke' Kampfschrift, sondern kann für sich denselben kritischen ‚Wert' beanspruchen, der beispielsweise einer Unterweisung in die Grundbegriffe der Thermodynamik oder eine historische Abhandlung über verschiedene Formen des Sonetts in der englischen Sprache zuzubilligen ist. Sie umreißt mithin einen Untersuchungsgegenstand, den manche*r möglicherweise als uninteressant, überflüssig und sogar irrelevant ansehen mag, dessen Potential als Instrument zur kritischen Auseinandersetzung mit bestimmten gesellschaftlichen und kulturellen Prozessen und Phänomenen aber außer Zweifel stehen muss.

Aus diesem Selbstverständnis heraus, ist die einzige ‚Agenda', die dieses Buch für sich in Anspruch nimmt, die eines Versuchs, den hermeneutischen Wert der Gender Studies vor Augen zu führen und dadurch einem reduktiven und simplifizierenden Verständnis der Disziplin entgegenzuwirken. Allerdings, und hier setzen die Bedenken ein, ist diese Position, aus der heraus eine ihrem eigenen Verständnis nach ‚wertneutrale' Herangehensweise der Gender Studies vertreten werden kann, in den vergangenen Jahren zunehmend prekärer geworden. Einerseits bleiben die Gender Studies eines der zentralen Austragungsorte der mit immer größerer Heftigkeit geführten *culture wars*, deren Kämpfe momentan besonders aufgeregt auf den Feldern der Cancel Culture, Wokeness oder gendergerechten Sprache geführt werden.[1] In diesem übergeordneten Kontext fungieren die Gender Studies als eines der bevorzugten *bête noire* eines Populismus, der sich primär eine Reduktion von Komplexität auf die Fahnen schreibt und dementsprechend auf eindeutige und einfache Erklärungsmuster abzielt, mit denen die Gender Studies per definitionem (siehe Wissenschaftsrat) nur schwer

1 Für aktuelle Einordnungen und Stellungsnahmen zur Cancel Culture, siehe Daub (2022) und Nida-Rümelin (2023). Für eine kritische und viel-diskutierte Auseinandersetzung mit den Prinzipien der Wokeness, siehe Neiman (2023). In seinem Artikel „Das Ende von Woke" liefert Mangold (2024) einen umfassenden Abgesang des Konzepts.

in Einklang zu bringen sind.[2] Die Gründe für den Erfolg dieser reduktiven Form des Populismus im globalen Norden sind komplex und vielschichtig, da sich hierbei im Einzelnen ökonomische Faktoren (Armutsmigration von außen, wachsende Kluft zwischen Armen und Reichen im Inneren) mit kulturellen Überzeugungen (gefühlte Bedrohung nationaler Identität und Souveränität, religiöse Ressentiments) und sozialen Befindlichkeiten (gefühlte Hegemonie einer politischen und kulturellen Elite) überschneiden. Auch wenn Fragen von Gender und Geschlechtsidentität in diesem Zusammenhang nicht zwangsläufig im Mittelpunkt der Debatte stehen, ist doch immer wieder zu beobachten, dass sie sich offenbar zumindest sehr gut dazu eignen, die Diskussion publikumswirksam zuzuspitzen und mediale Aufmerksamkeit zu generieren. Als Beispiel ließe sich hier der Versuch der AfD anführen, sich als Stimme der Vernunft angesichts eines scheinbar allgegenwärtigen ‚Genderwahns' zu profilieren. Mit diesem Begriff wird eine als ideologisch verstandene Denkposition bezeichnet, die sich angeblich ausschließlich einer Interessensvertretung und Repräsentation von nicht-normativen Geschlechterrollen und -verhältnissen verschrieben und dadurch die Sorgen, Nöte und Bedürfnisse der großen Mehrheit der ‚normalen' Bevölkerung völlig aus den Augen verloren habe.

Parallel zu diesen, schon fast klassisch zu nennenden, Anfechtungen hat das – wie der Wissenschaftsrat feststellt, an sich ohnehin schon heterogene, unübersichtliche und transdisziplinäre – Feld der Gender Studies eine zunehmende interne Zersplitterung erfahren, die sich sinnbildlich am treffendsten vielleicht in der Erscheinung eines ‚trans-exklusiven Feminismus' zeigt, der zwei durch die Gender Studies angeblich ermächtigte Identitäts-Kategorien (‚Frau' und ‚Trans') zueinander in Opposition bringt. Zusammengenommen führen diese beiden Entwicklungen nun dazu, dass, den Appellen des Wissenschaftsrats zum Trotz, jede kritische Auseinandersetzung mit Aspekten von Gender die gefühlte Notwendigkeit mit sich bringt, sich im selben Atemzug sofort diesbezüglich positionieren zu müssen, also eine Haltung für oder gegen etwas einzunehmen. Der öffentliche Diskurs scheint hier kaum Nuancen und Ambiguitäten zu dulden. Dies gilt sowohl für von außen herangetragene Einschätzungen bezüglich eines Für-und-Wider der Disziplin ‚Gender Studies' als Ganzes als auch für eine disziplin-interne Verortung als z.B. ‚trans-inklusive' vs. ‚trans-exklusive' Feministin. Diese scheinbare Verpflichtung zur Positionierung konterkariert allerdings die Vorstellung von neutraler, oder zumindest unideologischer, Herangehensweise an den Untersuchungsgegenstand, die für ein Verständnis der Gender Studies primär als hermeneutische Wertschöpfung zwingend vorauszusetzen ist;

2 Als Beispiele für solcherlei kritische Einschätzung der Gender Studies, seien stellvertretend Graf (2021) und Schulze-Eisentraut/Ulfig (2021) genannt. Sabine Hark und Paula-Irene Villa versuchen in ihrem Buch *Anti-Genderismus* eine wissenschaftlich und historisch wie empirisch fundierte Antwort auf diese Entwicklung zu geben. Der Begriff ‚Anti-Genderismus', so räumen die Autorinnen ein, sei „unglücklich", beinhalte aber präzise den Kern der Sache, nämlich eine Haltung der „Abwehr gegen Gender beziehungsweise gegen das, was diesem Begriff unterstellt wird" (2016a: 7).

Thermodynamiker*innen müssen schließlich auch nicht die grundsätzliche Relevanz ihres Forschungsgebiet rechtfertigen (obwohl vermutlicherweise eine große Mehrheit der Bevölkerung nicht so ganz genau sagen kann, was sie da eigentlich genau erforschen). Ebenso wenig sehen sich Anglistin*innen gezwungen, sich als exklusive Anhänger*innen entweder der englischen oder der italienischen Sonettform zu positionieren.

Zugespitzt formuliert ließe sich abschließend vielleicht folgender Zirkelschluss konstatieren: Seit der ersten Veröffentlichung dieses Buchs scheint es von größerem öffentlichem Interesse zu sein, *dass* eine Fragestellung den Gender Studies zugerechnet wird, als zu fragen, *was* die Gender Studies hinsichtlich dieser Fragstellung genau tun. Der daraus resultierende Positionierungsdruck beeinträchtigt wiederum die Funktionsfähigkeit der Gender Studies als kritisches und hermeneutisches Werkzeug. Der Logik dieses Zirkelschluss entgegenzuwirken und ihr die fortwährende Funktion der Gender Studies als fundiertem, wirksamem und zeitgenössisch gültigem Erkenntnis-Prozess entgegenzuhalten, soll die vornehmliche Aufgabe dieser Neuauflage sein.

In diesem Sinne folgt nun eine konkrete Übersicht über die wichtigsten Änderungen zur ersten Auflage. Die grundsätzliche Kapitel-Anordnung des Buchs bleibt im Kern unverändert, genauso wie die interne Struktur der Kapitel, die sich mit den kultur-historischen Grundlagen und Vorläufern der einzelnen Thematiken beschäftigen. Diese werden im Bedarfsfall punktuell aktualisiert und gegebenenfalls um einschlägige Aspekte erweitert. Neu konzipiert sind lediglich die den einzelnen Kapiteln vorangestellten aktuellen Veranschaulichungen, deren Zweck es ist, die Relevanz der nachfolgenden Fragestellungen im Lichte zeitgenössischer öffentlicher Debatten und Diskurse deutlich zu machen. Die gewählten Beispiele sind entweder komplett neu (wie in den Kapiteln 2, 4 und 6) oder wurden im Hinblick auf gegenwärtige Entwicklungen aktualisiert (wie in den Kapiteln 3 und 5). Um diese Entwicklungen den Leser*innen dieser Neuauflage kenntlich zu machen, werden die Änderungen zur Erstauflage dabei wo notwendig kurz aufgezeigt oder kommentiert.

Abschließend bleibt im Rückblick auf den Prozess der Neubearbeitung Folgendes festzuhalten: Im Verlauf der Beschäftigung mit den zahlreichen aktuellen Debatten, den historischen Grundlagen und den unerschöpflichen Betätigungsfeldern und Anknüpfungspunkten, die die Gender Studies ausmachen und die dieses Buchs zumindest in Grundzügen darstellen möchte, haben sich die anfänglichen Bedenken ob der Möglichkeit und Sinnhaftigkeit einer Neuauflage zwar nicht völlig zerstreut; zu angreifbar, fragil und dadurch politisch instrumentalisierbar wirken das Feld und die Inhalte der Gender Studies nach wie vor. Dennoch hat mir diese erneute und erneuerte Beschäftigung mit den Inhalten dieses changierenden, komplexen, spannenden und stets anregenden Gebiets deutlich gemacht, dass die akademische Landschaft ärmer wäre ohne die Existenz und Erklärungsmuster der Gender Studies. „Die Bedeutung der Geschlechterforschung," so hebt der Wissenschaftsrat die durchaus emanzipatorische Bedeutung dieser Disziplin heraus, „erschöpft sich mithin nicht in Belangen persönlicher Identität, sondern greift auf alle Bereiche des Lebens aus, in denen Menschen miteinander, aber auch mit den von ihnen gestalteten Umwelten interagieren" (2023: 7). Diesen Formen der Interaktion die methodischen und historischen Grundlagen bereitzustellen, ist das vorrangige Ziel dieser Neuauflage.

München, im Januar 2024
Wolfgang Funk

1 Einleitung

Das Geschlecht fungiert seit jeher als eine der zentralen Identifikationskategorien des Menschen. Um eine möglichst eindeutige und unzweifelhafte Einordnung jedes Individuums in die Matrix der Geschlechter(rollen) zu gewährleisten, sind die Rahmenbedingungen und Markierungen der Geschlechtszugehörigkeit gesetzlich wie kulturell sorgfältig reglementiert. Im sozio-kulturellen Bereich sei als erstes einführendes Modell für die Markierung der Geschlechter die farbliche Zuordnung von blau (männlich) und rosa (weiblich) angeführt, die das Neugeborene oft schon vor dessen Geburt in eine symbolische Grundordnung einpflegt. Die nachhaltige und scheinbar unhintergehbare gesellschaftliche Einschreibung der geschlechtlichen Rollenbilder zeigt sich aber auch, und vor allem, in der alltäglichen sozialen Interaktion. Unbewusst ist die Geschlechtszuordnung wohl eine der ersten Entscheidungen bei der Begegnung mit Anderen: eine Entscheidung, die in den meisten Fällen in Sekundenbruchteilen gefällt wird. Grundlage für diese intuitive Entscheidung können dabei so unterschiedliche Parameter wie Aussehen, Kleidung, Auftreten oder der Name sein. Jedenfalls ergibt sich aus dieser unterbewussten Rollenzuschreibung mithin eine Rollenerwartung, anhand derer das Gegenüber als funktionierende*r und gesellschaftlich sichtbare*r Repräsentant*in des jeweiligen Geschlechts eingeschätzt und bewertet werden kann.

Dies bringt uns gleich zu Anfang dieses Buchs zu einer der zentralen Begriffsbestimmungen und zu einer Frage, die – obwohl im Grunde genommen sehr einfach und klar zu formulieren – als Ausgangspunkt sämtlicher Missverständnisse und Auseinandersetzungen hinsichtlich der geschlechtlichen Verfasstheit des Menschen gesehen werden kann. Diese Kernfrage lässt sich herunterbrechen auf die Entscheidung, ob ‚Geschlecht' eine essentielle oder eine konstruierte Identifikationskategorie darstellt. Da sich diese beiden Begrifflichkeiten, ‚Essentialismus' und ‚Konstruktivismus', als roter Faden durch das gesamte Buch ziehen werden, seien sie hier gleich zu Beginn angemessen eingeführt.

Der entscheidende Unterschied zwischen den beiden Konzepten lässt sich dabei als eine Frage der Vorrangigkeit begreifen. Für den Essentialismus ist das allgemeingültige Raster aus Definitionsmerkmalen und daraus abgeleiteten Identifikationskategorien wesentlich gegeben und nur sein Vorhandensein ermöglicht erst eine Einordnung und Identifikation der individuellen Ausprägung. Der griechische Philosoph Platon, auf den der Essentialismus gerne zurückgeführt wird, bezeichnet diese abstrakten Wesensformen als ‚Ideen'. Die abstrakte Idee einer Entität ‚an sich' (wie es Kant nennt) ist der sinnlichen Wahrnehmung und Erfassung dieser Entität übergeordnet.

Dieser Auffassung entgegen steht das konstruktivistische Modell, in dem die Identifikationskategorien der Beobachtung und Analyse von individuellen Merkmalsausprägungen nachrangig sind, wo sich mit anderen Worten ein Raster,

Essentialismus vs. Konstruktivismus

Zwei kontrastierende philosophische Erkenntnistheorien: Essentialistische Positionen gehen davon aus, dass es konstante und unveränderliche Merkmale und Eigenschaften gibt, anhand derer sich jede Entität (was philosophisch heißen soll: alles, was ist) eindeutig bestimmten Kategorien zuordnen lässt. D.h., dass auch jeder Mensch etwas wie ein unveränderliches Wesen hat und darüber beispielsweise entweder der Kategorie ‚Frau' oder der Kategorie ‚Mann' zugeordnet ist. Die Essenz einer als abstrakt gedachten Wesensform bestimmt also die individuelle Daseinsform des Individuums.

Dem entgegengesetzt sehen konstruktivistische Positionen die individuelle Daseinsform in der realen Welt als primär. Jede Identifikationskategorie kann nur aus der nachrangigen Systematisierung dieser einzelnen Ausprägungen entstehen. Das bedeutet, um beim Beispiel zu bleiben, dass die Kategorien ‚Mann' und ‚Frau' nicht per se existieren, sondern nachträglich aus der Wirklichkeit abgeleitet worden sind. In der Philosophiegeschichte schlägt sich diese grundlegende epistemologische und ontologische Opposition im Dualismus von Idealismus und Empirismus nieder. Ausführlichere Darstellungen zu dieser Opposition liefern Popper (1994) und Hägler (1994). Eine spezifisch auf den Bereich menschlicher Geschlechtsidentität abzielende Untersuchung bietet Fuss (1989).

wenn überhaupt, erst aus der Systematisierung der individuellen Ausprägungen konstruieren lässt. Die sinnlich erfassbare Wahrnehmung einer Entität nimmt also gegenüber seiner abstrakten Dinghaftigkeit eine übergeordnete Rolle ein. Es ist nun nicht schwer zu erkennen, dass eine Debatte um die Richtigkeit dieser beiden Extrempositionen sehr schnell sehr grundlegende und existentielle Themen berühren kann, wie beispielsweise den Wahrheitsbegriff: Kann Wahrheit essentiell sein, also absolut, transzendent und unhintergehbar, oder ist sie immer ein sekundäres und relatives Konstrukt, das auf menschlichen Beobachtungen und deren Auslegung fußt und damit notwendigerweise auch dem Wandel dieser Auslegungen unterliegt? Daher verwundert es nicht, dass der Widerspruch zwischen essentialistischen und konstruktivistischen Positionen leicht ‚ans Eingemachte' geht und zentrale Themen wie Identität und Wahrheit zur Disposition stellt. Darin ist wohl auch der Hauptgrund für die Intensität zu sehen, mit der Geschlechter-Debatten geführt wurden und werden; Julia Friedrichs bezeichnet „die Sache mit dem Geschlecht" sogar als „eins der am verbissensten geführten ideologischen Gefechte der Gegenwart" (2017: 16). Gerade angesichts dieser Verbissenheit möchte ich versuchen, einen möglichst pragmatischen Ansatz zu verfolgen und die zugegebenermaßen sehr abstrakte und generalisierende Eingangsdefinition von Essentialismus und Konstruktivismus spezifisch auf das Gebiet der menschlichen Geschlechtlichkeit zu übertragen und gleichzeitig zu konkretisieren. Daraus leiten sich dann die grundlegenden Fragestellungen und Konfliktpotentiale ab, auf denen die Argumentationsstruktur des vorliegenden Buchs beruht.

Ein essentialistisches Geschlechterbild basiert ganz grundsätzlich zunächst auf der Überzeugung, dass es eine erstrangige, endgültige, unveräußerliche und vom Standpunkt der Betrachtung unabhängige Ursache, und damit gleichzeitig eine absolute Erklärung, für die Konfiguration menschlicher Geschlechter gibt. Die jeweiligen Erklärungsmuster können dabei sehr unterschiedlich hergeleitet werden, von mythologischen Schöpfungsgeschichten zu medizinischen Funktionsausprägungen und von psychoanalytischen Prozessen zur genetischen Konfiguration des Individuums. Entscheidend ist letztlich, dass eines (oder auch mehrere) dieser Erklärungsmuster als universell gültig verstanden wird. Wie das folgende Kapitel ausführlich darstellen wird, liegt dabei der Mehrheit essentialistischer Geschlechterbilder eine binäre, d.h. paarweise angeordnete, Struktur von Mann und Frau – und mittelbar daraus abgeleitet Heterosexualität und Homosexualität – zugrunde, die in offensichtlicher, wenn zumeist auch unausgesprochener Weise, die Alltagswirklichkeit prägt und kodiert. Die einzelnen Ausprägungen und Kodierungen dieser essentialistischen Geschlechterordnung sind in nahezu allen Bereichen menschlicher Interaktion nachweisbar. Sie äußern sich in juristischen Diskursen („Nein heißt Nein“) genauso wie in ökonomischen (Vereinbarung von Familie und Karriere; Gender-Pay-Gap) oder pädagogischen (Ko-Edukation; Frauen-Anteil in MINT-Berufe); sie prägen politische (‚Feministische Außenpolitik‘, Transsexualitäts-Gesetzgebung) wie kulturelle Debatten (#metoo-Bewegung, Cancel Culture), wobei die Grenzen der Zuschreibungen hier zweifellos fließend sind. Die Vorstellung, dass es etwas typisch Männliches und typisch Weibliches gibt, vereint die Hochkultur (Goethes „ewig Weibliches“) mit der Populärwissenschaft (*Männer sind vom Mars, Frauen von der Venus*) und seriöse Wissenschaft (Zwei-Geschlechter-Modell) mit der Popkultur (*Germany's Next Top Model*). Sie verbindet dabei oft, und darin genau liegt ihre diskursive Macht, ‚objektive‘ Beobachtungen und Erkenntnisse mit ‚subjektiven‘ Eindrücken und symbolischen Versinnbildlichungen. Dies beginnt idealerweise sofort nach (oder, dank technischer Möglichkeiten, schon weit vor) der Geburt mit der medizinischer Erstbestimmung „Es ist ein Mädchen/Es ist ein Junge“, einer Einschreibung in eine binäre Ordnung von ‚männlich‘ und ‚weiblich‘, die dann sofort durch passende Wahl von Vornamen, Kleidung, Mobiliar und Spielzeug sowie entsprechenden Verhaltensmustern und Erwartungen gegenüber dem Kind in soziale (Inter-)Aktion überführt wird.

Der essentialistischen Auffassung von Geschlecht steht ein konstruktivistisches Verständnis gegenüber, das Geschlecht als nachrangige, kontingente (d.h. den Zeitläuften unterworfene), standpunktabhängige und damit symbolische und relative Kategorie ausweist. Die symbolischen Akte und sozialen (Inter-)Aktionen, mittels derer sich geschlechtliche Identifikation vollzieht, werden nicht als Folge und Ausprägung einer primären (und zumeist binären) Grundstruktur verstanden, sondern fungieren im Gegenteil als Voraussetzung und Vorbedingung für die Herausbildung des Identifikationssystems ‚Geschlecht'. Um das gerade genannte Beispiel noch einmal aufzugreifen: Die Geschlechtsbestimmung bei der Geburt (und die darauf basierenden symbolischen Akte) stellt keine unausweichliche und zwangsläufige Einordnung in ein existierendes und überzeitlich fortdauerndes binäres Raster dar, sondern schafft und bewahrt dieses System performativ (um einen weiteren zentralen Begriff dieses Buchs einzuführen; mehr dazu in Kapitel 4.3.3) erst aus sich selbst. Überspitzt formuliert, ließe sich ein essentialistisches Geschlechterbild auf den Satz kondensieren: Das Kind trägt rosa, weil es ein Mädchen ist. Ein konstruktivistischer Ansatz würde dagegen postulieren: Das Kind ist ein Mädchen, weil es rosa trägt. Wollte man die Extrempositionen der beiden Konzepte schlussendlich noch einmal etwas weniger theoretisch zusammenfassen, ließe sich feststellen, dass sich Anhänger eines essentialistischen Weltverständnisses an irgendeinem Punkt mit der Erklärung „Das ist einfach so" zufrieden geben, während Konstruktivisten an dieser Stelle weiter fragen: „Warum ist das so?" und „Wer profitiert aus welchen Gründen gesellschaftlich und machtpolitisch davon, dass es (scheinbar) so ist?"

Meines Erachtens liegt eine pragmatische und produktive Auseinandersetzung mit dem Thema ‚Geschlecht' nicht in der weltanschaulichen Konfrontation dieser beiden Extrempositionen. Denn, wie oben schon erwähnt, zum einen nimmt eine solche Konfrontation sehr schnell ideologische Züge an und kann dadurch leicht die bei jedem akademischen Diskurs zu Gebote stehende Sachlichkeit einbüßen. Zum anderen ist es aber auch so, dass die scheinbar so klaren und sich gegenseitig ausschließenden Erklärungsmodelle ‚Essentialismus' und ‚Konstruktivismus' im Laufe der Kultur- und Sozialgeschichte so unterschiedliche Ausprägungen erfahren haben und auf solch mannigfaltige Weise die verschiedensten gesellschaftlichen, politischen, ökonomischen und kulturellen Diskurse beeinflusst haben, dass eine – auf den ersten Blick naheliegende – Simplifizierung und Reduzierung einer Analyse des Themas nur auf diese beiden Grundkonfigurationen nicht angemessen wäre. Vielmehr, und das wäre dann auch die pragmatische Anregung, die dieser Einführung zugrunde liegt, zielt dieses Buch darauf ab, diese theoretischen Auseinandersetzungen als heuristische Methode zu begreifen, anhand derer sich eine Vielzahl synchroner und diachroner Muster menschlicher Interaktion aufzeigen, beschreiben, einordnen und verhandeln lassen.

Zu diesem Zweck soll im Folgenden ein Überblick über diverse zeitgenössische wie historische, kulturelle wie wissenschaftliche, soziologische wie ökonomische Entwicklungen und Diskussionen rund um die menschliche Geschlechtlichkeit geleistet werden. Diese Zusammenschau verfolgt im Wesentlichen zwei Ziele, die sich auch in der Struktur der einzelnen Kapitel widerspiegeln: Einmal sollen anhand von konkreten gesellschaftlichen Debatten und Auseinandersetzungen exemplarisch zentrale aktuelle Fragestellungen im Themenfeld ‚Geschlecht' vorgestellt werden. In einem zweiten Schritt werden diese aktuellen Themen dann jeweils in eine bestimmte thematische Entwicklungslinie eingeordnet, wobei sowohl jüngere Entwicklungen als auch die für das jeweilige Thema einschlägigen und klassischen Texte, Konzepte und Theoretiker*innen vorgestellt werden. Dies soll den Leser*innen wiederum ermöglichen, die einführende Debatte historisch und theoretisch zu kontextualisieren.

Das erste analytische Kapitel, das mit „Mythos Geschlecht" überschrieben ist, steckt zunächst sehr allgemein und historisch umfassend den Rahmen der Untersuchung ab und geht der Frage nach, wie und aus welchem Grund sich der Mensch überhaupt mit seiner Geschlechtlichkeit auseinandersetzt. Ausgehend von gegenwärtig heftig geführten Diskussionen zum Gebrauch geschlechter-gerechter Sprache, wird zuerst die Etablierung und Entwicklung der menschlichen Geschlechtlichkeit und Sexualität als spezifisch akademischer Diskurs nachvollzogen, wobei sich der Bogen von den Anfängen des akademischen Feminismus im späten 19. Jahrhundert bis zu den Gender Studies und Männlichkeitsforschungen des 21. Jahrhunderts spannt. Den historischen Rahmen und Reflex für die dezidiert akademische Behandlung von Geschlechtlichkeit bildet nachfolgend eine Darstellung ausgewählter klassischer Geschlechtermodelle, die von antiken und christlichen Schöpfungsmythen (in Platons *Gastmahl* und dem Buch *Genesis*) über medizinische Erklärungsmuster (Vier-Säfte-Lehre; Ein-Geschlecht-Modell; Genetik) bis zu den psychoanalytischen Abhandlungen bei Freud und Lacan reichen.

Das folgende Kapitel stellt das Thema „Feminismus" in den Mittelpunkt und wirft, mittels einer einführenden Analyse sexistischer Werbekampagnen, zunächst die Frage nach der konkreten zeitgenössischen Relevanz dieses Begriffs auf. Anschließend entwickelt es die Geschichte feministischer Grundideen, wobei das Hauptaugenmerk erst auf gleichheitsfeministischen Gründungsdokumenten (Wollstonecraft, Friedan, Millett, Schwarzer) liegt, um daraufhin deren Weiterentwicklung im französischen Feminismus (Cixous, Irigaray) näher zu erläutern. In diesem Zusammenhang wird die oft problematische und kontroverse Gegenüberstellung aber auch Verwischung von essentialistischen und konstruktivistischen Geschlechtermodellen besonders deutlich zu Tage treten.

Das nächste Kapitel zeichnet unter dem Titel „Das Unbehagen der Geschlechter" die theoretische Fokussierung auf den Genderbegriff und dessen soziale und kulturelle Konstruiertheit und Performativität nach. Mit Bezug auf die Diskussion um die südafrikanische Leichtathletin Caster Semenya werden Geschlechterkategorisierungen und -zuschreibungen im Lichte postmoderner und queerer Theorien im Allgemeinen und mit besonderem Fokus auf das Werk Judith Butlers erörtert. In einem weiteren Schritt werden die Ursprünge dieser distinktiv konstruktivistischen Modelle im Werk Georg Simmels und Simone de Beauvoirs nachgewiesen.

Das letzte thematische Kapitel arbeitet unter dem Titel „Sex Macht Körper" konkrete soziale, politische und ökonomische Implikationen heraus, die in der Interpretation menschlicher Geschlechtlichkeit angelegt sind. Als konkretes Beispiel fungiert hier die Femen-Bewegung, die weibliche Nacktheit gezielt als Mittel politischer Provokation und Auflehnung inszeniert. Daran anknüpfend werden

Michel Foucaults epochale Thesen zur Diskursivierung der Sexualität erörtert. Die historische Dimension dieses Wechselspiels zwischen Körperbildern und Machtstrukturen wird in einem weiteren Schritt anhand von Naomi Wolfs Attacke gegen den ‚Mythos Schönheit' sowie einer kurzen Zusammenschau zentraler Aspekte zum Begriff der Pornographie veranschaulicht.

Das Buch schließt mit einer Einordnung der im Vorangegangenen vorgestellten Konzepte in einen übergeordneten fachlichen Rahmen. Hierbei soll mit Hilfe der Schriften von Beatriz/Paul Preciado, Luciana Parisi und Donna Haraway noch ein vorsichtiger Ausblick auf die mögliche Weiterentwicklung von Geschlechtermodellen gewagt werden. Gegenwärtige technische Möglichkeiten (Reproduktionsmedizin, *Genetic Editing*, Künstliche Intelligenz), so scheint es, könnten in naher Zukunft eine Neuverhandlung der Geschlechterrollen und des Geschlechterverständnisses nötig und möglich machen.

2 Mythos Geschlecht

Abb. 1: Aufkleber der Aktion »Gendern? Nein, danke!« an der Universität Wien

2.1 Die Macht der Sprache und die Sprache der Macht: Die Diskussion ums Gendern

In seiner ersten Regierungserklärung nach der gewonnenen Landtagswahl im Oktober 2023 verlautbarte der neue und alte bayrische Ministerpräsident Markus Söder (CSU), in seinem Bundesland sei fürderhin das Gendern nicht nur nicht mehr verpflichtend. „Im Gegenteil," so Söder im bayrischen Landtag, „Wir werden das Gendern in Schule und Verwaltung sogar untersagen." Die dieser Absichtserklärung folgende Protestwelle zeigte eindrucksvoll, dass es wohl kaum ein Thema gibt, das die Begrifflichkeiten der Gender Studies so nachhaltig ins Licht des öffentlichen Diskurses zu rücken vermag wie die Verwendung geschlechter-gerechter Sprache, vulgo das ‚Gendern'. Der Duden definiert das Verfahren wie folgt: ‚Gendern' bedeutet „bestimmte sprachliche Mittel verwenden, um Menschen aller Geschlechtsidentitäten sprachlich sichtbar zu machen" („gendern" 2024). Es geht also im Kern darum, ein sozial-politisch-kulturelles Ziel – die Sichtbarkeit und Repräsentation möglichst aller Geschlechtsidentitäten – mit gezielt eingesetzten linguistischen Maßnahmen (Doppelnennungen, Gender-Sternchen, Binnen-I, Glottisschlag, etc.) zu erwirken. Genau aus dieser Kombination von potentiell ideologisch motivierter Zielsetzung und der gelenkten Einflussnahme auf ein scheinbar objektives und neutrales System (Sprache) bezieht die Diskussion ihren Zündstoff.

Die etymologischen und semantischen Hintergründe des Wortes ‚Gender', und dessen Verwendung in der deutschen Sprache stehen im Zentrum eines eigenen Kapitels dieses Buchs (2.3.1). Deshalb möchte ich an dieser Stelle lediglich einen zentralen Aspekt dieser Debatte hervorheben, der für die nachfolgende Untersuchung diachroner und synchroner Auffassungen menschlicher Geschlechtlichkeit hilfreich ist. In diesem Zusammenhang ist es notwendig, den oben benannten Konflikt zwischen subjektiven Beweggründen (Repräsentation) und objektivem Betätigungsfeld (Sprache) etwas konkreter ins Auge zu fassen. Dieser Konflikt entzündet sich am augenfälligsten in der Befürwortung bzw. Ablehnung des generischen Maskulinums, also der semantisch geschlechtsneutralen Verwendung grammatikalisch als maskulin gekennzeichneter Genus-Formen (‚*Lehrer* sind unterbezahlt').

Hier treffen zwei konträre Auffassungen aufeinander, welche die in der Einleitung für das Verständnis der Gender Studies als grundlegend etablierte Dichotomie von Essentialismus und Konstruktivismus widerspiegeln: Auf der einen Seite, im öffentlichen Diskurs wirkmächtig vertreten von z.B. Markus Söder, steht die essentialistische Sichtweise, nach der Sprache ein durch klare Regeln definiertes System darstellt. Innerhalb dessen ist das grammatikalische Geschlecht (Genus) eines deutschen Nomens (Maskulinum, Femininum, Neutrum) linguistisch gegeben und steht in keinerlei gesellschaftspolitischer Beziehung zu der realweltlichen Identifikation der mit dem Wort bezeichneten Personen. Dementsprechend umfasst das generische Maskulinum ‚der Lehrer' regelhaft alle Geschlechtsidentitäten und jede weitere sprachliche Ausdifferenzierung ist unnötig und weder regelkonform noch sinnvoll.

Dem gegenüber steht die konstruktivistische Annahme, die in Sprache ein grundsätzlich dynamisches und den sozio-kulturellen Rahmenbedingungen unterworfenes System sieht, das notwendigerweise ein Abbild der jeweiligen Gesellschaft liefert und dessen Gebrauch dementsprechend immer auch machtpolitische und gesellschaftliche Beziehungen abbildet und sich somit sehr wohl und zwangsläufig auf die jeweils bezeichneten Individuen auswirkt. Dementsprechend manifestiert sich in der Verwendung des generischen Maskulinums eine

Jahrtausende lang gültige patriarchale Struktur, der mittels neuer, gegebenenfalls auch bis dato irregulärer, linguistischer Praktiken entgegenzuwirken sei.

Da diesen beiden Grundpositionen zwei komplett unterschiedliche Konzeptionen von Sprache und Sprachverwendung zugrunde liegen, ist dieser Konflikt auf der Sachebene wohl kaum zu entschärfen.[1] Für das anschließende Kapitel leitet sich aus dieser Diskussion vielmehr die Frage ab, wie es denn überhaupt zu erklären ist, dass die Auseinandersetzung um das Gendern – und dadurch mittelbar auch um Sinn und Unsinn der Gender Studies als entweder gesellschaftlich geboten und relevant oder als ein für die große Mehrheit der Bevölkerung belangloses intellektuelles Scharmützel – derartig hohe Wellen zu schlagen im Stande ist.

Dieses Buch möchte einen Beitrag zur Erklärung dieser Frage leisten. Es zielt dabei explizit nicht darauf ab, der einen oder anderen kontroversen Ansicht das Wort zu reden. Vielmehr soll es als Versuch begriffen werden, die theoretische, soziologische wie kulturwissenschaftliche, Beschäftigung mit dem Themenkomplex ‚Geschlecht/Sexualität/Gender' in seiner historischen Entwicklung und gegenwärtigen Relevanz darzustellen. An den Beginn dieser Darstellung seien hier zwei Thesen gestellt, die auf den ersten Blick abgegriffen, wenn nicht banal, erscheinen können, in deren Allgemeingültigkeit aber gleichsam eine zentrale Begründung für die andauernde gesellschaftliche Sprengkraft zu sehen ist, die den Überlegungen zum Gebrauch geschlechter-gerechter Sprache zugebilligt wird. Die beiden Thesen sind:

a) Jedes Individuum in einer Gesellschaft ist direkt und unausweichlich mit dem Thema konfrontiert; kurz gesagt: Geschlecht geht jede*n an.
b) Dem Verständnis und der Darstellung individueller Geschlechtlichkeit kommt gleichzeitig immer eine politische, soziale und ökonomische Bedeutung zu; oder, mit einem Kernsatz des Feminismus gesprochen, das Sexuelle ist immer auch politisch.

2.2 Geschlecht als Mythos und Modell

Dieses einführende Kapitel ist unter die Überschrift ‚Mythos Geschlecht' gestellt, um diesen beiden maßgebenden Sachverhalten Rechnung zu tragen.

Seien es Amors Pfeile als Ursache menschlicher Verliebtheit, die Sinndeutung von Naturkatastrophen als Bestrafung einer zürnenden Gottheit oder der Lauf der Sonne als Reise des Sonnenwagens über den Himmel: Diese grundlegenden Erzählungen sind im eigentliche Sinne des Wortes kulturstiftend, da sie ein Repertoire der für die jeweilige Gesellschaft kanonischen und intuitiv verständlichen Metaphern und Bildern liefern – vom Weltenei zur Midgardschlange, vom

1 Eine konzise Zusammenschau der unterschiedlichen Standpunkte und deren führender Repräsentanten bietet die Bundeszentrale für politische Bildung (2018). Für eine differenzierte und anwendungsbezogene Abwägung der Argumente für und wider das Gendern aus linguistischer Perspektive, siehe Krome (2022).

Mythos

Der Begriff ‚Mythos', griechisch für ‚Erzählung', bezeichnet gemeinhin eine Geschichte, die zur Erklärung oder Versinnbildlichung grundlegender menschlicher Erfahrungen oder Fragestellungen dient. Beispiele hierfür sind unter anderem die Entstehung der Welt, das Verhältnis des Menschen zum Universum und zur Ewigkeit, die menschliche Gefühlswelt oder die scheinbare Willkür von Naturereignissen wie Vulkanausbrüchen, Überschwemmungen oder Erdbeben, aber eben auch die Beschaffenheit und Ausprägung menschlicher Sexualität. Da sich die Beantwortung dieser großen Fragen oft einer rein rationalen Erklärung entzieht, wird gerne das Reich des Übersinnlichen oder Irrealen als Ursprung solcher Phänomene bemüht, die dann als Wille und Wirken der Götter oder anderer Fabelwesen ausgelegt werden.

Garten Eden zum Nirvana. Außerdem bewahrt sich in der Mythologie einer Kultur eine Genealogie des Welt- und Selbstverständnisses dieser Kultur.

Es sollte in diesem Zusammenhang nicht unerwähnt bleiben, dass die Einordnung einer Erzählung als Mythos, und damit als sagenhaft und irrational, zwangsläufig nur in der Retrospektive erfolgen kann, dann nämlich wenn für die betreffende Fragestellung eine rational(er)e Erklärung gefunden ist, wenn ein Sachverhalt mithin von einer Glaubenssache zum Wissensinhalt wird. Etwas verknappt gesagt, verbannen beispielsweise erst die wissenschaftlichen Erkenntnisse des Kopernikus das antike Bild des wagenlenkenden Helios ins Reich der Mythologie. Dieser nachträglichen Zuschreibung ist auch geschuldet, dass es im Einzelfall unmöglich ist, den synchronen Wahrheitsgehalt eines Mythos zu bestimmen, mit anderen Worten, das konkrete Ausmaß einzuschätzen, in dem zu einem bestimmten Zeitpunkt eine im Nachhinein als mythologisch bezeichnete Geschichte/Vorstellung als Tatsache und Realität wahrgenommen wurde. Für einen christlichen Kontext kann hier der Gegensatz zwischen dem Glauben an das tatsächliche und physische Vorhandensein des Fegefeuers und dem Wissen um dessen symbolischen und damit metaphysischen Charakter dienen. Dieses retrospektive Verständnis des Mythos bedeutet im Umkehrschluss natürlich auch, dass sich die Gegenwart normalerweise ihrer eigenen Mythologizität nicht bewusst ist, dass vereinfacht gesagt, das Wissen von heute immer schon das Glauben von gestern ist.

Das gerade erwähnte Fegefeuer der katholischen Vorstellungswelt dient jedoch auch in einer anderen Hinsicht als sinnfälliges Anschauungsobjekt. Oft erschöpft sich die Funktion eines Mythos nämlich nicht darin, einen sich dem rationalen Zugang verwehrenden Sachverhalt zu veranschaulichen, sondern leitet daraus konkrete Verhaltensregeln und Handlungsanweisungen ab und stellt Belohnung (für deren Einhaltung) und Bestrafung (für deren Verletzung) in Aussicht. Ein unbedingter Glaube an die reale Existenz des Fegefeuers impliziert notwendigerweise gleichzeitig die unhinterfragte Akzeptanz eines zwangsläufigen Zusammenhangs von gottgefälligem Handeln und jenseitiger Anerkennung. Gewinnen nun solche, einem Mythos eingeschriebenen oder zugeschriebenen, didaktischen und normativen Gesichtspunkte die Oberhand über seine illustrierende Funktion (wobei im Einzelfall ein genauer Umschlagspunkt kaum festzumachen sein dürfte), wird der Mythos zum Modell.[2] Laut Duden beschreibt der Begriff ‚Modell' ein „Gebilde, das die inneren Beziehungen und Funktionen von etwas abbildet bzw. [schematisch] veranschaulicht [und vereinfacht, idealisiert]" und bezieht sich zugleich auf „etwas, was (durch den Grad seiner Perfektion, Vorbildlichkeit o.Ä.) für anderes oder für andere Vorbild, Beispiel, Muster sein kann" („Modell" 2017); er verbindet also einen explanativen mit einem normativen Aspekt.

Wenn im Folgenden verschiedene Mythen über Entstehung und Ausprägungen menschlicher Geschlechtlichkeit vorgestellt werden, sollen dabei immer beide Aspekte Berücksichtigung finden. Es geht mir zuerst einmal darum, schlaglichtartig aufzuzeigen, wie verschiedenartig die Erklärungen sein können, mit denen zu unterschiedlichen Zeiten menschliches Geschlechterverhalten erklärt wurde, wobei mich ausdrücklich nicht der relative oder absolute Wahrheitsgehalt der einzelnen Erklärungen interessiert, sondern deren jeweilige symbolische Logik und Funktionsweise im Fokus des Interesses steht. Die ausgewählten Beispiele an Geschlechtermythen umfassen einen Zeitraum von der griechischen Antike bis zum Beginn des 20. Jahrhunderts und bilden eine, wenn nicht erschöpfende, dann doch hoffentlich repräsentative Zahl unterschiedlicher Diskurse ab, von der Religion zur Psychoanalyse und von der Anthropologie zur Philosophie. Neben der kulturhistorischen und semiotischen Analyse der einzelnen Mythen wird in einem zweiten Schritt jeweils auch deren gesellschaftlicher Modellcharakter zu untersuchen sein, die Frage also, welche normativen Verhaltensmuster und Rollenerwartungen explizit oder implizit aus dem jeweiligen Mythos abgeleitet werden können und welche Formen von Belohnung oder Bestrafung die Logik des Mythos zur Verfügung stellt.

2.3 Gender als analytische Kategorie: Wie das Geschlecht in die Wissenschaft kommt

2.3.1 Wie Gender in die deutsche Sprache kam

Angesichts der eingangs erwähnten derzeitigen Polarisierung und Polemisierung des Themas ‚Gender' in Gesellschaft und Medien ist es mir ein Anliegen, dass meine Analysen von möglichst wenig Menschen falsch verstanden oder in-

2 Auf das konkrete Beispiel des Fegefeuers angewendet, ließe sich dieser Umschlagspunkt dort lokalisieren, wo seine symbolische Bestimmung als Ort der Reinigung von weltlicher Sünde vor dem endgültigen Eintritt ins ewige Leben (was im lateinischen *purgatorium* noch deutlicher anklingt) zurücktritt zugunsten einer dezidiert ans Diesseits gewandten Verhaltensökonomie, die – wie besonders in der Praxis des Ablasshandels ersichtlich – nach klar strukturierten und scheinbar objektiven Kriterien organisiert ist.

terpretiert werden. Deswegen sind an dieser Stelle einige definitorische und konzeptuelle Grenzziehungen vorzunehmen, die auch dazu dienen sollen, die theoretische und wissenschaftliche Beschäftigung mit diesem Thema diachron und synchron zu kontextualisieren.

Ich möchte im Folgenden zuerst den Begriff aus der vorhergehenden Einordnung von Geschlecht als Mythos und Modell herleiten, um anschließend seine Verwendung als heuristische Kategorie und theoretischem Untersuchungsgegenstand darzulegen. Es soll also anders ausgedrückt darum gehen, wie aus ‚Geschlecht' ‚Gender' wird und wie und zu welchem Ende man dies studiert.

Gender

Im Allgemeinen bezeichnet Gender das kulturelle oder soziale Geschlecht eines Menschen, das vom biologischen Geschlecht (englisch *sex*) unterschieden wird. Gender wird traditionell mit den Kategorien ‚maskulin' und ‚feminin' zum Ausdruck gebracht, während das biologische Geschlecht mit ‚männlich' und ‚weiblich' bezeichnet wird.

Im Kontext dieses Buchs und in der Nachfolge Judith Butlers (siehe Kapitel 4) wird der Begriff allerdings weiter ausdifferenziert. Im Deutschen kann der Begriff dabei insbesondere drei Dinge bezeichnen:

a) eine heuristische Methode zur Analyse von Geschlechterbeziehungen (Gender Studies);
b) die Prozesse und Bedingungen, die eine Identifikation menschlicher Geschlechtlichkeit ermöglichen. Laut Butler ist dieser Prozess performativ;
c) die aus diesen Prozessen resultierende Geschlechtsidentität des Individuums[3]

Etymologisch lässt sich der Begriff auf eine proto-indoeuropäische Wurzel zurückführen, die wohl am ehesten mit ‚hervorbringen, gebären' zu übersetzen wäre, und die heute in so unterschiedlichen Wörtern wie ‚Gen', ‚Ingenieur' oder ‚Genitiv', aber auch im ‚Gentleman', in den ‚Genitalien' und im Suffix ‚-gen' (wie in ‚fotogen' oder ‚kanzerogen') begegnet. Wie auch der ‚Gentleman' ist das ‚Gen-

3 Für die Begriffsverwendung in diesem Buch soll Folgendes gelten: Ich verwende den deutschen Begriff ‚Geschlecht' ausschließlich für die biologische Unterteilung der Menschen in Mann und Frau, einer Unterteilung, der das Adjektivpaar ‚männlich/weiblich' zugeordnet ist. Der Begriff ‚Gender' (mit den zugeordneten Adjektiven ‚maskulin/feminin') umfasst neben dieser biologischen Dimension alle weiteren theoretischen Konfigurationen und praktischen Ausdrucksformen, die mit der geschlechtlichen Verfasstheit des Menschen in Verbindung stehen. Wo speziell auf das englische Ursprungswort Bezug genommen wird, ist dies durch Kursivierung und Minuskel gekennzeichnet (*gender*).

der' mittlerweile vom Duden als englisches Lehnwort, und somit als der deutschen Sprache zugehörig, anerkannt („Gender" 2017), ein Umstand der sich auch daraus ablesen lässt, dass es nach den Regeln des Deutschen flektiert (‚des Genders') und für deutsche Wortbildungsmuster, wie zum Beispiel Kubickis ‚gendermäßig", benutzt werden kann. Auch von der automatischen Korrekturhilfe meines Textverarbeitungsprogramms wird es umstandslos akzeptiert. Wörter werden meist dann aus anderen Sprachen entlehnt, wenn der Erbwortschatz einer Sprache Lücken aufweist oder gesellschaftliche Entwicklungen nicht adäquat abbilden kann. Beides kommt in diesem Fall zusammen. Das Englische unterscheidet zwischen den Begriffen *sex*, als das biologische Geschlecht, das sich anhand unterschiedlicher Chromosomenkonfigurationen und Hormonhaushalte bestimmen lässt, und dessen Ausprägung sich im Englischen als *male* oder *female* bezeichnet, und *gender*, als der sozialen und interaktionalen Ausgestaltung dieser biologischen Grundausstattung; diese wird im Englischen mit *feminine* und *masculine* wiedergegeben. Im Deutschen ist diese Unterscheidung ursprünglich nicht angelegt. Beides wurde als ‚Geschlecht' übersetzt; wollte eine Unterscheidung deutlich gemacht werden, konnte diese nur durch Modifikation geschehen: eben *biologisches, soziales, kulturelles* Geschlecht.[4] Während also das deutsche Wort ‚Geschlecht' zu allererst eine Zustands-Beschreibung leistet (jemand *ist* Mann oder Frau), erweitert ‚Gender' dies um eine Vorgangs-Beschreibung (jemand *verhält sich/bezeichnet sich* als Mann oder Frau). Diese Ausweitung und theoretische Ausdifferenzierung des Geschlechtsbegriffs durch Entlehnung des englischen *gender* macht noch eine andere, grammatikalische Handhabe möglich: den Einsatz als Verb und als Partizip. Sprache kann gegendert sein; ein Architekturbüro kann den Entwurf einer Schule gendern.

Wie schon in den einleitenden Überlegungen zum geschlechter-gerechten Gebrauch von Sprache deutlich wurde, ist meines Erachtens an dieser Stelle eine zentrale Ursache für die erhitzte Diskussion rund um ‚Gender' zu suchen. Denn es gibt eine zweite Dimension des englischen Begriffs, die im Deutschen nur etwas umständlich wiedergegeben werden kann: seine Referenz auf die Verfasstheit des Menschen als geschlechtliches Wesen an sich. Etwas flapsig formuliert, bezeichnet ‚Gender' nicht nur eine Geschlechterordnung (nach welchen Kriterien auch immer), sondern zusätzlich die Tatsache, dass für jeden Menschen ‚Geschlechtlichkeit' (wohl die präziseste, wenn auch etwas holprige, deutsche Übersetzung dieses Aspekts) eine Kategorie der Selbst- und Fremdbestimmung darstellt und damit implizit und explizit an der Herausbildung und Darstellung der jeweils eigenen Identität beteiligt ist.

4 Auch das Wort ‚Sex' existiert seit den 1960er Jahren als englisches Lehnwort im Deutschen, wurde aber lediglich als Synonym zu ‚Geschlechtsverkehr' benutzt, was im Englischen nur eine der Bedeutungen des Worts darstellt. Ebenfalls bezeichnet ‚Sexualität' nur einen Teilbereich von Gender, nämlich die physischen Ausdrucksformen der geschlechtlichen Verfasstheit des Menschen, die oft, aber nicht notwendig, fokussiert sind auf dessen Reproduktionsorgane.

Wenn ich im Folgenden dafür plädiere, Gender zuerst als heuristische und nicht als primär (sexual)politische Kategorie zu verstehen, versuche ich diesem Missverständnis entgegenzuwirken. Es würde nämlich am Bedeutungskern der Sache vorbeigehen, wenn mit dem Konzept ‚Gender' ausschließlich die sehr restriktive Auffassung in Verbindung gebracht würde, die Verschiedenartigkeit der Geschlechter sei eine Illusion. Vielmehr schlage ich angesichts der beiden in der Einleitung dieses Kapitels vorgebrachten Thesen vor, Gender als epistemologische Kategorie zu verwenden, als theoretische und praktische Umsetzung der Erkenntnis, dass die geschlechtliche Verfasstheit des Menschen und deren symbolische und reale Äußerung für die Identitätsbildung der einzelnen Person von zentraler Bedeutung und deswegen sowohl theoretisch als auch praktisch in Betracht zu ziehen ist. Aus diesem Grund sind Genderfragen grundsätzlich nicht ausschließlich auf die spezifischen Kontexte von Disziplinen wie beispielsweise der Entwicklungspsychologie, Biologie oder Soziologie zu beschränken, sondern berühren potentiell nahezu alle Aspekte des Lebens, eben von der Sprachverwendung bis zur Schulplanung und von der Literaturwissenschaft zur Humangenetik.

Dieses Buch versucht also, den Begriff ‚Gender' in seiner epistemologischen und analytischen Dimension verständlich und funktionalisierbar zu machen. Gender wird dabei primär als Theoriekomplex gesehen, in dem Erkenntnisse und Methoden unterschiedlichster Disziplinen, von der Soziologie zur Medizingeschichte, von der Rechtswissenschaft zur Anthropologie und von der Literaturwissenschaft zur Biologie zusammenlaufen. Die Ziele der dabei angestrebten Analysen können dementsprechend sehr unterschiedlich ausfallen. Gender als Analysekategorie kann sich dabei auf eine historische Genealogie menschlicher Sexualität ebenso beziehen wie auf eine synchrone Erfassung von Geschlechterbildern oder eine Untersuchung von Machtstrukturen und -beziehungen, die sich aus diesen Geschlechterzuschreibungen ableiten lassen. Dieses Buch wird versuchen, diesen verschiedenen Dimensionen angemessen Rechnung zu tragen, ohne gleichzeitig den Anspruch erheben zu wollen, das erkenntnistheoretische Potential der Kategorie ‚Gender' ausschöpfen zu können.

2.3.2 Doing Gender (Studies): Zum Verständnis und Geleit

Die dem Genderbegriff eingeschriebene Transdisziplinarität und seine daraus resultierende vielseitige Einsetzbarkeit können leicht den Verdacht aufkommen lassen, dass diesem Konzept die analytische Trennschärfe fehlt. Schließlich ist es schwierig, einen Methodenkorpus zu entwickeln, der für eine Romananalyse ebenso relevant ist wie für die Interpretation des menschlichen Genoms, der sich zur Auslegung von Einkommensstatistiken und Alterspyramiden ebenso eignet wie für die Analyse anatomischer Lehrbücher. Diesem Vorwurf ist auf rein phänomenologischer Ebene zuerst einmal nur schwer zu begegnen, da es in der Tat unmöglich ist, einen festen Richtsatz an hinreichenden Methoden oder kanonischen Referenztexten zum Thema ‚Gender' festzulegen, der dann schematisch – etwa einer metrischen Analyse von Gedichten entsprechend – an den jeweils zu untersuchenden Gegenstand angelegt werden könnte.

Ich möchte allerdings an dieser Stelle dafür plädieren, dass eben dieser dem Begriff eingeschriebene Widerstand gegenüber einer starren Kanonisierung eine der entscheidenden Vorteile des Genderbegriffs darstellt. In Zeiten, wo die akademische Landschaft vermehrt auf Kooperationen und Austausch zwischen einzelnen Disziplinen setzt, gleichzeitig aber auch eine Individualisierung und Spezialisierung von Wissensprofilen und Kompetenzen einfordert (zum Beispiel in dem sich immer weiter ausdifferenzierenden Angebot an Master-Studiengängen), kommt gerade einem inhärent flexiblen und changierenden Denkansatz wie den Gender Studies potentiell eine wachsende Bedeutung zu. Um zu verhindern, dass sich diese Flexibilität in Willkür und Relativität verliert, seien hier zwei pragmatische Vorschläge und Strukturhilfen für den effektiven Einsatz des Genderbegriffs als analytischer Kategorie dargeboten.

Ich möchte Gender im streng etymologischen Wortsinn als ‚Heuristik' (gr. *heurískein* = ‚finden, entdecken'; vgl. Archimedes' *heureka* = ‚ich habe es gefunden') verstanden wissen, also als Mittel zur Aufdeckung oder Entdeckung von Zusammenhängen. Es stellt somit eine Metakategorie dar, die nicht *sui generis* besteht, sondern aufbauend auf schon erforschten und bestehenden Erkenntnissen neue Verknüpfungen generiert und daraus ein spezifisches Verständnis vom und für den jeweils untersuchten Gegenstand ermöglicht. Ich folge hierbei Sabine Hark und Paula-Irene Villa, die erklären, dass Gender als Begriff auf die „soziale Beschaffenheit von Geschlecht zielt und damit eine naive, simplifizierende Vorstellung von Geschlecht als naturhafte, unveränderliche, an-sich-so-seiende Tatsache jenseits sozialer, kultureller und spezifisch historischer Bedingtheiten überwindet" (2016a: 7). Die Gender Studies stellen in diesem Sinne keine Fachdisziplin an und für sich dar, sondern eine von mehreren übergeordneten Betrachtungsweisen, eine kritische Perspektive, die man angesichts einer Vielzahl von Untersuchungsgegenständen einnehmen kann. Dies heißt freilich auch, dass konkrete Anwendungen und Analysen immer auch in den jeweilig spezifischen Fachdisziplinen verortet sind, aus denen sie sich speisen, will heißen eine Soziologin wird sich einen anderen Genderfokus zunutze machen als ein Medizinhistoriker, die Referenztexte und Analysekriterien eines Kulturwissenschaftlers werden sich deutlich von denen einer Evolutionsbiologin unterscheiden.[5] Was bei aller Divergenz diese unterschiedlichen Zugänge zu und Verwendungen von Gender eint, ist, dass sie Analysen der geschlechtlichen Verfasstheit des Menschen (in all ihren möglichen synchronen und diachronen Ausprägungen und Entwicklungen) in den Mittelpunkt ihres Interesses stellen und diese Analy-

5 Diese Einschränkung gilt selbstverständlich auch für dieses Buch, das durch die fachliche Provenienz des Autors in der britischen Literatur- und Kulturwissenschaft zwangsläufig auf die dort verankerten Methoden und Denkweisen sowie auf dort kanonische Referenztexte zurückgreifen wird.

sen als Mittel zur Darstellung und Durchdringung komplexer Zusammenhänge benutzen. Aufgabe der Gender Studies ist es, in den Worten von Hark und Villa, zu fragen „wie und als was die Geschlechterdifferenz kontextuell spezifisch gedeutet wird und für wen sie in welcher Weise und Form relevant wird (etwa als Ungleichheitsstruktur oder als symbolische Ordnung)“ (2016a: 8). Gender ist also nicht primär eine Ausdrucks- und Repräsentationsstrategie, sondern ein Betätigungsfeld, ein „Wahrheitsraum mit höchst unterschiedlichen Komponenten“ (Edgar Forster; zitiert in Hark und Villa, 2016b: 30), ein Raum in dem unermüdlich Fragen aufgeworfen und neuartige Perspektiven in Aussicht gestellt werden.

Wenn die Gender Studies – und angesichts des gerade Gesagten sollte der Plural dieses Begriffs nicht weiter erstaunen – in diesem Sinne ein Gegenbild haben, dann besteht dies in einer Heuristik des Reduktionismus und der Simplifikation, des systematischen Rückbaus also von Komplexität in den Erklärungsmustern von Welterfahrung.[6] Angesichts der sich momentan über Europa und Amerika ergießenden Welle des Populismus, einer Anschauung, die sich bewusst die Reduktion von Vielschichtigkeit und Differenzierung und die einfache Botschaft auf die Fahnen geschrieben hat, erscheint das Bekenntnis zur Komplexität, das in der Herangehensweise der Gender Studies verankert ist, heute notwendiger denn je. So gesehen ist Gender dann doch wieder politisch, aber nicht im Sinne der von eben jenen populistischen Agitator*innen so gern ins Feld geführten *identity politics*, sondern als übergeordneter Anspruch an einen grundsätzlich skeptischen, flexiblen und neugierigen Wissensbegriff, der sein Ziel nicht in der letztgültigen Beantwortung, sondern im andauernden und nimmermüden Aufwerfen, von Fragen sieht.

Um eine solche Heuristik der Skepsis und des Fragens in eine analytisch valide Praxis zu überführen, scheint es geboten, den Leser*innen an dieser Stelle eine Systematik an die Hand zu geben, die als theoretischer Rahmen für die Betätigung der Gender Studies nützlich ist. Angelehnt an Hark und Villas Resümee, nachdem Gender „nicht mehr, aber auch nicht weniger [ist] als ein soziales Klassifikationsschema, ein konstitutiver Rahmen, in dem sich Praxis performativ vollzieht“ (2016b: 17), gibt das gewählte Schema keine konkreten Analysemethoden vor, sondern besteht vielmehr in dem Versuch, das ausgedehnte Arbeitsfeld Gender für potentielle Untersuchungen urbar zu machen und zu strukturieren. Es handelt sich um das von der australischen Soziologin Raewyn Connell (zusammen mit Rebecca Pearse) vorgeschlagene Vier-Dimensionen-Modell von Genderbeziehungen, das hier kurz vorgestellt werden soll.

6 Zu einer vielbeachteten und vieldiskutierten Rechtfertigung des Reduktionismus als empirische und epistemologische Verfahrensweise, siehe Wilson (2000).

RAEWYN CONNELL

Raewyn Connell ist eine australische Soziologin und Geschlechterforscherin. Sie wurde als Robert William Connell in Sydney geboren. Neben einer illustren akademischen Karriere in Australien und den USA, tritt Connell auch als führende Vertreterin der intellektuellen Linken und als Gewerkschaftlerin in Erscheinung.

03. Januar 1944	Geburt in Sydney
1976	Professur für Soziologie (Macquarie)
1991	Professur für Australien-Studien (Harvard)
1992	Professur für Soziologie (Santa Cruz)
1996	Professur für Erziehungswissenschaft (Sydney)

Connells Forschungsschwerpunkt ist insbesondere das Verhältnis von Geschlechterstrukturen und Machtverhältnissen (*Ruling Class – Ruling Culture*, 1977; *Gender and Power*, 1987). Das auf Gramscis Hegemoniebegriff basierende Konzept der ‚hegemonialen Männlichkeit', das sie in *Der gemachte Mann: Konstruktion und Krise von Männlichkeit* (1995; *Masculinities*) entwickelt, stellt eine wichtige theoretische Stütze der Masculinity Studies dar (siehe Kapitel 3.3.2). Für eine konzise Einführung in Connells Männlichkeitstheorien, siehe Wedgwood (2005).

Connell versteht unter Gender die Struktur sozialer Beziehungen, die sich auf das Gebiet der Reproduktion beziehen, sowie diejenigen Praktiken und Handlungen, die körperliche Unterschiede auf diesem Gebiet in soziale Prozesse verwandeln („the structure of social relations that centres on the reproductive arena, and the set of practices that bring reproductive distinctions between bodies into social processes") (2015: 11). Auf Grundlage dieser Definition schlägt sie vor, nicht – wie so oft in den Gender Studies – eine angenommene Geschlechterdifferenz als Ausgangspunkt für die kritische Betrachtung zu nehmen, sondern vielmehr diejenigen Beziehungen und Abläufe zwischen den Akteuren (Individuen, Gruppen, Institutionen) ins Visier zu nehmen, mittels derer die gelebte Praxis menschlicher Geschlechtlichkeit zu Tage tritt. Dabei darf insbesondere nicht die Tatsache aus den Augen verloren werden, dass diese Beziehungen notwendigerweise immer eine physische (*reproductive distinctions*) und eine soziale Komponente (*social processes*) beinhalten und keinesfalls als stabil oder dauerhaft gedacht werden dürfen. Im Gegenteil: „Gender relations are always being made and re-made in everyday life". Gender, so Connell, ist nicht der theoretische Rahmen, in dem diese Beziehungen beobachtet werden können; es sind vielmehr die Beziehungen selbst, die das Gender einer Person konstituieren (73).

Dementsprechend entwirft Connell vier Beziehungsdimensionen (75-85), anhand derer die alltägliche Praxis und Erfahrung von Gender erfasst werden kann. Diese sind im Einzelnen:

a) *Machtbeziehungen*, die sowohl das Verhältnis zwischen dem Individuum und den herrschenden politischen oder gesellschaftlichen Institutionen (Regierung, Wirtschaft, Bildung) als auch das Verhältnis zwischen einzelnen Individuen (Familie, Beziehung, Erziehung) strukturieren
b) *Produktionsbeziehungen*, die die Verteilung von und Zuständigkeit für die Produktionsmittel in einer Gesellschaft abbilden, aber auch Richtlinien für den Konsum und die Verwendung von Gütern, Waren und Dienstleistungen sowie die Verfügungsgewalt darüber beinhalten
c) *Emotionelle Beziehungen* (*Cathexis*), die die Gefühlswelt des/der Einzelnen und deren Verbundenheit zueinander (Liebe, Respekt, Hass), gleichzeitig aber auch das Verhältnis von Mensch und Sache (Sucht, Nostalgie, Fetischismus) betreffen können
d) *Symbolische Beziehungen*, die auf die diskursiven Repräsentationen von Geschlechterverhalten und -ordnungen, z.B. in der Kunst und in der Werbung, aber auch allgemeiner als Teil semiotischer und symbolischer Systeme, fokussieren

Diese strikte Vierteilung, darauf weist Connell abschließend hin, ist selbst nur als abstrakte Idealisierung zu verstehen, da sich im Kontext des täglichen Lebens die verschiedenen Dimensionen ständig verflechten und gegenseitig beeinflussen (85). Es ist also geboten, diese Beziehungen immer als Wechselbeziehungen zu betrachten.

Für die Handhabung dieses Buch soll Connells Modell als Hintergrundmatrix gelten, auf die an geeigneter Stelle und zu Zwecken der Veranschaulichung zurückgegriffen werden kann, die aber ihrerseits nie den Anspruch auf Allgemeingültigkeit oder letztinstanzliche Autorität erheben kann, wie der nun folgende Abriss von verschiedenen Geschlechtermythen exemplarisch zeigen soll.

2.4 Geschlechtermythen

2.4.1 Auf der Suche nach dem Ursprung: Antike und christliche Schöpfungsmythen

Die Hervorbringung neuen Lebens und die theoretische Reflektion der darin involvierten Abläufe und Beziehungen darf als das wesentliche Mysterium der *conditio humana* gelten. Es berührt individuelle Gefühle wie allgemeingesellschaftliche Ordnungen. Es betrifft gleichermaßen biologische (Reproduktions-)Prozesse, soziale Interaktionen und kulturelle Repräsentationen, vereint also Connells vier Dimensionen sinnfällig. (Sexuelle) Fortpflanzung definiert den Menschen als dezidiert physische Kreatur und als metaphysisches Wesen; sie platziert den Menschen zwischen dem Irdischen und dem Ewigen. Da sich der Mensch also seiner geschlechtlichen Verfasstheit nicht entziehen kann, sie ihm gleichsam *ab ovo* eingeschrieben ist, wundert es kaum, dass der Zuordnung der Menschen in verschiedene Geschlechterkategorien eine zentrale Rolle in fast allen bekannten Schöpfungsmythen zukommt. Anschließend an die oben aufgeführten Überlegungen zur gesellschaftlichen Relevanz von Geschlechtermythen sollen hier exemplarisch zwei solcher Schöpfungsgeschichten skizziert werden.

In seinem berühmten Werk *Das Gastmahl* (entstanden wohl um 380 v. Chr.) lässt der griechische Denker Platon eine Reihe bedeutender Zeitgenossen über das Wesen der Liebe (*eros*) philosophieren. Der Beitrag des Dichters Aristophanes (Platon 1998: 55-61) besteht dabei aus einem Erklärungsversuch, warum sich Menschen körperlich wie geistig von anderen Menschen angezogen fühlen; er liefert mithin eine Begründung für das erotische Begehren im Menschen. Dieses, so Aristophanes, sei die Konsequenz einer göttlichen Strafaktion. Denn im Anfang war die Welt nicht in Mann und Frau geschieden, sondern von Kugelwesen mit vier Armen, vier Beinen und zwei Gesichtern bevölkert. Obwohl sich diese jeweils aus gegenderten Bestandteilen zusammensetzten (entweder rein männlich, rein weiblich oder einer Mischform, die als ‚androgyn' bezeichnet wird), waren diese Wesen im eigentlichen Sinne sexuell selbstgenügsam und frei von jeglichem erotischen Verlangen. Fortpflanzung erfolgte dementsprechend ungeschlechtlich, „sie befruchteten und zeugten nicht ineinander, sondern in die Erde wie die Zikaden" (58). Erst nachdem diese Kugelmenschen den Frevel begangen hatten, die Götter anzugreifen, entzweite Zeus sie von sich selbst, indem er sie „wie man Birnen zerschneidet, um sie einzumachen, oder wie man Eier mit einem Haar zerschneidet" in zwei Teile spaltete (57). Seither ist der Mensch quasi auf der Suche nach seiner besseren Hälfte. Die erotische Vereinigung zweier Liebender stellt dementsprechend ein kurzes und zwangsläufig begrenztes Nachspielen einer auf ewig verlorenen Ganzheitserfahrung dar: „So lange schon ist die Liebe zueinander den Menschen eingepflanzt, vereinend die ursprüngliche Natur, strebend aus zweien Eins zu machen und die Natur zu heilen, die menschliche" (58).

Dieser Mythos des Aristophanes erklärt also die zwei grundlegenden Dimensionen menschlicher Geschlechtlichkeit: Als Folge des göttlichen Trennungsakts der ursprünglichen Kugelwesen entstanden zum einen die beiden *universalen* Geschlechterkonfigurationen Mann und Frau und zum anderen die erotische Anziehung zwischen *einzelnen* Individuen. Festzuhalten ist an dieser Stelle, dass die Ausformung dieser Anziehung zwar durch die ursprüngliche Gestalt des Kugelwesens festgelegt ist, dass aber sowohl gleichgeschlechtliche wie andersgeschlechtliche Formen vorgesehen und möglich sind. Um es mit Begriffen zu formulieren, die zwar griechischer Herkunft sind, aber erst im 19. Jahrhundert entstanden: Der Mythos naturalisiert sowohl homosexuelles wie heterosexuelles Begehren. Wenn im Mythos eine Hierarchisierung zwischen den unterschiedlichen Manifestationen des Begehrens stattfindet, dann dahingehend, dass die Liebe zwischen zwei gleichen Hälften (Mann/Mann und vor allem Mann/Jüngling) reiner sei, als die zwischen den Mischwesen androgyner Bauart: „diese sind die besten unter den Knaben und Jünglingen, weil sie von Natur aus die mannhaftesten sind. [...] Nachdem sie erwachsen sind, lieben sie Knaben, und auf Ehe und Kinderzeugung lenken sie nicht von Natur den Sinn, sondern sie werden durch das Gesetz genötigt" (58-59).[7]

Zwei Einsichten sind es insbesondere, die sich an diesem Mythos festmachen lassen, und zwar unabhängig von der müßigen Frage, welchen Wirklichkeitsanspruch Aristophanes Geschichte tatsächlich gehabt haben mag. Einerseits liefert er eine Erkenntnis, die sich wie ein roter Faden durch das gesamte Buch ziehen wird: Im Gender und in der Sexualität des Menschen manifestiert sich eine grundlegende Mangelerfahrung. Sowohl die Geschlechterordnung wie das erotische Begehren resultieren aus dem Verlust einer uranfänglichen Einheit und Vollständigkeit. Dieser Verlust begegnet im Laufe der abendländischen Kulturgeschichte (und im Verlauf dieses Kapitels) in zahlreichen Interpretationen, von der Vertreibung aus dem biblischen Garten Eden zur Verdrängung des Realen durch die symbolische Ordnung bei Lacan. Die Verlusterfahrung als Grundlage menschlicher Sexualität, so könnte man sagen, ist ein allgemeingültiges und bis in unsere Zeit aktives Gendermodell, das gesellschaftliche wie individuelle Strukturen verständlich zu machen vorgibt. Demgegenüber ist die zweite Erkenntnis kulturspezifisch: Der Mythos vom Kugelmenschen legt nahe, dass in der griechischen Antike zwar sowohl die Geschlechterkategorien (Mann/Frau) wie die Ausformungen erotischen Begehrens (gleichgeschlechtlich/andersgeschlechtlich) binär strukturiert waren, dass allerdings beiden Erscheinungsformen der gleiche Grad an Natürlichkeit zugestanden wurde.

---

7 Diese Hierarchisierung verschiedener Formen des Begehrens wird im Kontext des *Gastmahls* vorbereitet durch die Rede des Pausanias, der in seinem Monolog (42-50) zwei grundsätzlich unterschiedene Erscheinungsformen des Eros beschwört: eine „bürgerliche", minderwertigere Variante, bei der „mehr die Leiber als die Seelen derer, die sie lieben" im Vordergrund stehen (43), und eine „himmlische", die „am Weiblichen nicht teilhat, sondern am Männlichen allein" und in ihrer reinsten Form eben in der vielzitierten Knabenliebe (*Päderastie*) begegnet (44).

Dies unterscheidet Aristophanes Mythos grundlegend von der christlichen Schöpfungsgeschichte, auf die ich nun kurz eingehen möchte. Wie soeben erwähnt ist das Wissen um die eigene Sexualität auch hier eine Folge göttlicher Bestrafung. Allerdings, und darin liegt der entscheidende Unterschied, handelt es sich nicht um ein gemeinschaftliches Fehlverhalten, sondern um den Frevel einer Einzelperson, der Frau und Urmutter Eva.[8] Die Verankerung dieses Mythos im kollektiven Gedächtnis und Unterbewusstsein ist trotz fortschreitender Säkularisierung immer noch so stark, dass man seinen Inhalt – von der Erschaffung Evas aus Adams Rippe über ihre ‚Verführung' durch die satanische Schlange bis zur Vertreibung aus dem Paradies – voraussetzen kann. Deswegen möchte ich gleich zu einer, zugegeben sehr oberflächlichen, Deutung übergehen und wiederum zwei wegweisende Aspekte dieses speziellen Mythos herausheben: Der christliche Schöpfungsmythos basiert auf einer klaren Hierarchie zwischen den beiden Geschlechterkonfigurationen Mann und Frau. Die Frau (symbolisiert durch Eva) ist dem Manne (Adam) nicht nur chronologisch nachgeordnet; sie stellt auch in biologischer Hinsicht sein Derivat dar. Zudem trägt sie die moralische Schuld an der originären menschlichen Verlusterfahrung, der Vertreibung aus dem paradiesischen Zustand der Sorglosigkeit, Ganzheitlichkeit und Unendlichkeit und somit an den Grundübeln menschlicher Existenz wie Tod, Schmerz und Arbeit.[9] Die Frau ist also in jeder Hinsicht, materiell und moralisch, dem Mann untergeordnet.

Die zweite Erkenntnis ist etwas weniger offensichtlich, aber kaum von geringerer Tragweite: Sexualität und erotisches Begehren sind nicht, wie bei Aristophanes, natürliche Begleiterscheinungen des göttlichen Strafakts, sondern werden symbolisch überhöht als äußere Manifestation des Sündenfalls. Gott erkennt das menschliche Fehlen genau daran, dass Adam und Eva ihre soeben entdeckte Nacktheit mittels Feigenblättern zu verbergen suchen. Die fatale Erkenntnis, die den Menschen durch den Biss vom Apfel zu Teil wird, geht einher mit dem Bewusstsein um die eigene Geschlechtlichkeit. Erst der Sündenfall gendert den Menschen. Da der erste Anstoß zur Freveltat bei der Frau liegt, wird folgerichtig auch das Begehren – anders als bei Platon – explizit als Strafe für diese ‚Erbsünde' einseitig der Frau aufgesetzt: „Du hast Verlangen nach deinem Mann;/er aber

8 Dem Aristophanes'schen Muster der Kollektivbestrafung entspricht in der Bibel am ehesten die babylonische Sprachverwirrung, da diese – wie die Teilung der Kugelmenschen – auf die Hybris der gesamten menschlichen Art zurückzuführen ist.

9 Der Vollständigkeit halber sollte an dieser Stelle auch die Figur der Pandora Erwähnung finden, anhand derer die griechische Mythologie das Vorhandensein des Bösen in der Welt zu veranschaulichen suchte. Wie die Zerteilung der Kugelmenschen (bei Platon) und die geschlechtliche Selbst-Erkenntnis bei Adam und Eva ist auch Pandora ein Werkzeug göttlicher Bestrafung, nämlich für den dreisten Diebstahl des Feuers durch Prometheus. Um diesen zu ahnden, schickt Zeus die verführerische Pandora (in der sich wie beim christlichen Sündenfall weibliche Sexualität und menschliche Irrung vereinen) auf die Welt, um dort alle Übel aus ihrer sprichwörtlich gewordenen Büchse auf die Menschheit loszulassen. Für eine ausführlichere Deutung und Einordnung des Pandoramythos, siehe Preusser, Rétif und Rytz (2012).

wird über Dich herrschen“ (Genesis 3,16). Dieser Zusammenhang von Sünde und (weiblicher) Sexualität formt das christliche Menschenbild nachhaltig und lässt sich insbesondere am Begriff der ‚Scham‘ nachvollziehen, der, etymologisch verwandt mit der ‚Schande‘, nicht von ungefähr sowohl das weibliches Körperteil als auch ein Gefühl der moralischen Unzulänglichkeit bezeichnen kann, beides Dinge, die am besten verhüllt bleiben sollten.

Spitzen wir abschließend den Vergleich zwischen den beiden eingeführten Gendermythen noch einmal kontrastiv zu: Während bei Platon der Mensch erst als Folge einer gemeinschaftlichen Verfehlung zum geschlechtlich unterschiedenen und aktiven Wesen wird, ist in der biblischen Schöpfungsgeschichte die grundsätzlich binäre und hierarchische Geschlechterordnung von Anfang an angelegt, deren sexuelle Ausprägung hingegen wird, insbesondere bei der Frau, zum sichtbaren Indikator des Bösen in der Welt. Beide Aspekte, die natürliche, gottgewollte Unterordnung der Frau sowie die Vorstellungsverknüpfung von Sexualität und Sünde, erlangen durch die allumfassende Deutungshoheit der christlichen Kirchen in der westlichen Kultur Modellcharakter und begründen und beeinflussen Rollenbilder, Repräsentationsformen und Verhaltenscodices der Geschlechter bis in unsere Tage.

2.4.2 Die Anatomie der Differenz: Anthropologie und Medizin

Bei allen inhaltlichen und abgeleiteten Unterschieden ähneln sich die beiden gerade eingeführten Geschlechtermythen doch immerhin in der Tatsache, dass sie sich im Großen und Ganzen nicht um die biologischen und anatomischen Details der menschlichen Fortpflanzung scheren: Bei Platon beschränkt sich Zeus darauf, die Fortpflanzungsorgane nach außen zu drehen, um deren sachgerechten Einsatz zu gewährleisten. Der biblische Gott erklärt den Akt der Geburt zwar zur schmerzhaften Strafe für Evas Frevel („Viel Mühsal bereite ich dir, sooft du schwanger wirst./Unter Schmerzen gebierst du Kinder“; Genesis 3,16), schweigt sich aber im Übrigen ebenfalls über die dahinführenden konkreten körperlichen Abläufe aus. Es scheint deswegen geboten, den religiös-philosophischen Schöpfungsmythen einen historischen Abriss der anatomischen Vorstellungen zu Geschlecht und Fortpflanzung an die Seite zu stellen. Auch hier wird, ökonomischen Überlegungen geschuldet, eine im Einzelnen sehr komplexe und differenzierte Entwicklung auf die Gegenüberstellung zweier kontrastiver Modelle heruntergebrochen.

In seinem vielzitierten und durchaus umstrittenen Buch *Auf den Leib geschrieben: Die Inszenierung der Geschlechter von der Antike bis Freud* (1992 [1990]) zeichnet Thomas Laqueur einen Paradigmenwechsel in der Vorstellung und Darstellung der menschlichen Anatomie bezüglich der Reproduktionsorgane nach.

PARADIGMENWECHSEL

Mit diesem Begriff (englisch *paradigm shift*) bezeichnet der amerikanische Wissenschaftstheoretiker Thomas S. Kuhn (1922-1996) in seinem Buch *Struktur der wissenschaftlichen Revolutionen* (1962; *The Structure of Scientific Revolutions*) eine umfassende Veränderung der Rahmenbedingungen, in denen wissenschaftliche Erkenntnisse hervorgebracht und als wahr anerkannt werden können. Kuhns Begriff des Paradigmas beeinflusste maßgeblich Foucaults Konzept der *Episteme* (siehe dazu Kapitel 5.3.2).

Bis ins 18. Jahrhundert, so versucht Laqueur nachzuweisen, herrscht ein Ein-Geschlecht-Modell (*one sex model*) vor, das im Wesentlichen auf den antiken Lehren von Hippokrates und Galen beruht und demzufolge die männlichen und weiblichen Geschlechtsorgane in Struktur und Funktion grundsätzlich identisch sind. Die offenbaren phänomenologischen Unterschiede erklärten sich dadurch, dass der Mann gegenüber der Frau eine größere Körperwärme aufweist, die hervorgerufen wird von einem beim Mann deutlicher ausgebildeten Sexualtrieb und als Folge derer die männliche Organe (Penis, Skrotum, Hoden) gleichsam nach Außen getrieben werden, während ihre weibliche Gegenstücke (Vagina, Eierstöcke und Gebärmutter) im Inneren des Körpers verbleiben.

Die lange Geltungsdauer und Wirkmächtigkeit dieses anatomischen Mythos mag in der Rückschau verwundern, ist aber ohne weiteres erklärbar. Die Stichhaltigkeit des Ein-Geschlecht-Modells, und damit seine wissenschaftliche Autorität, speist sich daraus, dass sich aus der Grundannahme der unterschiedlichen Körperwärme eine Vielzahl an körperlichen Vorgängen ableiten lässt, von denen hier nur zwei exemplarisch aufgeführt werden sollen. Analog zum Prozess, der die männlichen Geschlechtsorgane aus dem Körper herauswachsen lässt, ist mit diesem Modell auch begreiflich zu machen, warum Männer im Allgemeinen eine ausgeprägtere Körperbehaarung aufweisen als Frauen, da auch die Haare auf Brust, Rücken und Wange durch die größere Körperwärme nach Außen gedrängt werden. Aber auch spezifisch weibliche Phänomene wie die Menstruation sind durch das Ein-Geschlecht-Modell abgedeckt: Da die Frau zur Aufrechterhaltung ihrer vergleichsweise geringeren Körpertemperatur weniger Nahrung benötigt, werden die unverbrauchten Reste des Stoffwechsels in regelmäßigen Abstände in Form von Blut ‚entsorgt'. Im Fall einer Schwangerschaft und Stillzeit hingegen, verbraucht auch die Frau rückstandslos die zur Verfügung stehenden Nährstoffe, was das Ausbleiben der Menstruation in dieser Zeit begründet. Dass diese Erkenntnisse nicht nur abstrakt behauptet, sondern durchaus mittels anatomischer Befunde abgesichert wurden, lässt sich in diesem Zusammenhang an einem signifikanten Detail ablesen (Stolberg 2003: 283-284): Das Brustbein des Menschen schließt am unteren Ende mit einem Knorpel ab, der medizinisch *Xyphoid* und umgangssprachlich Schwertfortsatz genannt wird. Bei der Frau sei

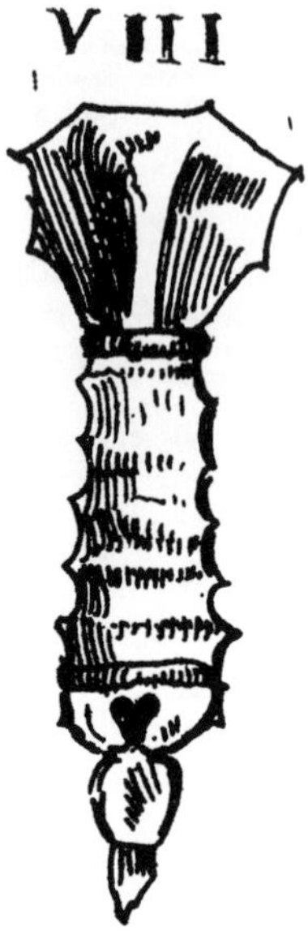

Abb. 2: (Felix Plattner, *De Corporis Humani Structura*, 1583; übernommen aus Stolberg 2003, 283)

nun an diesem Fortsatz ein herzförmiges (!) Loch nachzuweisen (s. Abbildung 2). Durch dieses Loch führe eine Vene, deren einzige Funktion darin besteht, das überschüssige Blut aus der Gebärmutter in die Brustdrüsen zu transportieren, wo es in Milch für den Säugling umgewandelt wird.

Im Verlauf des 17. und 18. Jahrhunderts, so lautet Laqueurs zentrale These, wird dieses Ein-Geschlecht-Modell abgelöst durch ein Zwei-Geschlechter-Modell (*two sex model*).[10] Dieses begreift die menschlichen Geschlechtsorgane nicht mehr als grundsätzlich identisch und analog, sondern als radikal verschieden voneinander, als inkommensurabel, oder „sich dem Vergleich entziehend", wie es die deutsche Übersetzung Laqueurs etwas vorsichtig ausdrückt (1992 [1990]: 172). Ein Anzeichen für dieses neue Paradigma ist dabei, dass sich erst in der frühen Neuzeit die Namen für die weiblichen Geschlechtsorgane ausbilden, wofür Laqueur das Beispiel eines gewissen Renaldus Columbus anführt, der in seinem 1559 erschienenen Werk *De Re Anatomica* zwar nicht, wie sein berühmterer Namensvetter Christoph, die Entdeckung einer neuen Welt, aber immerhin eines bis dato unbekannten Körperteils für sich reklamiert, der Klitoris (81). Ein weiteres Indiz für den von Laqueur postulierten Paradigmenwechsel findet sich in Londa Schiebingers These, dass erst im Laufe des 18. Jahrhunderts das menschliche Skelett in den einschlägigen anatomischen Lehrwerken als speziell männlich oder weiblich, im Gegensatz zu allgemein menschlich, repräsentiert wird (1986).

Sowohl Laqueur wie Schiebinger belassen es nicht bei der kontrastiven Beschreibung der anatomischen Belege, sondern verankern diese in einem größeren sozio-politischen Rahmen. Einer der hervorstechendsten Effekte des Zwei-Geschlechter-Modells sei es nämlich, dass Mutterschaft, in einer Anatomie der Inkommensurabiltät begründet, als genuin und unveräußerlich weiblicher Zuständigkeitsbereich festgelegt sei (Schiebinger 1986: 53). Schwangerschaft, Geburt und Stillzeit sind somit nicht mehr, wie noch im Ein-Geschlecht-Modell, eher zufällige Nebenerscheinungen einer von dynamischen Prozessen geregelten Geschlechterhierarchie (in der beispielsweise männliche Schwangerschaft,

10 Die absolute Ungleichzeitigkeit dieser beiden Modelle sowie Laqueurs Datierung dieses Paradigmenwechsels sind heftig kritisiert worden. Da es für die Argumentation dieses Buchs aber nicht primär um die wissenschaftliche Korrektheit der anatomischen Überzeugungen geht, sondern vielmehr um ihre jeweilige intrinsische Logik und Modellhaftigkeit, soll diese Diskussion keine große Rolle spielen. Vergleiche dazu insbesondere Stolberg (2003) und Voß (2010).

genau wie weiblicher Bartwuchs, immerhin potentiell möglich wäre). Vielmehr deutet eine als radikal andersartig wahrgenommene weibliche Anatomie, in ihrer Spezialisierung hin auf die Gebärfunktion, Mutterschaft als die Apotheose der Weiblichkeit. Schiebinger bringt diese geschlechtliche Differenzierung in Zusammenhang mit der sozio-ökonomischen Aufteilung von privatem Raum (weiblich) und öffentlichem Raum (männlich), eines der zentralen Leitmotive gegenderten Verhaltens im 19. und 20. Jahrhundert, das im Englischen mit der griffigen Formel *separate spheres* bezeichnet wird.

Diese unauflösliche Korrelation von biologischen und gesellschaftspolitischen Gesichtspunkten weist darauf hin, dass Laqueurs These vom Wandel der Geschlechtervorstellungen nicht nur ein rein anatomisches und neutrales Modell darstellt. Gestützt auf die scheinbare Autorität eines sich rapide verwissenschaftlichenden Diskurses, stellt es die Normen zur Verfügung, anhand derer sich sowohl das Verhalten des Individuums als auch die Ordnung der Gesellschaft als Ganzes zu orientieren hat. Ein letztes Beispiel in diesem Zusammenhang, das auch dazu dient, die hier verhandelten anatomischen Mythen an die religiösen Mythen des vorhergehenden Kapitels anzuschließen: Im Ein-Geschlecht-Modell war der Fortpflanzungserfolg des Geschlechtsakts notwendigerweise daran gekoppelt, dass beide Partner, also auch die Frau, einen Orgasmus erreichten, da nur so die für die Hervorbringung neuen Lebens notwendige Energie bereitgestellt werden konnte.[11] Durch den Wegfall der Körperwärme als zentrale Kategorie im Zwei-Geschlechter-Modell und dadurch, dass die weibliche Anatomie als quasi per definitionem für die Empfängnis und Austragung neuen Lebens ausgelegt gedacht wird, entkoppelt sich die Reproduktion vom weiblichen Orgasmus. Weibliche Lust, und hierin besteht der Anschluss an die christliche Mythologie, ist nicht mehr nur böse und unkontrollierbar, sondern praktischerweise anatomisch und für den Fortbestand der menschlichen Art überflüssig. Erst in dieser Kombination (in die selbstverständlich auch die *Separate-spheres*-Ideologie hineinspielt) liegt die Marginalisierung der weiblichen Sexualität in der westlichen Kultur und Gesellschaft des 19. und 20. Jahrhunderts begründet.

Was trägt nun der Wandel vom Ein-Geschlecht-Modell zum Zwei-Geschlechter-Modell bei zu einem Verständnis von Gender? Zum einen liefert er ein gerade in seiner Zugespitztheit auf Hierarchisierung einerseits und Unvergleichbarkeit andererseits sehr eingängiges Bild für die Wandelbarkeit scheinbar ewiger, biologischer Sachverhalte. Als Einschub sei hier deswegen erlaubt zu fragen, welche mythologische Wirkmächtigkeit wohl der Genetik und Endokrinologie (als zent-

11 Hier soll eine weitere relevante Dimension der Anatomiegeschichte der Sexualität wenigstens am Rande erwähnt werden, nämlich die Frage, wie denn eigentlich genau das neue Leben beim Geschlechtsakt zustande kommt. Etwas vereinfacht ausgedrückt, stehen sich zwei Ansichten gegenüber: 1) Das neue Leben ist als Ganzes schon im Sperma des Mannes entwickelt, die Frau dient also nur als Gefäß und Nährboden für dessen Entwicklung. 2) Das Leben kommt erst in der Verschmelzung von weiblichen und männlichen Keimzellen zustande. Für ausführlichere Darstellung dieses Thema, vergleiche Laqueur (1992 [1990]: 53-58) und Martin (1996).

rale Pfeiler eines zeitgenössisch anerkannten Zwei-Geschlechter-Modells) in kommenden Jahrhunderten zugebilligt werden wird. Darüber hinaus ist aber gerade erst in der radikalen Differenzierung der Geschlechterbilder die Grundvoraussetzung für eine Differenzierung von biologischem und kulturellem/gesellschaftlichem Geschlecht/Gender zu sehen, da erst durch sie die Geschlechtlichkeit von einem rein physischen Zuschreibungsobjekt zu einem sozio-politischen Ordnungsprinzip werden kann.

2.4.3 „Anatomie ist Schicksal": Freud, Lacan und die psychosexuelle Entwicklung des Menschen

Während die soeben vorgestellten anatomischen Modelle notwendigerweise vom Menschen als überindividuellem Muster seiner Art ausgehen, und aus dieser Abstraktion dann Verhaltensregeln für das Individuum ableiten, stellt der letzte Mythenkomplex dieses Kapitels das individuelle Verhalten des Menschen in den Mittelpunkt, um daraus dann allgemein gültige Mechanismen und Entwicklungsmaximen zu entwickeln. Wenn im Folgenden die psychoanalytischen Theorien von Sigmund Freud und Jacques Lacan auf ihre mythologische Dimension hin untersucht werden sollen, ist also wiederum erst zu fragen, welche strukturellen Erklärungsmuster diese für empirische Phänomene zu Verfügung stellen und welche Verhaltensmodelle sich dann aus diesen Mustern ableiten lassen. Da es im Rahmen dieser Einführung weder möglich noch sinnvoll sein kann, die komplexen Theoriegebilde Freuds und Lacans umfassend abzubilden, werden wiederum lediglich die für die Entwicklung des Genderbegriffs wegweisenden Aspekte herausgegriffen.

Wie in den Abschnitten zu den Schöpfungsmythen und den anatomischen Modellen ist auch hier zu unterscheiden zwischen den Gedankenfiguren an sich, die größtenteils kaum noch Anspruch auf wissenschaftliche Gültigkeit reklamieren können und denen gleichsam nur mehr metaphorischer Charakter zukommt, und den bewussten und unbewussten Spuren, die diese Figuren in den Gefühlsstrukturen des Individuums und in den Ordnungsprinzipien des Kollektivs hinterlassen haben. Freuds Vermächtnis ist dabei durchaus paradox: Einerseits verdanken wir ihm, wie keinem anderen, eine analytische Durchdringung der Sexualität, auf konzeptioneller wie auch sprachlicher Ebene. Erst durch seine Begrifflichkeiten konnte die menschliche Sexualität zum potentiellen Gegenstand eines abstrakten und wissenschaftlichen Diskurses werden. Exemplarisch hier Freuds Beschreibung des Sexualakts: „Das vorletzte Stück desselben ist wiederum die geeignete Reizung einer erogenen Zone, der Genitalzone selbst an der *glans penis*, durch das dazu geeignetste Objekt, die Schleimhaut der Scheide, und unter der Lust, welche diese Erregung gewährt, wird diesmal auf reflektorischem Wege die motorische Energie gewonnen, welche die Herausbeförderung der Geschlechtsstoffe besorgt" (Freud 1971 [1920]: 81).

SIGMUND FREUD

Sigmund Freud war ein österreichischer Psychologe und Kulturtheoretiker. Er wurde als Sohn jüdischer Eltern in Mähren geboren, zog aber nach dem Bankrott des väterlichen Textilbetriebs mit seinen Eltern 1860 nach Wien. Nach dem Studium der Medizin in Wien und Triest und einer unbezahlten Dozentur für Neuropathologie an der Universität Wien, ließ er sich 1886 als Arzt nieder. Anfangs beeinflusst von den Theorien und Praktiken Jean-Martin Charcots (Hypnose), fand er bald eigene Wege (Traumdeutung, Assoziation), um die Seelenzustände seiner Patient*innen zu ergründen und zu diagnostizieren. Daraus entwickelte sich in den folgenden Jahren das breite Feld der Psychoanalyse; Freud selbst benutzt diesen Begriff erstmals im Jahr 1896. In der 1902 von Freud gegründeten „Psychologischen Mittwoch-Gesellschaft" versammeln sich frühe Anhänger der Psychoanalyse, darunter C.G. Jung und Alfred Adler. Nach der Machtübernahme der Nationalsozialisten geriet Freud zunehmend unter Druck und emigrierte 1938 nach London.

06. Mai 1856	Geburt in Freiberg (heute Příbor)
1881	Promotion *Über das Rückenmark niederer Fischarten*
1902	Außerordentliche Professur für Neuropathologie (Wien)
1910	Gründung der Internationalen Psychoanalytischen Vereinigung
1920	Ordentliche Professur für Neuropathologie (Wien)
1930	Verleihung des Karlspreises der Stadt Frankfurt am Main
1933	Verbrennung seiner Schriften durch die Nationalsozialisten
23. September 1939	Tod in London

Durch die Begründung der Psychoanalyse und die theoretische Erfassung der menschlichen Sexualität als primärer Triebfeder der Persönlichkeitsentwicklung wurde Freud zu einem der einflussreichsten Denker des 20. Jahrhunderts. Seine Theorien, von der psychosexuellen Entwicklung über die Struktur des Bewusstseins bis zur Traumdeutung, und seine Begrifflichkeiten (‚Ödipus-Komplex', ‚Penisneid', ‚Über-Ich') prägen das Menschenbild bis in unsere Zeit. Seine wichtigsten Schriften sind *Die Traumdeutung* (1900), *Drei Abhandlungen zur Sexualtheorie* (1905), *Über Psychoanalyse* (1908), *Totem und Tabu* (1913), *Jenseits des Lustprinzips* (1920) und *Das Unbehagen in der Kultur* (1930). Darstellungen zu Freuds Biographie bieten Lohmann (2006 [1998]), Berkel (2008) und Alt (2016). Hilfreiche Einführungen in die Theorien der Psychoanalyse liefern Mertens (2008) und Quindeau (2008).

Auf der anderen Seite laufen aber gerade diese luziden *Abhandlungen zur Sexualtheorie* letztlich auf die Erkenntnis hinaus, dass Sexualität sich im Wesentlichen jeder Rationalität entzieht. Dies nicht nur im landläufigen Sinn, nachdem Liebe blind und Begehren unvorsichtig macht, sondern in einem viel grundlegenderen Verständnis. Identität, als imaginärer Brennspiegel des individuellen Selbstverständnisses, ist laut Freud immer das Resultat von Prozessen, die in der geschlechtlichen Verfasstheit des Menschen ihren Ausgangspunkt nehmen, und zwar, dies ist der springende Punkt, in solchen Gebieten, die sich dem rationalen Zugriff des denkenden Subjekts entziehen: der frühen Kindheit und dem Unterbewusstsein. Das berühmte Diktum, nach dem das Ich nicht Herr im eigenen Haus ist, bezieht sich eben darauf, dass zum einen die für das gesamte Leben prägenden Verhaltensmuster in einer vorbewussten sexualisierten Welt wurzeln, und zum anderen sogar das sich selbst bewusste Individuum (*Ich*) ständig von einer instinktiven und subversiven Schattenseite im eigenen Selbst (*Es*) getrieben wird, deren Kontrollinstanz (*Über-Ich*) laut Freud erst eine Basis für jegliches geordnetes gesellschaftliches Zusammenleben schafft.

Obwohl einige der Grundkonzepte von Freuds psycho-sozialer Entwicklung und sexueller Objektfindung, wie anale Phase, Penisneid oder Ödipuskomplex, mittlerweile allgemeines Sprachgut geworden sind, werden diese doch oft entweder unkorrekt oder im falschen Zusammenhang gebraucht. Deshalb hier nun erst eine kurze Zusammenfassung dieser Entwicklung, bevor in einem weiteren Schritt deren wichtigste und spürbarste gesellschaftliche Konsequenzen dargestellt werden sollen. Zu Anfang dieses Kapitels wurde ein Mythos als eine Geschichte definiert, die zur Veranschaulichung von nicht objektiv erklärbaren Tatsachen und Phänomenen herangezogen wird. In diesem Sinne versucht Freud zu erklären, wie die Identität des menschlichen Individuums aus der jeweiligen psycho-sexuellen Entwicklung abzuleiten ist.

Jedes neugeborene Kind verfügt laut Freud über eine „polymorph perverse Anlage“ (Freud 1971 [1920]: 64), soll heißen weder die sexuelle Entwicklung noch die sexuelle Objektfindung ist essentialistisch vorprogrammiert. Was hingegen vorgegeben ist, sind zum einen die zu durchlaufenden Entwicklungsphasen (oral, anal, ödipal, Latenz, genital), die für Kinder beiderlei Geschlechts in gleicher Weise gelten, sowie die in der ödipalen Phase auszutragenden Konflikte, die für Jungen und Mädchen jeweils unterschiedlich verlaufen und an deren Ende die erfolgreiche Fixierung auf das normale (d.h. andersgeschlechtliche) Sexualobjekt steht. Bei Eintritt in diese Phase stellt die Mutter für Kinder beiderlei Geschlechts das ausschließliche Objekt der Begierde dar, da sich durch ihr Stillen, Wickeln und die im Vergleich zum Vater intensivere Aufmerksamkeit gegenüber dem Kind in der oralen und analen Phase dessen ursprüngliche polymorphe Perversionen zwangsläufig auf sie verdichten.

In der ödipalen Phase, die auch als phallische Phase bezeichnet wird, konzentriert sich das Interesse des Kindes dann auf die eigenen Geschlechtsorgane. Und hier trennen sich die Wege von Mädchen und Jungen. Das Mädchen bemerkt an sich selbst das Fehlen eines Penis und sieht gleichzeitig, dass dieser beim Vater sehr wohl und bei der Mutter ebenfalls nicht vorhanden ist. Daraus erwächst der Penisneid des Mädchens,[12] der dazu führt, dass es die Mutter, die es implizit für diesen Mangel verantwortlich macht, als Objekt der Begierde verwirft und an ihrer Stelle den Vater einsetzt, dessen ‚Besitz' ihm die Kontrolle über den Penis in Aussicht stellt. Da, durch das, ebenfalls in der ödipalen Phase zu erlernende Inzestverbot, der Vater aber auch als Sexualobjekt ausscheidet, überträgt das Mädchen seine Begierde schließlich auf den Mann außerhalb der eigenen Familie, wodurch der weibliche Ödipuskomplex (der von Freud selbst übrigens nie als ‚Elektra-Komplex' bezeichnet wurde) erfolgreich an sein Ende kommt.[13]

Auch der heranwachsende Knabe stößt sich an der Erkenntnis, dass manche Menschen, die Mutter in Sonderheit, im Gegensatz zu ihm und seinem Vater, keinen Penis besitzen. Daraus resultiert eine Angst, dass auch ihm dieses Schicksal widerfahren könnte, die von Freud so bezeichnete Kastrationsangst. In Verbindung mit dem Inzestverbot führt diese quasi im Raum stehende Androhung der Kastration durch den Vater bei dem Jungen dazu, diesen als ödipalen Rivalen um die Gunst der Mutter zu verwerfen und sich stattdessen mit ihm (und dem von ihm verkörperten Normenkatalog, dem späteren Über-Ich) zu identifizieren. Diese Identifikation, die für den Jungen den erfolgreichen Abschluss der ödipalen Phase darstellt, bereitet ihn auch darauf vor, in der Pubertät/genitalen Phase seinen eigenen Penis korrekt als ausführendes Organ der sexuellen Objektfindung einsetzen zu können: „Während durch die Pubertätsvorgänge das Primat der Genitalzonen festgelegt wird und das Vordrängen des erigiert gewordenen Gliedes beim Manne gebieterisch auf das neue Sexualziel hinweist, auf das Eindringen in eine die Genitalzone erregende Körperhöhle, vollzieht sich von psychischer Seite her die Objektfindung, für welche von der frühesten Kindheit an vorgearbeitet worden ist" (Freud 1971 [1920]: 91).

Worin besteht nun die Relevanz und Modellhaftigkeit der Freud'schen Konzeption von der psycho-sexuellen Entwicklung? Zuerst sicher in der Annahme, dass diese Entwicklung sich nicht nur auf den Bereich der Sexualität beschränkt. Nach Freud sind nahezu alle Persönlichkeitsstörungen beim Erwachsenen auf Probleme bei der Bewältigung der sexuellen Entwicklungsphasen oder des ödipalen Konflikts zurückzuführen, so z.B. Ess-Störungen auf eine orale Fixierung, übertriebene Sauberkeit oder Geiz auf eine anale Fixierung oder fehlgeleitete sexuelle Begierde (Ho-

12 Penisneid ist somit ausschließlich dem weiblichen Geschlecht vorbehalten, was einer der gängigen Verwendungen dieses Begriffs entgegensteht, der bisweilen gerne benutzt wird, um eine bestimmte Form männlicher Kompensationsstrategien zu bezeichnen (großes Auto, dicker Geldbeutel, *trophy wife*), die auf einen zu kleinen Penis zurückgeführt werden.

13 Es spricht für die Kennzeichnung der Freud'schen Entwicklungstheorien als Mythos, dass sowohl deren wissenschaftliche Richtigkeit wiederholt angegriffen wurde und wird, dass sie aber gleichzeitig bis heute das Vokabular und die Vorstellung menschlicher Sexualität prägen, so zum Beispiel wenn eine Beziehung zwischen einem älteren Mann und einer jüngeren Frau mit einem ‚Vaterkomplex' der letzteren erklärt wird.

mosexualität, Fetischismus, etc.) auf eine ödipale Fixierung. Freud stellt ein umfassendes Repertoire an Begriffen zur Verfügung (Paraphilie, Neurose, Psychose), um diese ‚abnorm' verlaufenen Entwicklungsprozesse zu beschreiben. Hier liegt, neben der Erhebung der Sexualität zum Gegenstand analytischen Denkens und Schreibens, die zentrale Bedeutung Freuds für die Gender Studies. Seine Theorien geben die Norm menschlicher Sexualität vor. Diese Norm, deren sexuelle Ausformung der auf die Fortpflanzung abzielende Begattungsakt ist, ist klar definiert durch das erfolgreiche Durchlaufen eines festgelegten Schemas aus Entwicklungsphasen und Konflikten und wird begrenzt durch die zahlreichen, psychoanalytisch diagnostizierbaren Störungen, die im Verlauf dieses Prozesses auftreten können. Der Lohn für Einhaltung der Norm besteht darin, dass der/die Einzelne als normal und somit als vollwertiges Mitglied der Gesellschaft gelten darf. Freuds Beschreibung des Küssens liefert hierbei ein treffendes Beispiel für eine solche ‚Verfehlung':

> „Als normales Sexualziel gilt die Vereinigung der Genitalien in dem als Begattung bezeichneten Akte, der zur Lösung der sexuellen Spannung und zum zeitweiligen Erlöschen des Sexualtriebes führt (Befriedigung analog der Sättigung beim Hunger). Doch sind bereits am normalsten Sexualvorgang jene Ansätze kenntlich, deren Ausbildung zu den Abirrungen führt, die man als *Perversionen* beschrieben hat. Es werden nämlich gewisse intermediäre (auf dem Wege zur Begattung liegende) Beziehungen zum Sexualobjekt, wie das Betasten und Beschauen desselben, als vorläufige Sexualziele anerkannt. Diese Betätigungen sind einerseits selbst mit Lust verbunden, andererseits steigern sie die Erregung, welche bis zur Erreichung des endgültigen Sexualzieles andauern soll. Eine bestimmte dieser Berührungen, die der beiderseitigen Lippenschleimhaut, hat ferner als Kuss bei vielen Völkern (die höchstzivilisierten darunter) einen hohen sexuellen Wert erhalten, obwohl die dabei in Betracht kommenden Körperteile nicht dem Geschlechtsapparat angehören, sondern den Eingang zum Verdauungskanal bilden" (26-27).

Phallus

Der Phallus bezeichnet etymologisch den erigierten männlichen Penis und fungiert in Sigmund Freuds Theorie des Ödipuskonflikts als Symbol der väterlichen Macht, das der kleine Junge zu besitzen verlangt. Für das heranwachsende Mädchen hingegen bezeichnet der Phallus die eigene morphologische und damit grundsätzliche Andersartigkeit. In dieser symbolischen Funktion weist der Phallus dabei weit über die objektive Wirklichkeit des Penis (als körperliches Organ) hinaus. Das Freud'sche Modell erkennt phallische Sexualität als Norm an und sieht weibliche Sexualität deshalb als defizitär. Jacques Lacan erweitert Freuds Modell dahingehend, dass für ihn der Phallus zum Symbol sexueller Differenz und Differenzierbarkeit überhaupt wird. Dementsprechend erklärt er, der Mann *habe* (die Macht über) den Phallus; die Frau hingegen *sei* der Phallus (Schößler 2008: 81), da sie in ihrer Andersartigkeit die sexuelle Differenz verkörpere.

Aus den oben beschriebenen Konflikten wird zweierlei deutlich: Freuds Entwicklung ist dezidiert vom männlichen Standpunkt aus entwickelt; das Vorhandensein oder die Absenz des männlichen Geschlechtsorgans ist die unabänderliche Triebfeder für die normative Entwicklung sowohl der männlichen als auch der weiblichen Sexualität. Daher bezeichnet man dieses Modell mit einem Begriff von Ernest Jones auch als ‚phallozentrisch'. Darüber hinaus erhöht Freud den Penis in der Gestalt des Phallus zum symbolischen Repräsentationsorgan einer allgemeingültigen Gesellschaftsordnung, zu der, auch das ist entscheidend, nur der Mann vollständigen Zugang hat. Erst die Identifikation des Knaben mit dem phallischen Vater ermöglicht die Herausbildung und Verinnerlichung eines als Über-Ich in Erscheinung tretenden Verhaltenscodex.

Die im phallozentrischen Modell implizierte Wahrnehmung der Frau als defizitär spiegelt sich ebenfalls in ihrer eigenen psycho-sexuellen Entwicklung wider; diese ist grundsätzlich komplexer und damit störungsanfälliger als die des Mannes. Sie muss zum einen das primäre Objekt der Begierde wechseln (von der Mutter zum Vater, von der Frau zum Mann). Außerdem verschiebt sich auch noch der physische Ort ihrer eigenen Begierde: Während beim Mädchen die Klitoris als „leitende erogene Zone" zu beobachten ist, muss sich diese Leitzone in der Pubertät auf die für den Sexualakt signifikante Vagina verschieben:

> „Ist die Übertragung der erogenen Reizbarkeit von der Klitoris auf den Scheideneingang gelungen, so hat damit das Weib seine für die spätere Sexualbetätigung leitende Zone gewechselt, während der Mann die seinige von der Kindheit an beibehalten hat. In diesem Wechsel der leitenden erogenen Zone sowie in dem Verdrängungsschub der Pubertät, der gleichsam die infantile Männlichkeit beiseiteschafft, liegen die Hauptbedingungen für die Bevorzugung des Weibes zur Neurose, insbesondere zur Hysterie" (Freud 1971 [1920]: 90-91; für eine detaillierte Analyse der Hysterie als ‚typisch weibliche Krankheit', siehe Schlichter [2000]: 128-175).

Während für Freud das konkrete Geschlechtsleben des erwachsenen Weibes, wie er selbst zugesteht, auch nach 30 Jahre intensiver Auseinandersetzung „ein *dark continent* für die Psychologie" bleibt (Freud 1926: 55; siehe auch Salber 2006), liefert seine im doppelten Wortsinn mythologische Erzählung von der sexuellen Selbstfindung des Menschen gerade für die Frau ein performatives Modell zur Einordnung und damit Reglementierung ihrer vielgestalten sexuellen und psychologischen Abnormitäten. Dadurch schafft Freud ein System, das die moralische Ächtung weiblicher Sexualität im christlichen Schöpfungsmythos kongenial mit der anatomischen Reduktion der Frau auf die Mutterrolle im Zwei-Geschlechter-Modell verschaltet und auf der Grundlage dieser Verbindung eine normative sexuelle und gesellschaftliche Ordnung konstituiert.

In der zweiten Hälfte des 20. Jahrhunderts ergänzt Jacques Lacan dieses System der psychosexuellen Entwicklung um eine strukturalistische Dimension und transponiert damit die Freud'sche Vorlage in das Vokabular der Postmoderne.

Damit liefert er den zentralen Anstoß für die Herausbildung des französischen Feminismus, der uns im nachfolgenden Kapitel noch ausführlicher be-

JACQUES LACAN

Jacques Lacan war ein französischer Psychoanalytiker. Er wurde als Sohn streng katholischer Eltern in Paris geboren. Im Laufe seines Medizinstudiums spezialisierte er sich zunehmend auf die Psychiatrie und arbeitete zeitlebens als Psychoanalytiker in der Nachfolge Freuds.

13. April 1901	Geburt in Paris
1932	Promotion über paranoische Psychosen
1964	Dozentur an der *École Normale Supérieure* (Paris)
09. September 1981	Tod in Paris

Lacan knüpft in seinen Theorien über die Entwicklung der menschlichen Persönlichkeit an Freuds klassische Psychoanalyse an und bringt diese in Einklang mit Konzepten des Strukturalismus wie Differenz und Alterität. Seine Schriften gelten als schwer zugänglich. Für eine umfassende Einführung in Lacans Denken, siehe Pagel (2002) und Wörler (2015).

schäftigen soll. Auch in diesem Fall können die zum Teil sehr komplexen Theoriegebilde Lacans nur schlaglichtartig angerissen werden. Wie Freud geht Lacan von einer normierten Abfolge von bestimmten Stadien (bei Lacan ist hier meistens von Registern die Rede) in der Entwicklung des Menschen aus. Ebenfalls wie bei Freud steht am Ende der Entwicklung die für die beiden Geschlechter jeweils unterschiedlich definierte Integration in eine symbolische und gesellschaftliche Ordnung. Lacans Register verbinden quasi Freuds psychosexuelle Entwicklungsstufen mit seiner Aufspaltung der menschlichen Psyche in Es, Ich und Über-Ich. In Abwandlung von Freuds Ansatz werden diese Stadien allerdings nicht primär durch die sexualisierte Erfahrungen bestimmter Körperregionen oder die Aushandlung von intrafamiliären Konflikten markiert, sondern äußern sich in einer Wandlung der Selbstwahrnehmung. Diesen Wandel konzipiert Lacan als im engen Zusammenhang stehend zur menschlichen Sprachentwicklung.

Lacan benennt den Zustand, in dem sich das neugeborene Kind nach der Geburt befindet, als ‚das Reale' (*le réel*). Damit ist eine vorsprachliche, undifferenzierte und ganzheitliche Welterfahrung bezeichnet, die keinen Unterschied kennt zwischen dem Selbst und dem Anderen. Diese primäre und originäre Erfahrung des Menschseins ist unsagbar, nicht strukturiert und entzieht sich jeder Form von symbolischer Repräsentation. Aus diesem Paradies der Einheit mit der Welt muss das Kind jedoch vertrieben werden. Dies geschieht im so genannten Spiegelstadium (*le stade de miroir*). Im – wie bei Freud gleichermaßen tatsächlichen und symbolischen – Blick in den Spiegel erkennt das Kind sich zum ersten Mal (als) selbst und setzt damit einen Prozess der Differenzierung in Gang, an dessen Ende die Ausbildung einer ‚Ichfunktion' des Kindes steht, wie es Lacan in einem häufig zitierten Aufsatz nennt (1975 [1948]).[14] Da diese Ichbildung durch das Erkennen eben des Spiegel*bilds* ausgelöst wird, bezeichnet Lacan dieses Stadium auch als Register des ‚Imaginären' (*l'imaginaire*). In dieses Erkennen des Spiegelbilds als Repräsentation des eigenen Ichs fließen zwei entscheidende Aspekte ein:

a) Die Ichfunktion ist untrennbar verbunden mit dem unauslöschlichen Gefühl des Verlusts der ursprünglichen holistischen Welterfahrung. Aus diesem Verlustgefühl entspringt jede Form menschlichen Begehrens, das sich – hier ist eine Analogie zu Aristophanes Mythos von den Kugelmenschen zu konstatieren – im ewigen und ewig erfolglosen Trachten des Individuums gründet, diese ursprüngliche Allheit und Ungeteiltheit von der Welt zu überwinden. In leichter Abwandlung von Nietzsche könnte man also sagen, dass für Lacan jede Lust Vollkommenheit will. Das undefinierbare und unerreichbare Objekt dieses Begehrens bezeichnet Lacan mit dem etwas skurrilen Begriff ‚Objekt klein a' (*objet petit a*).
b) Das Erkennen des eigenen Spiegelbilds ist notwendigerweise immer auch ein Verkennen, da das klar definierte Abbild im Spiegel für Lacan nicht mit der diffusen Selbsterfahrung des Kindes in Einklang zu bringen ist.[15]

Diese unbewusste Realisierung und Internalisierung der Nichtidentität von Ich und Abbild, von Selbst und Nicht-Selbst, ist die strukturelle Voraussetzung für das Verständnis jeglicher Art von symbolischer Repräsentation, da diese in gleicher Weise auf einer Trennung von Bezeichnetem und Bezeichnendem, von *signifié* und *signifiant* (um es mit Saussures maßgebenden strukturalistischen Begrifflichkeiten auszudrücken) basiert. Lacans bekannter Lehrsatz, nachdem das Unbewusste wie eine Sprache strukturiert sei (Lacan 1975 [1966]: 182), bezieht

14 Nur um ein Beispiel für Lacans oft obskuren und nebulösen Stil zu geben, hier seine Definition des Spiegelstadiums aus selbigem Aufsatz: „Das Spiegelstadium ist ein Drama, dessen innere Spannung von der Unzulänglichkeit auf die Antizipation überspringt und für das an der lockenden Täuschung der räumlichen Identifikation festgehaltene Subjekt die Phantasmen ausheckt, die ausgehend von einem zerstückelten Bild des Körpers, in einer Form enden, die wir in ihrer Ganzheit eine orthopädische nennen könnten, und in einem Panzer, der aufgenommen wird von einer wahnhaften Identität, deren starre Strukturen die ganze mentale Entwicklung des Subjekts bestimmen werden" (1975 [1948]: 67).

15 Dieses (V)Erkennen des eigenen Ichs im Spiegel(-stadium) äußerst sich im Französischen sehr sinnfällig im Doppelsinn der Formel *me connaître/meconnaître*.

sich auf eben diesen Sachverhalt, dass die Herausbildung des menschlichen Selbst parallel und in struktureller Analogie zum Erkennen und Differenzieren sprachlicher Muster verläuft.

Die bedeutungsschöpfende Ausbildung einer binären Struktur aus Selbst und Nicht-Selbst, die im Register des Imaginären angestoßen und angelegt wird, findet ihren Abschluss im Register des ‚Symbolischen' (*le symbolic*). So benennt Lacan einmal den konkreten Bereich der auf binären Oppositionen beruhenden menschlichen Sprache, aber auch deren ordnende und unterweisende Funktion im Allgemeinen. Erst durch den Eintritt in diese symbolische Ordnung bekommt das Kind Zugriff auf die Welt als Zeichensystem, auf ihre Gesetze, Mythen, Normen und Regularien. Diese symbolische Ordnungsfunktion ist, wie Freuds Über-Ich (das ja aus der Internalisierung der Kastrationsangst erwächst), an die Person des Vaters geknüpft; Lacan bezeichnet es deshalb auch als ‚Gesetz des Vaters' oder ‚Name des Vaters' (*Nom-du-Père*). Da in der Regel nur aus Jungen Väter werden, kann folglich auch nur der Mann voll in der symbolischen Ordnung aufgehen; nur für ihn ist der Phallus – als metaphorischer Repräsentant des Vatergesetzes – instrumentalisierbar. In Abwandlung eines berühmten Wittgenstein-Zitats, könnte man sagen, dass die Grenzen *seiner* Sprache die Grenzen *ihrer* Welt sind. Jacques Derrida hat für diesen männlichen Premiumzugang zur symbolischen Ordnung der Sprache den Begriff des ‚Phallogozentrismus' eingeführt.

Phallogozentrismus

Mit diesem Begriff bezeichnet Jacques Derrida (siehe Kapitel 4.2.1) die Erkenntnis, dass im Kontext der westlichen Kulturgeschichte, symbolische Ordnungen und Systeme, und hierbei insbesondere die Sprache (*logos*), männlich und patriarchalisch (*Phallus*) geprägt sind. Derrida leitet diese privilegierte Rolle des Männlichen in der symbolischen Sinnstiftung dabei ab von der, in den Theorien Freuds und Lacans als normal und normativ gesetzten, männlichen (phallischen) Sexualität.

Während für den Mann also das Hineinwachsen in die symbolische, phallogozentrische Ordnung eine vollwertige Kompensation für den Verlust des Realen bietet, bleibt der Frau dies verwehrt. Sie kann sich nie vollständig von dieser vorsprachlichen und ganzheitlichen Welterfahrung ablösen. Ihr Zugang zur Welt, und hier liegt der zentrale Kern des französischen Feminismus begründet, ist im Vergleich zum Mann ganzheitlich, vorsymbolisch und undifferenziert. Sie kann die kulturelle und gesellschaftliche Macht der phallischen Differenzierung in Selbst und Nicht-Selbst nicht für sich in Anspruch nehmen, symbolisiert aber gleichzeitig diese Differenzierung. Lacans legendär kryptische Bekundung, der

Mann *habe* den Phallus, die Frau hingegen *sei* der Phallus, lässt sich in diesem Zusammenhang vielleicht so interpretieren: Der Phallus symbolisiert für Lacan zum einen die Differenzierung von Selbst und Nicht-Selbst, von Wirklichkeit und Abbild, und bezeichnet darüber hinaus die symbolische Ordnung, die auf dieser Differenzierung basiert. Die Frau stellt zwar, als das fundamental Andere zum Vatergesetz, in sich selbst diese Differenz dar, kann diese Differenz aber nicht als Machtmittel gebrauchen.

2.5 Zusammenfassung

Obwohl alle drei Mythenkomplexe, die im Vorhergehenden eingeführt wurden, zentrale Interpretationshilfen für ein Verständnis von Gender als Grundbegriff menschlicher Welterfahrung zur Verfügung stellen, sind sie chronologisch wie terminologisch einer Aufteilung in biologisches und gesellschaftliches/kulturelles Geschlecht vorgeordnet. Nicht nur für Freud gilt bei aller potentiellen polymorphen Perversion, dass des Menschen eigentliche und eignende Anatomie sein Schicksal vorgibt. Auch die antiken und medizinischen Erzählungen von Herkunft und Zweck menschlicher Geschlechtlichkeit beruhen auf der Annahme eines wie auch immer gearteten biologischen Essentialismus.

Für die Herausbildung von Gender als spezifisch analytischer Kategorie und damit für die Entwicklung von Gender Studies als satisfaktionsfähiges akademisches Betätigungsfeld in der zweiten Hälfte des 20. Jahrhunderts sind insbesondere zwei Entwicklungen entscheidend, die in den nun folgenden Kapiteln ausgeführt werden sollen: die sozio-politische und kulturgeschichtliche Bestandsaufnahme weiblicher Unterdrückung und die Entwicklung möglicher Gegenstrategien durch den Feminismus (Kapitel 3) und die epistemologische Neuorientierung des Genderbegriffs unter dem Einfluss von Strukturalismus und Poststrukturalismus (Kapitel 4).

3 Feminismus

Abb. 3: Axe-Engel

3.1 Sex sells: Die Frau als Objekt

Sex sells ist eine derjenigen sprachlichen Formeln, die sich heutzutage schon so unverrückbar ins kulturelle Bewusstsein und den zeitgenössischen Sprachgebrauch eingebrannt haben, dass weder ihr tatsächlicher Sinn oder Referenzgehalt noch die zugrunde liegende Ideologie zur Disposition zu stehen scheinen. Dabei ist gerade eine genauere Betrachtung eben dieser Floskel dazu geeignet, einen höchst komplexen und relevanten Betätigungsraum zu eröffnen, in dem Connells analytische Beziehungsdimensionen des Genderbegriffs auf produktive Weise zur Anwendung kommen können.

Auf der rein sprachlichen Ebene sperrt sich die im Englischen hübsche Alliteration zunächst sowohl ästhetisch wie inhaltlich gegen eine zu wörtliche Übertragung ins Deutsche: als mögliche Übersetzung wäre entweder ‚Geschlecht verkauft' oder ‚Sex verkauft' denkbar, da davon auszugehen ist, dass sich der englische Satz eher auf die konkreten Manifestationen der körperlichen Geschlechtsunterschiede, als auf deren anzunehmende biologische Grundlage bezieht. Beiden Übersetzungen mangelt nicht nur gänzlich der durch die Ansammlung von Zischlauten im Englischen dramatisierte Slogancharakter des Originals. Ins Deutsche übersetzt offenbart der Satz vielmehr eine durchaus ambige Subjekt-Verb-Struktur, die dadurch bedingt ist, dass ein Abstraktum (Geschlecht/*sex*) mit einem sehr konkret gefassten Vorgang (verkaufen) in Beziehung gebracht wird, der im landläufigen Sinn mindestens zwei Akteure (Käufer und Verkäufer) impliziert.

So stellt der Satz *Sex sells* eine, wenn auch unklar umrissene, Kausalbeziehung her zwischen zwei Bereichen, deren Überschneidungspotential auf den ersten Blick gar nicht so augenfällig scheint: der menschlichen Sexualität und marktökonomischen Eigentumsbeziehungen. Der Slogan lässt, anders ausgedrückt, vermuten, dass das Vorhandensein eines physischen Unterschieds zwischen den Geschlechtern offenkundig ein taugliches Instrument darstellt, um den Austausch oder die Übertragung von Waren und Finanzmitteln plausibel zu machen. Körperliche Geschlechtsunterschiede, so lautet vielleicht eine zwar holprige aber zutreffende Übersetzung von *sex sells*, lassen sich gut vermarkten. Die Omnipräsenz einer sexualisierten Bildsprache in der Werbung lässt vermuten, dass nackte Haut, laszive Posen und die Aussicht auf sexuelle Erfüllung zugkräftige Argumente darstellen, um eine unüberschaubare Palette von Produkten und Ideen, von Schokolade zu Mode und von Freizeitgestaltung zur Selbstverwirklichung, an den Mann zu bringen.

Wobei ‚an den Mann zu bringen' hier durchaus wörtlich zu verstehen ist. Es ist nämlich zu beobachten, und damit nähern wir uns dem spezifischen Inhalt dieses Kapitel an, dass diese Sexualisierung eindeutig auf den weiblichen Körper abzielt, dass also, mit anderen Worten, die Sexualisierung der Werbung augenfällig gegendert ist. Mit ‚Sexualisierung' möchte ich in diesem Zusammenhang eine reduktionistische Darstellungsweise bezeichnen, die aus der Hervorhebung geschlechtlich konnotierter Merkmale, Eigenschaften oder Verhaltensweisen erwächst. Die eingangs dieses Kapitels dargestellte Bewerbung eines Deodorants ist dabei nur ein besonders auffälliges Beispiel einer sehr viel umfassenderen Tendenz, die auch nicht auf die Werbebranche beschränkt bleibt. Fernsehformate wie *Germany's Next Top Model* oder *Der Bachelor* (seit neuestem auch im Plural als *Die Bachelors*) zeigen, dass die öffentliche Zurschaustellung und Objektifizierung des weiblichen Körpers ganz allgemein gut für die Quote ist und zudem oft die Aufmerksam einer breiten Öffentlichkeit auf sich zu ziehen vermag.

Dieses Kapitel stellt die Frage nach dem Stellenwert des Feminismus in der heutigen Gesellschaft zur Diskussion. Dabei wird deutlich werden, dass eines der Hauptanliegen zeitgenössischer feministischer Betätigung darin besteht, derartige Objektifizierungen des weiblichen Körpers analytisch aufzuarbeiten und die Machtverhältnisse aufzudecken, die solchen Körperbildern Vorschub leisten. Um die Rolle des Feminismus für die heutige Gesellschaft beurteilen zu können, ist es jedoch notwendig, diesen schillernden Begriff sowohl in seiner historischen wie aktuellen Konfiguration zu durchleuchten und beide zueinander in Beziehung zu setzen. Die Auswahl der ursprünglich 2011 konzipierten Axe-Kampagne als Anschauungsmaterial für die kritische Behandlung des Feminismus kann trotz eines gewissen zeitlichen Abstands insofern immer noch als repräsentativ angesehen werden, als in ihr zentrale Entwicklungen und Gesichtspunkte zusammenlaufen, die für die Begriffsgeschichte des Feminismus als entscheidend gelten dürfen. Zudem lässt sich mit Verweis auf Initiativen wie z.B. *Pinkstinks* darauf verweisen, dass auch in aktuelleren Formaten und Kampagnen vergleichbare Strategien weiblicher Sexualisierung nachzuweisen sind.[16]

Dem Aufbau dieses Buchs folgend, wird zuerst eine allgemeine Begriffsdefinition geleistet. Auf dieser Grundlage werden zum einen die zentralen Parameter entwickelt, die das Konzept des Feminismus zu einem aktuell bedeutungsvollen soziopolitischen Untersuchungsgegenstand machen. Gleichzeitig wird im Rückgriff auf Connells Vier-Dimensionen-Modell die Bedeutung des Feminismus für die Herausbildung eines kritischen Genderbegriffs herausgearbeitet. In einem zweiten Schritt werden exemplarisch verschiedene zeitgenössische Erscheinungsformen des Feminismus eingeführt (vom Ökofeminismus zur Intersektionalität), die zeigen sollen, dass feministische Analysemethoden auch heute noch relevante Instrumente für die kritische Auseinandersetzung mit Genderbeziehungen liefern können. Einer der fruchtbarsten Felder, die aus den Methoden und Ansätzen des klassischen Feminismus hervorgegangen sind, ist das der Männlichkeits-Studien oder Masculinity Studies – ein nur scheinbares Paradox, das im Anschluss kurz erläutert wird. In einem letzten Schritt wird die Kontinuität und Variabilität der feministischen Denkansätze dargestellt, indem diese auf eine Auswahl grundlegender, klassisch feministischer Texte und Theorien zurückgeführt werden.

Feminismus

Unter diesem schillernden Begriff wird eine Vielzahl politischer Aktivitäten, kulturgeschichtlicher Analysen und gesellschaftskritischer Bewegungen zusammengefasst. Gemeinsames Ziel dieser zum Teil sehr heterogenen Strömungen ist die Stärkung der in einer patriarchalisch geprägten Gesellschaft als benachteiligt wahrgenommenen Rolle der Frau. Schwerpunkte des feministischen Diskurses sind dabei politische und gesellschaftliche Teilhabe der Frau, sowie Fragen von Gleichstellung und Unterdrückung. Eine grundlegende Unterscheidung lässt sich vornehmen in gleichheitsfeministische Ansätze, die auf der Annahme der Ebenbürtigkeit der beiden Geschlechter eine konsequente Gleichberechtigung fordern, und in differenzfeministische Ansätze, die die Unterschiede zwischen den Geschlechtern betonen und argumentieren, dass in der patriarchalischen Gesellschaft das spezifisch Weibliche unterprivilegiert ist und unterdrückt wird.

16 Als einschlägiges Beispiel hierfür sei die 2020 ergangene Rüge des Deutschen Werberats an den YouTube-Influencer Ron Bielecki genannt, dessen Vermarktung des angeblichen Potenzmittels *Nice Schw*nz Bro* auf Instagram das Selbstkontrollgremium der Werbeindustrie folgendermaßen bewertet: „Die Platzierung des beworbenen Produkts auf dem Gesäß des Frauenkörpers betont die Objektifizierung der Frau" („Sexistisch" 2020). Für eine detaillierte Einordnung dieses Falls im Kontext sexualisierter Werbung, siehe auch Goldmann, Halbach und Wlodawer (2020).

3.2 Differenz oder Gleichheit: Feminismus als kritischer Begriff

Im vorangehenden Kapitel wurde Gender mit Connell und Hark/Villa als Betätigungsfeld für die kritische Betrachtung von geschlechtlich verfassten Beziehungen definiert. In diesem Sinn kann Feminismus verstanden werden als eine Eingrenzung dieses sehr weitläufigen Fokus hin auf solche Beziehungen, die explizit oder implizit auf einer theoretischen und/oder praktischen Unterdrückung der Frau durch den Mann beruhen. Mit Rückgriff auf Connells Modell lässt sich leicht generalisierend die These aufwerfen, dass feministische Ansätze die analytische Durchdringungen von Machtbeziehungen als Primärkategorie für das Verständnis von Gender setzen und die übrigen Dimensionen, wiewohl in unterschiedlichem Maße für signifikant erachten, doch insgesamt als dieser Dynamik untergeordnet ansehen.

Wie das folgende Kapitel zeigen wird, können diese Machtbeziehungen oder -verhältnisse im Einzelnen sehr unterschiedliche Ausprägungen erfahren, lassen sich aber doch auf ein gemeinsames Kriterium herunterbrechen, der Reduzierung der Frau zum Objekt männlichen Denkens und Handelns. Am Beispiel der Axe-Werbung wird dies deutlich, in der sich ohne größere interpretatorische Spitzfindigkeit alle vier Dimensionen von Connells Modell wiederfinden lassen.

Der ökonomischen Ebene (*Produktions*beziehungen) wird allein schon durch das Genre der Abbildung als Werbeimage hinreichend Rechnung getragen: Das sexualisierte Abbild eines Frauenkörpers (spärliche Bekleidung, dezidiert unzüchtige Pose, verlockender Gestus) soll den Betrachter (im mehrfachen Wortsinn) dazu anregen, durch Kauf und Verwendung des beworbenen Produkts die in der Abbildung inszenierte Phantasie in den Bereich des Möglichen, jedenfalls aber in den Bereich des Käuflichen, zu rücken. Die Phantasie besteht in diesem Fall in der Verwandlung eines traditionell der Unschuld verschriebenen Wesens (Engel) in ein lüsternes, sexuell aktives und potentiell verfügbares Objekt der (männlichen) Begierde. Diese Verwandlung, so die implizite (Werbe-)Botschaft, ist eine direkte Folge der Verwendung des beworbenen Pflegeprodukts. Der das Bild epigrammatische begleitende Text (*Angels will fall*) buchstabiert diesen Zusammenhang aus und bestätigt zugleich in seiner grammatikalischen Form die Unausweichlichkeit der in Aussicht gestellten Phantasie. Der sexualisierte und verfügbare Frauenkörper ist hier also zugleich Mittel und Zweck der ökonomischen Transaktion, die durch das Werbeimage ins Werk gesetzt werden soll und an deren logischem Ende die Erfüllung der männlichen Phantasie steht, die bildhaft in der Verwüstung des Bettes schon vorweggenommen ist.

Der Logik der ständigen (ökonomischen) Verfügbarkeit des weiblichen Körpers folgen damit auch die übrigen Beziehungsdimensionen, die sich in dieses Bild einlesen lassen. Das *emotionale* Dreiecksverhältnis von Betrachter, beworbenem Produkt und dargestelltem Objekt ist geprägt von der offen zur Schau gestellten Willfährigkeit der abgebildeten Frau, ihrer Bereitschaft, dem Betrachter in jeder Hinsicht zu Diensten zu sein. Die unzweifelhafte emotionelle Zugewandtheit, die in ihrem Gestus, ihrer Pose und Kleidung offenkundig wird, bleibt dabei auf den sexuellen Aspekt beschränkt; die Frau geht gleichsam komplett in ihrer sexuellen Verfügbarkeit auf und macht sich mithin selbst zum Objekt der Begierde. Dem steht auf der männlichen Seite ein zutiefst utilitaristischer Denkansatz gegenüber. Kauf und Verwendung von Axe-Produkten, so ist zu implizieren, verfolgen einen klaren Zweck: Sie zielen darauf ab, Frauen zuerst einmal die sexuelle Dimension ihrer Existenz kenntlich zu machen (*fall*), um sie dann sogleich auf eben diese Dimension reduzieren zu können. Leicht überhöht ließe sich konstatieren, dass Mann und Produkt eine Allianz eingehen, deren Zweck es ist, die Frau auf ihre sexuelle Verfügbarkeit zu beschränken und ihr somit jegliche emotionelle Beziehung in Abrede zu stellen, die über diese Bereitschaft zur Selbstobjektifizierung hinausgehen könnte. Auch hier ergänzt der Text kongenial die Botschaft des Bildes, impliziert er doch in dem Wort *will* eine unausgesprochenes und instinkthaftes Verlangen der Frau nach eben dieser Reduzierung; frei nach dem Motto „Du willst es doch auch!"

Auf diese Zuschreibung der Frau als Objekt sowohl der sexuellen Begierde als auch der ökonomischen Händel weist auch die *symbolische* Dimension des Bildes hin, die mit durchaus anspruchsvollen Mitteln ein sehr simples Identifikationsmuster für die Frau bereitstellt: entweder Unschuldsengel oder Femme fatale, entweder Heilige oder Hure. In formaler, bildkompositorischer Hinsicht stehen die Geschlechtsorgane der dargestellten Frau in jeder Beziehung im Mittelpunkt. Ihr prononciertes, stolz zur Schau gestelltes Dekolleté ist exakt im Zentrum des Bildes platziert; ihre rechte Hand lenkt die Blicke des Betrachters außerdem in Richtung ihres notdürftig verhüllten Genitalbereichs. Zusätzlich wird diese Apotheose der weiblichen Sexualität noch angestrahlt durch ein überirdisches Licht, das durch ein Loch in der Decke fällt, in dessen Konturen sich unschwer die weiblichen Geschlechtsorgane entdecken lassen. Dass dieses Loch in der Decke vom Absturz des gefallenen Engels selbst herrührt, der wiederum auf die Anwendung des beworbenen Produkts durch den Mann zurückzuführen ist, verdeutlicht nur noch einmal die einseitige Zweckbestimmung weiblichen Daseins im Kontext dieser Werbebotschaft und beraubt die Frau jeder aktiven Einflussnahme auf ihre sündige Verwandlung.

Hand in Hand mit dieser formalen Inszenierung gehen auch die inhaltlichen Anspielungen in der Bild- und Textkomposition. Die strenge Aufspaltung in engelsgleiche Unschuld auf der einen und disponible Sündhaftigkeit auf der anderen Seite nimmt den christlichen Mythos von der Verführbarkeit des Weibs und der dadurch in die Welt gekommenen Übel auf und verkehrt ihn in sein Gegenteil. Der im biblischen Sinne paradiesische Zustand einer bedürfnislosen, vorsexuellen und damit beziehungslosen Selbstgenügsamkeit – personifiziert durch das traditionell geschlechtslose Wesen des Engels – wird als wahrhaft ungenügend entlarvt und ersetzt durch ein sexualisiertes und radikal binäres System aus männlicher Verfügungsgewalt und weiblicher Verfügbarkeit. Diese Zweiteilung ist nicht nur den zeitgenössischen Anforderungen einer kapitalistischen Marktwirtschaft angepasst, für die Bedürfnislosigkeit die einzige verbliebene Todsünde darstellt und für die jedwede Instrumentalisierung und Ökonomisierung menschlicher Begierde einen potentiell unerschöpflichen Absatzmarkt verspricht. Vielmehr entsteht aus dieser Aufteilung auch die grundlegende Argumentationsstruktur feministischen Denkens und Handelns. Diese hat sich auf die Fahnen geschrieben, diejenigen (re)produktionstechnischen, emotionalen und symbolischen Genderbeziehungen aufzudecken, zu erklären und zu bekämpfen, die einzeln und in ihrer Gesamtheit der einen, übergeordneten Beziehung Vorschub leisten: der Unterdrückung und Objektifizierung der Frau.

Es versteht sich von selbst, dass die analytischen Mittel innerhalb dieses Betätigungsfelds höchst divergent und, analog zur kritischen Verwendung des Genderbegriffs, fachspezifisch verschieden ausfallen. Eine feministisch inspirierte Geschichtswissenschaft verwendet andere Methoden als eine medienwissenschaftliche Untersuchung. Die Fragestellungen feministischer Literaturanalyse unterscheiden sich von denen der empirischen Sozialforschung. Dementsprechend unterscheiden sich auch die möglichen Zielvorgaben, die den Feminismus befeuern, von einer theoriebasierten Darstellung von historischen Abläufen und/oder aktuellen Zusammenhängen bis hin zur direkten politischen Einflussnahme. Ähnlich wie bei der Verwendung des Genderbegriffs als primär heuristische Kategorie, schlägt dieses Buch auch hier ein pragmatisches Vorgehen vor. Deshalb möchte ich im Folgenden versuchen, an einzelnen signifikanten Beispielen diachrone wie synchrone Entwicklungslinien und Argumentationsmuster herauszuarbeiten, die für den Feminismus als Ganzes zentral sind und diese dadurch für die kritische Verwendung handhabbar zu machen.

Es wird sich zeigen, dass die Intensität und Bitterkeit, die häufig in Diskussionen um Sinn und Zweck des Feminismus zu beobachten sind, auch darauf zurückzuführen sind, dass sich der Begriff einer eindeutigen Definition entzieht und dadurch potentiell für eine Vielzahl von Argumentationslinien verfügbar ist. Deshalb auch hier einige grundsätzliche Worte zur Verwendung des Begriffs. Das Wort ‚Feminismus' als Sammelbegriff für eine Haltung und Aktivität, die gegen die Ungleichbehandlung der Frau in der Gesellschaft gerichtet ist, bildet sich europaweit heraus im Umfeld der Emanzipationsbewegung des späten 19. und frühen 20. Jahrhunderts, die im angelsächsischen Raum als *suffragette movement* bezeichnet wird und die im deutschen Kontext – meist unter der Bezeichnung ‚Frauenrechtsbewegung' – unter anderem mit den Namen Louise Otto-Peters, Helene Lange, Anita Augspurg oder Clara Zetkin verbunden ist.[17]

Oft wird diese, im Großen und Ganzen auf politische Ziele beschränkte, Phase als ‚erste Welle' des Feminismus (*first-wave feminism*) bezeichnet. Auch die ‚zweite Welle' des Feminismus (*second-wave feminism*) hat ihre Wurzeln in politischen

17 Diese Frauenrechts-Bewegung ist sehr heterogen und nimmt im Einzelnen sehr divergente Erscheinungsformen an, von bürgerlich-gemäßigt bis radikal-sozialistisch und kommunistisch. Für eine detaillierte Darstellung, siehe Nave-Herz (1994) und Gerhard (2009).

Reformforderungen, dieses Mal in der Bürgerrechtsbewegung der 50er und 60er Jahre des 20. Jahrhunderts. Anders als bei der ersten Welle gehen die politischen Forderungen jetzt allerdings mit einer umfassenden theoretischen Aufarbeitung der Thematik einher und führen dazu, dass sich feministische Theorien in verschiedenen akademischen Disziplinen (allen voran Soziologie und Literaturwissenschaft) als ausgewiesener Forschungsgegenstand etablieren können (vergleiche dazu von Braun und Stephan 2009). Für die Verwendung des Begriffs ‚Feminismus' in diesem Buch folgt daraus, dass er als kritisch-analytische Kategorie erst für die systematische akademische Theoriebildung seit den 1950er Jahren verwendet wird. Frühere Texte und Ideen, die sich mit dem Thema Unterdrückung und Ungleichbehandlung der Frau auseinandersetzen, werden dagegen als proto-feministisch bezeichnet.

Um die oben erwähnte Vielgestaltigkeit des Feminismusbegriffs ein wenig systematisieren zu können, soll ein grundlegendes Gegensatzpaar am Anfang der kritischen Auseinandersetzung stehen, die Unterscheidung nämlich zwischen Gleichheitsfeminismus und Differenzfeminismus. Diese Zweiteilung bezeichnet in ihrer jeweils extremsten Ausformulierung die Endpunkte des Spektrums, auf dem sich die unterschiedlichen Ausformungen des Feminismus verorten lassen.

Auf den ersten Blick basieren die beiden feministischen Grundpositionen auf zwei sehr einfachen, diametral entgegengesetzten und zutiefst essentialistischen Überzeugungen: Der Gleichheitsfeminismus geht von einer grundsätzlichen Ebenbürtigkeit von Mann und Frau aus, wobei sich diese Ebenbürtigkeit sowohl auf die prinzipiell gleiche (körperliche, mentale, soziale) Eignung von Mann und Frau für jedwede Betätigung und Teilhabe bezieht, wie auch auf jede Form von rechtlicher, ökonomischer und gesellschaftlicher Gleichberechtigung. Jede Ungleichbehandlung der Frau ist somit als Verletzung eines essentialistisch vorgegebenen Prinzips zu verstehen. Die jeweilige Festschreibung dieser Ungleichbehandlung in der Form von Paragraphen, Verhaltensregeln oder Partizipationspraktiken ist ein gesellschaftliches Konstrukt, ein ideologisch fundiertes, patriarchalisches Machtinstrument, das die asymmetrische Machtbeziehung zwischen Mann und Frau gegen die Realität der Ebenbürtigkeit verteidigen soll.[18]

Der Differenzfeminismus hingegen beruht in seiner Extremposition auf der Annahme, dass Frau und Mann in der Tat aufgrund ihrer unterschiedlichen körperlichen Disposition mit unterschiedlichen Befähigungen, Talenten und, mit einem neoliberalen Unwort gesprochen, Kompetenzen ausgestattet sind, die eine grundsätzliche Aufteilung in verschiedene Zuständigkeitsbereiche rechtfertigt und sogar sinnvoll und notwendig macht. Die, auch von Anhänger*innen des Differenzfeminismus als fundamental angesehene, Ungleichbehandlung

18 Ein vieldiskutiertes Plädoyer für eine grundsätzliche Gleichheit von Mann und Frau hinsichtlich ihrer neuronalen und mentalen Grundausstattung, das auch den Forschungsstand in dieser Hinsicht hilfreich zusammenfasst, liefert Fine (2012 [2010]).

der Frau lässt sich hier nicht als Verkennung und Unterdrückung eines elementaren biologisch-essentialistischen Gleichheitsprinzip erklären, sondern ist vielmehr eine Folge der sozio-politischen, ökonomischen und kulturellen Geringschätzung dieser spezifisch weiblichen Merkmale und Eigenschaften.

Der Unterschied lässt sich gut anhand des im vorherigen Kapitel eingeführten Familienmodells der *separate spheres* veranschaulichen. Aus der Perspektive des Gleichheitsfeminismus stellt die Beschränkung der Frau auf den privaten und häuslichen Bereich (als Mutter und Ehefrau) und die daraus resultierende fehlende gesellschaftliche Teilhabe und Mitbestimmung eine unnatürliche Ideologie dar, eine Verletzung der grundsätzlichen Ebenbürtigkeit von Mann und Frau. Diese lässt sich sozio-ökonomisch erklären mit der Herausbildung einer neuen arbeitsteiligen Familienstruktur als Folge der fortschreitenden Industrialisierung und wird biologisch unter anderem mit dem diese Arbeitsteilung scheinbar anatomisch widerspiegelnden Zwei-Geschlechter-Modell gerechtfertigt. Anatomische und sozio-ökonomische Faktoren spielen sich also wechselseitig in die Hände, um der Frau eine Rolle in der Gesellschaft zuzuweisen, die ihrem naturgegebenen Gleichheitsanspruch zuwiderläuft. Eine differenzfeministische Analyse würde demgegenüber argumentieren, dass eine grundsätzliche Arbeitsteilung in der Familie durch die biologischen Geschlechterunterschiede durchaus zu rechtfertigen ist und dass die Herabsetzung der Frau daraus erwächst, dass der weiblichen Sphäre keine adäquate gesellschaftliche Wertschätzung entgegengebracht wird. In diesem Fall sind es die konkreten, patriarchalisch geprägten institutionellen Rahmenbedingungen (Gesetzgebung, Moralvorstellungen, Wertigkeit) der Frauenrolle eher als eine grundlegend falsche Ideologie, die die Unterdrückung der Frau festschreiben.

3.3 Feminismus Heute

Dieses Kapitel beschäftigt sich damit, ob und in welcher Form Feminismus in der heutigen Zeit noch ein nützliches und probates Instrument zur Durchdringung und Erklärung sozialer, politischer, emotioneller und symbolischer Genderbeziehungen liefern kann. Es wird sich zeigen, dass die Unterscheidung in gleichheitsfeministische und differenzfeministische Ansätze nichts von ihrer Aktualität verloren hat und, gerade in dieser Zuspitzung, weiterhin produktive Muster und neuartige, den Zeitläuften angepasste Analysemethoden hervorzubringen im Stande ist.

Die Frage nach der gesellschaftlichen und kulturkritischen Relevanz des Feminismus entzieht sich einer eindeutigen Beantwortung schon deswegen, da es wie oben gezeigt unmöglich ist, *eine* konkrete theoretische und angewandte Ausformung zu identifizieren. Folgt man hingegen der Auffassung dieses Buchs und versteht den Feminismus als eine Fokussierung von Genderanalysen auf diejenigen Beziehungen, die einer Unterdrückung und Ungleichbehandlung der Frau durch den Mann Vorschub leisten, lässt sich zweierlei konstatieren: Die Entwicklung des

Feminismus bis zum heutigen Tag ist eindeutig eine Erfolgsgeschichte. Die kulturgeschichtliche Genealogie und Aufarbeitung weiblicher Minderstellung hat zu einer weitreichenden Neuverhandlung des Kanons sowohl der Literatur- und Kulturwissenschaften wie der Wissenschaftsgeschichte geführt. Bespielhaft sei hier zum einen die Anerkennung der Leistungen von Wissenschaftlerinnen wie Ada Lovelace (Datenverarbeitung), Mary Anning (Paläontologie), Lise Meitner (Kernphysik) oder Rosalind Franklin (Genetik) zu nennen, zum anderen die ‚Wiederentdeckung' und Kanonisierung von Schriftstellerinnen wie Therese Huber, Rahel Varnhagen oder Irmtraud Keun und Malerinnen wie Angelica Kauffman, Berthe Morisot oder Hannah Höch. Dieser Prozess ist bei weitem noch nicht als abgeschlossen anzusehen und stellt bis heute einen wichtigen Bereich feministischer Quellenforschung dar. In engem Zusammenhang mit dieser Revision des kultur- und wissenschaftsgeschichtlichen Kanons steht die Darstellung und Aufarbeitung der Gründe für das vormalige Nichtvorhandensein eines weiblichen Kanons, der Mechanismen also, die es einerseits den Frauen erschwerte, eigene Leistungen in den jeweiligen Kanon einzubringen und die andererseits für den Ausschluss der tatsächlich existenten weiblichen Stimmen aus diesem Kanon verantwortlich zu machen sind.

Neben dieser Erfassung von Bedingungen und Erscheinungsformen weiblicher Misrepräsentation sowie deren Revision, ist es ebenso als Erfolg des Feminismus zu werten, dass ein Großteil seiner zentralen sozio-politischen Forderungen als erfüllt anzusehen sind – vom Frauenstimmrecht zur prinzipiellen Chancengleichheit in Beruf und Ausbildung, vom gleichberechtigten Zugang zu Bildungseinrichtungen zur gesetzlich festgeschriebenen Rechtsgleichheit der Geschlechter, wie sie in Artikel 3 des deutschen Grundgesetzes unmissverständlich festgeschrieben ist. Die individuelle Entscheidung der Frage, in welchem Maß damit eine allgemeine und allumfassende Gleichbehandlung von Frau und Mann erreicht und die Grundforderung des Feminismus mithin erfüllt ist, wird also maßgeblich sein für die jeweils individuelle Auffassung von der anhaltenden Notwendigkeit feministischer Interventionen und Betätigungen. Dass in diesem Zusammenhang natürlich auch wechselnde politische und kulturelle Rahmenbedingungen eine entscheidende Rolle spielen können, lässt sich beispielhaft am weltweiten Erfolg der #metoo-Bewegung zeigen. Die seit 2017 unter dieser Bezeichnung firmierende systematische Aufdeckung weiblicher Unterdrückung und patriarchaler Strukturen wird mittlerweile oft als Kurz-Formel für feministischen Aktivismus verwendet, so dass zahlreiche Kommentator*innen schon die Wiedergeburt eines aktiven und politisch engagierten Feminismus sehen, der die theoretischen Auseinandersetzungen und Argumentationen der letzten 30 Jahre endlich wieder zweckmäßig und gesellschaftlich geboten in die Tat umzusetzen weiß.[19]

19 Zu Entstehung, Entwicklung, Selbstverständnis und Zielen der #metoo-Bewegung, siehe Kantor/Twohey (2020 [2019]), Chandra/Erlingsdóttir (2021) und Alcalde/Villa (2022).

3.3.1 Von Ökofeminismus und Intersektionalität: Aktuelle Formen des Feminismus

Die globale Wirkmächtigkeit der #metoo-Bewegung, die sich exemplarisch am medialen Sturm nachweisen lässt, den der ungefragte Kuss des Präsidenten des spanischen Fußball-Verbands nach dem Gewinn der Frauenfußball-WM im August 2023 nach sich zog, zeigt, dass das Aktivierungspotential der Idee ‚Feminismus' auch im Jahr 2024 durchaus beträchtlich ist, dass also geschlechtliche Gleichbehandlung und wechselseitiger Respekt von weiten Teilen der Bevölkerung als verteidigungswürdiges Ideal angesehen werden, für das es sich lohnt, notfalls auch auf die Straße zu gehen. Dies mag zunächst erstaunen. Denn seit dem Abebben der zweiten Welle gegen Ende der 1980er Jahren schien der theoretische Feminismus unter einem konstanten Rechtfertigungszwang zu leiden. Dieser vermeintliche Bedeutungsverlust wurde zusätzlich verstärkt durch die Herausbildung der Gender Studies als neuem, den aktuellen geistesgeschichtlichen und philosophischen Entwicklungen besser angepasstem Instrumentarium für die Analyse von Geschlechterbeziehungen. Susan Faludi bezeichnet den Niedergang des Feminismus in ihrem vielzitierten Buch von 1991 mit dem Begriff des *backlash*, einer Gegenreaktion der patriarchalischen Gesellschaftsordnung auf die Errungenschaften der zweiten Welle des Feminismus.

Obwohl die Diagnose vom gesamtgesellschaftlichen und leitkulturellen Autoritätsverlust des Feminismus am Ende des 20. Jahrhunderts sicher zutreffend ist und mit dem Begriff des ‚Post-Feminismus' mittlerweile auch ein konzeptuelles Etikett bekommen hat (Hoff Sommers 1995 [1994]; McRobbie 2016 [2008]; Genz und Brabon 2022) bedeutet dies jedoch mitnichten, dass er seine theoretischen Erklärungsmuster ausgeschöpft hätte.[20] Im Gegenteil: Ermöglicht durch die Etablierung, Anwendung und Ausdifferenzierung kritischer Methoden in verschiedenen akademischen Disziplinen, erschließt sich der Feminismus, quasi im Schatten der Gender Studies, eine Vielzahl neuer Betätigungsfelder und Anschlussmöglichkeiten und entwickelt dabei neue, zeitgemäße Erklärungsmuster, von denen hier nun kursorisch die wichtigsten vorgestellt werden sollen.

Seit Ende der 1970er Jahre und, angesichts des rapide voranschreitenden Klimawandels heute wieder von zentraler Bedeutung, rücken ökologische Fragestellungen zunehmend in den Blickpunkt des gesellschaftlichen Diskurses. Angesichts von Überbevölkerung, Ressourcenknappheit, atomarer Aufrüstung und Erderwärmung und unter dem Eindruck einer Reihe nuklearer ‚Störfälle' (Three Mile Island, La Hague, Tschernobyl), setzt sich zunehmend die Erkenntnis durch,

20 Sandra Konrad unterstreicht in diesem Zusammenhang die Kontinuität der Anliegen des Feminismus und bilanziert den gegenwärtigen Zustand folgendermaßen: „Die Realität im 21. Jahrhundert ist ernüchternd: Das jugendliche, schöne Aussehen einer Frau, der Rückfall in alte Rollenmuster nach der Geburt eines Kindes, latenter bis offensichtlicher Alltagssexismus, die häufige Erfahrung von sexuellen Übergriffen, die damit verbundene Ohnmacht und Scham sowie der Anspruch, grundsätzlich nicht zu unbequem zu werden – all das ist für viele Frauen heute immer noch ‚ganz normal'." (2019: 15)

dass der Mensch Teil eines umfassenden Ökosystems ist und dass es ethisch geboten und im ureigenen Interesse der Menschheit ist, dieses System zu schützen und zu erhalten. Die Gründung der Partei *Die Grünen* 1980 ist hierbei das eindeutigste politische Symptom, aber auch die zahllosen ‚Atomkraft – Nein Danke'-Sticker und groß angelegten Proteste gegen Atommülltransporte oder die Abholzung von Regenwäldern sowie die Einführung des Fahrzeugkatalysators (1984) geben Zeugnis von dieser Entwicklung. Ausgehend von den USA, entsteht hieraus eine Form des Feminismus, die als Ökofeminismus bezeichnet wird, und die in der schonungslosen Ausbeutung der Natur strukturelle Parallelen zur Unterdrückung der Frau in patriarchalisch organisierten Gesellschaftsformen erkennt. Wie und zu welchem Zweck diese Parallelen im Einzelnen theoretisiert werden, kann hier nicht erschöpfend dargestellt werden.[21] Was jedoch alle diese Ansätze in ihrer Verschiedenheit eint, ist, dass sie deutlich einer differenzfeministischen Grundauffassung entspringen. Der Gegensatz zwischen dem sich über die Natur erhebenden Mann und der Frau, die als unveräußerlicher Teil oder als symbolische Repräsentationsfigur eben dieser unterjochten Natur gesehen wird, ist für den Ökofeminismus elementar und findet im Bild von Gaia als der nährenden Mutter Erde eine treffende Manifestation (Lovelock 1982; Sahtouris 1998). Aus dieser mythologischen Analogie leitet der Ökofeminismus im Umkehrschluss die Folgerung ab, dass dem Raubbau an der Natur und der Ausbeutung des Ökosystems Natur nur unter der Voraussetzung Einhalt geboten werden kann, dass sich gleichzeitig die patriarchalisch geprägten Strukturen einer globalen und neoliberalen Ökonomie ändern, die den weltweiten Handlungsrahmen für diese Ausbeutung liefert.[22]

In diesem Punkt berührt sich der Ökofeminismus mit einer anderen zeitgenössischen Erscheinungsform des feministischen Diskurses, dem antikapitalistischen Feminismus. Während ersterer eine Analogie zur Unterdrückung der Frau in der Ausbeutung der Natur findet, verfolgt letzterer einen im Grunde marxistischen Ansatz und versucht, die Unterdrückung der Frau als zwangsläufige Begleiterscheinung einer kapitalistisch geprägten Staats- und Gesellschaftsform herauszuarbeiten. Obwohl auch diese Form feministischer Kritik in Ansätzen bis in die 1960er Jahre zurückverfolgt werden kann, stellt der antikapitalistische Feminismus den zurzeit wohl produktivsten Zweig feministischer Theoriebildung dar. Ein Bespiel für die aktuelle Relevanz dieses Themas bietet Beate Hausbichlers treffend betiteltes Buch *Der verkaufte Feminismus*. Laut Hausbichler liefern „die

21 Für eine ausführliche Darstellung und Analyse ökofeministischer Argumentationsstrukturen und Anwendungsgebiete, siehe Merchant (1987), Mies und Shiva (1995), Mellor (1997), Warren (1997), Haidinger und Knittler (2014) sowie Katz (2015).

22 In diesem Zusammenhang ist auch die von der deutschen Außenministerin Annalena Baerbock wiederholt geforderte Wende hin zu einer ‚feministischen Außenpolitik' zu sehen, deren Ziel es ist, „stärker auf Menschen, die aufgrund ihrer Herkunft, Religion, Geschlechtsidentität, Behinderung, sexuellen Identität oder aus anderen Gründen an den Rand der Gesellschaft gedrängt werden" zu achten (Auswärtiges Amt 2023). Siehe dazu auch Lunz (2022).

verheißungsvollen Forderungen nach Autonomie, Selbstbestimmung, Selbstermächtigung (Empowerment!) und Freiheit," die den Feminismus noch wie vor kennzeichnen und prägen, „nicht nur Produkte, sie schaffen auch einen wunderbaren Rahmen für neoliberale Praktiken, in denen die Verantwortung für sich selbst im Vordergrund steht, während staatliche soziale Netze immer löchriger werden" (2023 [2021]: 15). Exemplarisch möchte ich hier kurz auf Laurie Pennys Buch *Fleischmarkt* (2013 [2011]) eingehen, in dem die Autorin elegant die verschiedenen Dimensionen von Connells Gender-Beziehungs-Modell verknüpft.

Penny stellt eingangs die Behauptung auf, dass sämtliche Volkswirtschaften über Nacht kollabieren würden, wenn alle Frauen plötzlich mit ihrem Dasein als Frau ins Reine kämen. Die globale ökonomische Ordnung, so Penny weiter, sei nämlich zum einen darauf angewiesen, dass Frauen, zum Beispiel in der Kindererziehung, in der Krankenpflege, in der Haushaltsführung, unbezahlt arbeiten (Penny 2013 [2011]: 95, 116). Zum anderen, so Penny, akzeptieren Frauen diese offensichtliche ökonomische Schieflage deswegen, weil sie vermittelte gesellschaftliche Konventionen und Rollenbilder internalisieren. Diese medial vermittelten Modelle normativer Weiblichkeit präsentieren den weiblichen Körper als Ort ständiger Selbstoptimierung, an dessen Vervollkommnung allzeit und unter Einsatz der verfügbaren Zeit und finanziellen Mittel zu arbeiten ist. Die Frau macht sich also, ganz im Sinne der klassischen feministischen Denkfigur, selbst zum Objekt. Der Kapitalismus eignet sich für Penny in zweierlei Hinsicht besonders gut, um die ungleichen Geschlechterbeziehungen in der globalen Welt von heute zu rechtfertigen und fortzuschreiben. Er liefert einerseits den sozio-politischen Rahmen für diese Selbstobjektifizierung und Verfügbarkeit der Frau, indem er ihren Körper als Konsumprodukt (im doppelten Sinn) inszeniert, ist aber gleichzeitig als ökonomisches Prinzip zu verstehen, in dem diese Arbeit der Frau an sich selbst die für den Erhalt des Systems essentielle Entfremdung der Frau von ihrer Arbeit für die Gesellschaft kaschiert und umlenkt. In der Aufdeckung dieses Verblendungszusammenhangs zwischen Kapitalismus und weiblicher Ausbeutung liegt für Penny die primäre Aufgabe eines zeitgenössischen Feminismus. Nur wenn und dadurch, dass sich die Frauen dieser über die Inszenierung des weiblichen Körpers gesteuerten (Selbst-)Objektifizierung entziehen, kann die ökonomische Grundordnung eines patriarchalisch geprägten Kapitalismus in ihren Fundamenten erschüttert werden.

Pennys durchaus tiefschürfende und radikale Gesellschaftsanalyse ist durchgehend in einem sehr persönlichen und hemdsärmeligen Ton verfasst und wird wiederholt mit eigenen Erfahrungen und Anekdoten der Autorin veranschaulicht. Dies verbindet Penny mit einer weiteren Entwicklung, die für den zeitgenössischen Feminismus zu beobachten ist und die ich als coolen Feminismus bezeichnen möchte. Damit soll eine Tendenz beschrieben werden, die versucht, den Feminismus aktiv von möglichen Fesseln einer zu theorielastigen und antagonistischen Vergangenheit zu befreien. Autorinnen wie Charlotte Roche (*Feuchtgebiete*, 2008) im deutschen Sprachraum oder Caitlin Moran (*How to be a Woman,*

2013 [2011]) im englischsprachigen Raum wenden sich mit ihren Büchern und Kolumnen ausdrücklich an ein junges und nicht zwingend akademisch vorgebildetes Publikum. Feministin zu sein, so die zugrunde liegende Argumentation, äußert sich nicht vorrangig darin, komplexe Gesellschaftsanalyse liefern zu können oder einschlägige Universitätsseminare zu besuchen. Der gesellschaftliche Einfluss des Feminismus habe auch deswegen nachgelassen, weil er – berechtigt oder nicht – mit einem Frauenbild in Verbindung gebracht wird, das heutzutage nicht mehr als zeitgemäß akzeptiert werde: verkopft, antagonistisch, mürrisch, spaßbefreit.

Diesem als antiquiert dargestellten Klischee setzen Autorinnen wie Roche und Moran ein umfassenderes und integratives Verständnis von Feminismus entgegen. In einer postideologischen Gesellschaft, in der individuellen Befindlichkeiten und Selbstverwirklichung mehr Bedeutung zugemessen wird als politischen Strömungen oder gesellschaftlichen Theoriegebäuden, kann der Feminismus nur dann wieder Anspruch auf Relevanz anmelden, wenn er eben nicht zuerst als kritisches Analyseinstrument verstanden wird, sondern als positive Lebenseinstellung. Feminismus soll nicht angewandte Theorie, sondern atmende Wirklichkeit sein. Entscheidender Gradmesser dabei ist laut Roche und Moran, und hier deckt sich der coole Feminismus mit den explizit politischen Forderungen Pennys, das Verhältnis zum eigenen Körper. Die Instrumentalisierung des weiblichen Körpers im Kapitalismus wird nur dadurch möglich, dass dieser, und insbesondere dessen sexuelle Dimension, von Beginn an stigmatisiert und mystifiziert wird. Im realen Körper des heranwachsenden Mädchens hinterlassen quasi sämtliche mythologischen Modelle von Weiblichkeit – als Verkörperung des Bösen (Christentum), als unergründlich und defizitär (Freud), als unzulänglich (Ein-Geschlecht-Modell) ihre Spuren. In Summe führen sie dazu, dass die Frau systematisch von ihrem Körper entfremdet wird und befremdet ist. Nur aufgrund dieser Entfremdung kann der weibliche Körper schließlich seine disziplinierende Funktion in der patriarchalischen Ordnung erlangen.

Es gilt also, grob gesagt, dieser symbolischen Enteignung der weiblichen Körperlichkeit und Sexualität entgegenzuwirken. Darin, in einer Normalisierung und Sichtbarmachung des weiblichen Körpers jenseits jeder symbolischen Überhöhung und Schmähung, liegt der tiefere Sinn von Roches detailverliebten Schilderungen (b)analer körperlicher Handlungen oder Morans unverkrampfter und tabuloser Darstellung des weiblichen Körpers in all seiner blutenden, stinkenden und ungezügelten Tatsächlichkeit. Wenn sich der coole Feminismus in seiner Form (anekdotisch, lebensweltlich, konkret) als bewusst anti-ideologisch gibt, gilt dieses in doppelter Hinsicht: Zum einen will er den Feminismus von den gefühlten Altlasten seiner eigenen Ideologie befreien, indem er ihn als offene, bejahende und lustvolle Lebenseinstellung und nicht mehr als skeptische, aggressive und lustfeindliche Diskussionshaltung inszeniert. Andererseits ist die Inszenierung selbst natürlich eine ideologische Setzung, deren Ziel die Befreiung des weiblichen Körpers aus dem Zwängen der patriarchalischen Ordnung ist.

Ein vergleichbarer Impuls, nämlich den Feminismus von hergebrachten und als restriktiv wahrgenommenen ideologischen Demarkationen zu lösen, ist auch in der letzten Ausprägung aktueller feministischer Ansätze zu erkennen, die ich hier vorstellen möchte. Unter dem Schlagwort Intersektionalität firmiert seit Ende der 1980er Jahre im englischsprachigen Raum (Crenshaw 1991; Andersen und Hill Collins 1998 [1992]) und spätestens seit Beginn des 21. Jahrhunderts auch hierzulande (Knapp 2005; Winkler und Degele 2009; Biele Mefebue, Bührmann und Grenz 2022; Haschemi Yekani, Nowicka und Roxanne 2022) ein Ansatz, der den Versuch unternimmt, strukturelle Überschneidungen (das nämlich bedeutet der Begriff wörtlich) in verschiedenen Erscheinungsformen gesellschaftlicher Ungleichbehandlung zu identifizieren.[23] Ursprünglich konzentrierten sich die dahingehenden Bestrebungen vor allem auf eine Trias aus Geschlechterbeziehungen, Klassenbeziehungen und ethnischen Beziehungen (Klinger, Knapp und Sauer 2008), in denen parallele Strukturen der Unterdrückung und Herabsetzung nachgezeichnet wurden. In der Folge beziehen diese intersektionalen Analysen immer neue Faktoren (Behinderung, Alter, Religion) und Konstellationen (Mensch/Tier; schlank/fettleibig) von Ungleichbehandlung mit ein, sodass momentan ein zwar lebendiges, aber analytisch schwer erfassbares Feld vorliegt, dem immer wieder einzelne höchst relevante und stichhaltige Analysen entspringen, dem es allerdings bislang (noch) nicht gelungen ist, ein umfassendes und allgemein einsetzbares Repertoire an Methoden zu generieren. In diesem Kontext ist auch die Empfehlung des Wissenschaftsrats hervorzuheben, der eine zu beobachtende Tendenz feststellt „in Politik und Hochschulen, Geschlechter- und Diversitätsaspekte zu verknüpfen". Dies dürfe „nicht dazu führen, dass Geschlechteraspekte überlagert oder unter das Dach der Diversity Studies subsumiert werden" (2023: 11). Dass eine solche Überlagerung mitunter auch das Potential für Grabenkämpfe innerhalb des Feminismus in sich trägt, zeigt sich beispielhaft in der oft sehr kontrovers geführten Debatte um ‚trans-exklusiven' versus ‚trans-inklusiven' Feminismus. Dieser Diskussion, an der sich unter anderem J.K. Rowling und Alice Schwarzer prominent beteiligt haben und die meist unter dem englischen Akronym TERF (Trans-Exclusionary Radical Feminism) firmiert (siehe Pearce, Erikainen und Vincent 2020), liegt die Frage zugrunde, ob ein Feminismus, der ja qua Definition klar zwischen weibli-

23 Auch hier ist festzuhalten, dass mit dem Wort ‚Intersektionalität' Phänomene und Praktiken beschrieben werden, die auch schon vor der Herausbildung dieses speziellen Begriffs nachzuweisen sind. Dies gilt insbesondere für die USA, wo schon im Verlauf des 19. Jahrhunderts die zögerliche Emanzipation der Sklaven eine plausible Analogie für die Emanzipation der Frau lieferte. Auch die aus der Bürgerrechtsbewegung entspringende zweite Welle des Feminismus in den 1960er Jahren hat in den USA von Anfang an eine deutlich ausgeprägte ethnische Dimension. Im deutschen Kontext ist dagegen aus nachvollziehbaren Gründen der Nexus von Geschlechterdiskriminierung und gesellschaftlicher Klasse deutlicher ausgeprägt, was sich unter anderem daran ablesen lässt, dass die Frauenbewegung im deutschsprachigen Raum oft einen kommunistischen oder sozialistischen Hintergrund hatte.

cher und männlicher Geschlechterrolle unterscheiden muss, damit zwangsläufig trans-identifizierte Personen ausschließt und diskriminiert.[24]

Zusammenfassend lässt sich für die aktuelle Situation des Feminismus ein etwas ambiges Bild konstatieren: Zum einen haben die Gender Studies, anders als der Feminismus, aus dem sie hervorgegangen sind, die theoretischen Entwicklungen der Postmoderne produktiv umsetzen können und diesem dadurch mittlerweile, was Relevanz und analytische Trennschärfe, aber auch Potential für Polemik und politische Aktivierung, anbelangt, in mancher Hinsicht den Rang abgelaufen. Dies bedeutet aber keineswegs, dass der feministische Impetus an sich, nämlich Genderbeziehungen primär unter dem Aspekt einer Ungleichbehandlung der Frau durch den Mann zu sehen, an Bedeutung verloren hätte. Vielmehr lässt sich argumentieren, dass er gerade durch die relative Abnahme seiner gesellschaftpolitischen Brisanz weitgehend vom Ideologieverdacht befreit wurde und erst aus dieser Position heraus seine kritische Leistungsfähigkeit zur Entfaltung bringen kann und, wie anhand der oben eingeführten Beispiele erkennbar, produktive und präzise Analysekriterien hervorzubringen im Stande ist (siehe beispielsweise Goodman 2019).

3.3.2 Theorien vom starken Geschlecht: Masculinity Studies

In einem nur scheinbaren Widerspruch lässt sich die Tiefenwirkung des Feminismus und dessen immer noch spürbarer Einfluss in den Gender Studies gerade an einem Gebiet darlegen, das in vielerlei Hinsicht einen diametralen Gegenentwurf zum Feminismus auszumachen scheint: der Erforschung der spezifisch *männlichen* Dimension von Geschlecht und Gender. Diese ist im Englischen als *men's studies* oder *masculinity studies* mindestens seit Ende der 1980er Jahren akademisch etabliert (Kimmel 1987; Brod 1987; Segal 1990). In der deutschen Hochschullandschaft fristet diese Disziplin, meistens mit dem etwas generisch anmutenden Begriff ‚Männerstudien' bezeichnet, trotz einiger bemerkenswerter und vielbeachteter Studien (Meuser 1998; Theweleit 2000 [1977/78]) noch weitgehend eine Schattenexistenz.

Der konzeptionelle Ausgangspunkt dieses Forschungsbereichs liegt in der Erkenntnis begründet, dass sich die Geschlechterforschung, eben durch ihren Ursprung im Feminismus, auf sehr einseitige Weise mit der Lage, Rolle und Repräsentation der Frauen beschäftigt habe. Dadurch blieb die analytische Durchdringung der Männlichkeit, sowohl als theoretisches Konzept wie als gelebte Erfahrung, weitgehend auf der Strecke. Ein Grund für diese Untertheoretisierung von Männlichkeit ist sicher zu suchen in der Selbstsetzung des Mannes als Norm, gegenüber der die Frau als das grundsätzlich Andere definiert ist. Dieser Insze-

24 Für umfassenden Einführungen in den Themenkomplex der Transsexualität, siehe Lindemann (1993) sowie Stryker und Blackson (2023).

nierung der Frau als ‚das andere Geschlecht‘ (wie von Simone de Beauvoir in ihrem gleichnamigen Buch von 1949 so umfassend nachgewiesen) arbeiten letztlich auch die anatomischen, religiösen und psycho-analytischen Erklärungsmodelle zu, die im vorhergehenden Kapitel beschrieben wurden. Die Erkenntnis, dass die eigene Geschlechterrolle für die Frau in einem höheren Maße identitätsstiftend ist als für den Mann, ist dabei nicht neu und reicht deutlich vor Beauvoir zurück. In seinem in vielerlei Hinsicht weitblickenden Aufsatz „Das Relative und das Absolute im Geschlechter-Problem“ von 1910 stellt Georg Simmel den Sachverhalt solchermaßen dar: „der Geschlechtsunterschied, scheinbar eine Relation zweier logisch äquivalenter, polarer Parteien, ist dennoch für die Frau typischerweise etwas Wichtigeres als für den Mann, es ist ihr wesentlicher, dass sie Frau ist, als es für den Mann, ist, dass er Mann ist“ (1986 [1910]: 68). In Beziehung gesetzt zu den oben erwähnten Geschlechtermythen, lässt sich zusammenfassen, dass der Frau durch ihre moralische Minderstellung (Sündenfall, Pandora), ihre anatomische Reduktion auf die Mutterrolle (Zwei-Geschlechter-Modell) und ihre psycho-sexuell defizitäre Entwicklung (Ermangelung des Phallus) ihre Geschlechterrolle quasi von Natur aus essentiell eingeschrieben ist. Da für den Mann solche a priori festgelegten Rollenmuster nicht bestehen, muss er sich seine geschlechtliche Identität ständig neu erschaffen; er kann/muss aktiv, und im Widerstreit mit anderen Männern, an der Konfiguration dessen arbeiten, was gesellschaftlich als vertretbares und im eigentlichen Sinn annehmbares Rollenmuster anerkannt wird. Wieder bringt Simmel dies anschaulich auf den Punkt: „Für den Mann ist die Geschlechtlichkeit sozusagen ein Tun, für die Frau ein Sein“ (1986 [1910]: 68).

Für die Methodologie der Gender Studies bedeutet diese Unterscheidung in anderen Worten, dass es eigentlich keinen Sinn macht, einen Vergleich zwischen den Geschlechterrollen ‚männlich‘ und ‚weiblich‘ zum Ausgangspunkt für theoretische Untersuchung zu machen, da diese grundlegend verschiedene Gegenstände bezeichnen. Frau zu sein heißt, die natürliche und von vornherein als gegeben verstandene Differenz zum Mann in streng reglementierter Weise auszuleben. Der Mann hingegen setzt seine Rolle unablässig performativ selbst ins Werk. Die Arbeit an der jeweiligen Geschlechtsidentität ist für die Frau eine passive, stets notwendigerweise ungenügende Annäherung an ein fremdbestimmtes Idealbild von Weiblichkeit. Die Arbeit des Mannes besteht dagegen in der rastlosen und tatkräftigen Ausbildung der Rolle, die jedoch – dem Felsen des Sisyphos nicht unähnlich – sich jeder Fixierung oder auch nur Stabilisierung entzieht. Die Frau, so könnte man zugespitzt feststellen, scheitert an der Abstraktion ihrer Geschlechterrolle; der Mann an deren Konkretheit. Weder reiner Essentialismus noch fortwährende Konstruktion ermöglichen eine stabile Geschlechtsidentität.

Für eine umfassende Darstellung der Geschlechterbeziehungen im Sinne der Gender Studies ist es also unerlässlich, einen eigenständigen methodischen Ansatz zu entwickeln, um diese Prozesshaftigkeit und Performativität der männlichen Geschlechterrolle interpretierbar zu machen. Wieder in Anlehnung an die Geschlechtermythen des vorherigen Kapitels kann man feststellen, dass der Feminismus sich kritisch mit den Bedingungen des weiblichen Daseins (in seiner Anhängigkeit und Determiniertheit vom Mann) auseinandersetzt, während die Masculinity Studies erforschen, was denn einen Mann wirklich zum Mann macht und welche Konsequenzen dies für die Beziehungen der Männer untereinander und der Geschlechter zueinander hat. Unter diesem Gesichtspunkt sind seit den letzten Jahren des 20. Jahrhunderts eine Vielzahl von Studien entstanden, die es sich zum Ziel gemacht haben, greifbare Parameter herauszuarbeiten, um Männlichkeit als Rolle theoretisch einfassen und deren lebensweltliche Ausdrucksformen erfassen zu können. Stellvertretend und exemplarisch soll hier auf Connells Konzept der ‚hegemonialen Männlichkeit' eingegangen werden, da dieses sich als für den theoretischen Diskurs am wirkmächtigsten gezeigt hat.

Hegemoniale Männlichkeit

Mit diesem Begriff bezeichnet Connell „jene Form von Männlichkeit, die in einer gegebenen Struktur des Geschlechterverhältnisses die bestimmende Position einnimmt, eine Position allerdings, die jederzeit in Frage gestellt werden kann" (1999 [1995]: 97). Hegemoniale Männlichkeit gibt ein System verschiedener Konfigurationen von Männlichkeit vor, das es einerseits ermöglicht, die individuellen Geschlechtshandlungen und Äußerungen zu beschreiben, die den einzelnen Mann ausmachen. Gleichzeitig stellt es aber auch ein übergeordnetes Schema zur Verfügung, um die Beziehungen und Machtstrukturen zwischen einzelnen Männern zu erfassen.

Connell weist zu Beginn der Untersuchung auf ein grundsätzliches Problem der Masculinity Studies hin: Die wissenschaftlich-objektive Erfassung der Männlichkeit sei nicht nur dadurch erschwert, dass Männlichkeit gleichsam per definitionem ständig neu geschaffen und konfiguriert wird. Auch sei der wissenschaftliche Diskurs an sich in einem so hohen Maß von jenen männlichen Normen und Vorstellungen durchdrungen, die zu analysieren er sich zum Ziel setzt, dass eine objektive Darstellung kaum möglich scheint: „Die Ergebnisse werden genauso verzerrt sein, als wenn Imperialisten die Rassenthematik oder Kapitalisten den Kapitalismus erforschen würden" (25). Gerade dieser potentielle Interessenskonflikt macht es nötig, die Masculinity Studies in den kritischen Methoden der Gender Studies zu verankern, die sich eben die Analyse von Beziehungen und Prozessen zur Aufgabe machen, nicht – wie der klassische Feminismus – die Herausbildung und Verteidigung von Positionen.

Synchron betrachtet, so Connell, lässt sich in jeder Gesellschaft ein Rollenbild formulieren, dass er als hegemonial bezeichnet. Das Wesen dieser hegemonialen

Männlichkeit ist im Kern nicht zu beschreiben, da es stetig changiert und sich anhand wechselnder Parameter definiert. Lediglich der Zweck der hegemonialen Männlichkeit ist für Connell klar. Sie gibt ein Muster zur Nachahmung vor, eine „Konfiguration geschlechtsbezogener Praxis [...], welche die momentan akzeptierte Antwort auf das Legitimitätsproblem des Patriarchats verkörpert und die Dominanz der Männer sowie die Unterordnung der Frauen gewährleistet" (98). In ihrer Obliegenheit als Instrument für die Legitimierung und Aufrechterhaltung einer patriarchalischen Geschlechterordnung sind die Vorgaben der hegemonialen Männlichkeit durchaus analog zu den mythologisch hergeleiteten Weiblichkeitsmodellen zu sehen; die beiden Modelle unterscheiden sich dabei lediglich in ihrer Funktionsweise: Während im Mythos immerwährende essentialistische Modelle vor Augen gestellt werden, denen es nachzueifern gilt, konstruiert sich die hegemoniale Männlichkeit immer wieder neu als Antwort auf die vorherrschenden sozialen und kulturellen Gegebenheiten.

Um dieser Aufgabe gerecht zu werden und um produktiv bleiben zu können, muss die hegemoniale Männlichkeit also Identifikationspotentiale in Aussicht stellen. Dies gelingt ihr zum einen durch die Inszenierung von Vorbildern, die in übersteigerter und damit letztlich unerreichbarer Form den Idealtypus vorherrschender Männlichkeit verkörpern und damit, wie es Michael Meuser im Rückgriff auf Bourdieu formuliert, den Habitus der hegemonialen Männlichkeit vorgeben (1998: 108). Diese Vorbilder können dabei höchst unterschiedlicher Natur sein, von realen Menschen (Cristiano Ronaldo, Gandhi, Heinrich VIII) über fiktive Charaktere (James Bond, Indiana Jones, MacGyver) hin zu formalisierten Typen (Hipster, Gentleman).

Mehr noch jedoch als auf der nachzueifernden Wirkung von Vorbildern basiert die Autorität der hegemonialen Männlichkeit auf ihrer Integration in ein komplexes Muster von Abgrenzungsprozessen zu komplementären Erscheinungsformen von Männlichkeit (Connell 1999 [1995]: 98-102). Am klarsten ist dabei das Muster der Unterordnung auszumachen. Connell wählt als Beispiel hierfür den gesellschaftlichen Vorrang, den heterosexuelle Männer gegenüber homosexuellen Männern genießen. Diese Unterordnung äußert sich nicht nur in tatsächlicher Macht- und Gewaltausübung (Homophobie), sondern auch in der negativen symbolischen Konnotation von Aktivitäten und Standpunkten mit der als untergeordnet gekennzeichneten Rolle; im Falle der Subordination der homosexuellen Männlichkeit nennt Connell hier einen „anspruchsvollen innenarchitektonischen Geschmack" sowie die Praxis „lustvoll-passiver analer Sexualität" (99).

Das zweite Beziehungsmuster, das der hegemonialen Männlichkeit Vorschub leistet, ist das der Komplizenschaft. Damit bezeichnet Connell eine Art von Mitläufertum, „Männlichkeiten, die zwar die patriarchalische Dividende bekommen, sich aber nicht den Spannungen und Risiken an der vorderster Frontlinie des Patriarchats aussetzen" (100). Es muss also nicht jeder Mann in seiner Alltagswirklichkeit ständig aktiv die Parameter der hegemonialen Männlichkeit nachahmen; für das Funktionieren des Prinzips ist es ausreichend, wenn genügend Männer diese billigend zur Kenntnis nehmen und diesen quasi von der Seitenlinie aus Beifall klatschen – Connell wählt hier als Illustration treffend das Beispiel der „Schlachtenbummler“ im Sport (100).

Während Hegemonie, Unterordnung und Komplizenschaft Beziehungen innerhalb der zu verhandelnden Männerrolle kennzeichnen, fügt Connell seinem Modell noch eine intersektionale Dimension hinzu, die er mit dem Begriff der Marginalisierung beschreibt. Damit sind die symbolischen Beziehungen gemeint, die die Wechselwirkungen von hegemonialer Männlichkeit mit Aspekten von ethnischer Zugehörigkeit oder sozialer Klasse strukturieren. So bedient sich die hegemoniale Männlichkeit mitunter an solchen ethnischen oder sozialen Beziehungsmustern, die ihre eigene Dominanz stärken können und gleichzeitig deren umfassende Gültigkeit vorschützen. Connell führt als Beispiel hierfür an, dass schwarze Sportler in den USA zwar durchaus Vorbildcharakter einnehmen können (Michael Jordan, Carl Lewis). Diese Position ist dennoch marginal und nicht hegemonial, denn „der Ruhm und Reichtum einzelner Stars strahlt nicht auf die anderen Schwarzen aus und verleiht den schwarzen Männern nicht generell ein größeres Maß an Autorität“ (102).

Am Ende dieses kurzen Exkurses in die Masculinity Studies sollte auch noch eine spezielle Form der Auseinandersetzung mit der männlichen Geschlechterrolle Erwähnung finden, deren Zielsetzung starke Parallelen zum Feminismus klassischer Prägung aufweist, wenn auch unter diametral entgegengesetzten Vorzeichen. Unter dem Schlagwort des Maskulinismus werden solche Versuche zusammengefasst, feministische Analysemuster und Denkstrukturen dazu zu verwenden, eine mutmaßliche Unterdrückung des männlichen Geschlechts in der heutigen Gesellschaft festzustellen und zu revidieren. Hierbei sind vor allem zwei Strategien zu unterscheiden, eine sozio-politische und eine kulturell-symbolische. Unter dem Banner einer ‚Männerrechts-Bewegung‘ wird die Abschaffung der rechtlichen Minderstellung des Mannes angestrebt, zum Beispiel in Bezug auf das Sorgerecht des Vaters, der einseitigen Bestrafung von Gewalttaten oder der Bevorzugung weiblicher Kandidatinnen in Stellenausschreibungen.

Ergänzend dazu redet eine ‚mythopoetisch‘ genannte Ausformung des Maskulinismus einer traditionellen Konzeption von archetypischer Männlichkeit das Wort, der in einem auf Gleichheit und Gleichberechtigung basierenden gesellschaftlichen Umfeld, und insbesondere durch die starke Unterrepräsentation von Männern in der frühkindlichen Erziehung, die positiven Rollenvorbilder fehlen und die deshalb gesellschaftlich diskreditiert ist (Bly 2005 [1990]).

Meuser, der das Phänomen des Maskulinismus ausführlich untersucht (1998: 148-156), kommt zu dem Schluss, beide Ansätze bezweckten nicht mehr als „gefährdete bzw. bereits verlorengegangene Fraglosigkeiten zu restaurieren“ (155), und sieht darin einen „pointierten Antifeminismus“, der sich weder um die Verdienste noch um die Einstellungen des Feminismus schere und dem es auch nicht um eine kritische Analyse zeitgenössischer Männerrollen gehe (148). Vielmehr sei das Ziel, in einer bloßen Umkehrung feministischer Positionen – „Täter werden zu

Opfern, Opfer zu Täterinnen“ (148), essentialistische Geschlechterbilder zu re-installieren und damit letztlich wieder eine ideologische Basis für die patriarchalische Geschlechterordnung zu schaffen (Brittan 1989; Rosenbrock 2012).

Wenn ich diese scheinbar archaische und rückwärtsgewandte Bewegung hier trotz dieser im Ganzen sicher nicht ganz unberechtigten Vorwürfe in die aktuelle Genderdiskussion miteinbeziehen möchte, ist dies meines Erachtens damit zu rechtfertigen, dass sie eine plausible Erklärung für aktuelle politische Entwicklungen liefern kann. Sowohl Wladimir Putins Selbstinszenierung als testosteronstrotzender Naturbursche und angriffslustiger Eroberer, die seit der Erst-Veröffentlichung dieses Buchs leider durch den Angriff Russlands auf die Ukraine traurige weltpolitische Aktualität erlangt hat, als auch der kaum verhohlene Sexismus eines Donald Trump (grab ’em by the pussy), die misogynen Gewaltfantasien der Incel-Bewegung (siehe Sugiura 2021) oder der via diverser sozialer Medien offen zur Schau gestellte Frauenhass eines Andrew Tate geben Zeugnis davon ab, dass die männliche Angst vor sozialer Benachteiligung und gesellschaftlichem Bedeutungsverlust und der Zorn auf alle, denen daran eine Schuld zuerkannt wird (Kimmel 2015 [2013]), offenkundig eine nicht zu vernachlässigende politische Energie freisetzen und dadurch die Parameter des Genderdiskurses nachhaltig verschieben kann.

3.4 Klassiker des Feminismus

Überträgt man die eingangs dieses Kapitels eingeführten feministischen Grundpositionen von Gleichheitsfeminismus und Differenzfeminismus auf den maskulinistischen Diskurs, lässt sich feststellen, dass die Männerrechtsbewegung eher auf einem Verständnis von Mann und Frau als im Wesentlichen gleich(berechtigt) fußt und die mangelnde rechtliche und soziale Umsetzung dieses Gleichheitsanspruchs anprangert, während die mythopoetische Ausprägung vom Standpunkt einer grundsätzlichen Verschiedenheit der Geschlechter argumentiert, und aus deren einseitiger Geringschätzung seinen kritischen Impetus bezieht. So spiegelt sich im weithin als antifeministisch gedeuteten Maskulinismus paradoxerweise das Wechselspiel zwischen diesen für den Feminismus konstituierenden Ansatzpunkten, ein Wechselspiel, das im nun folgenden Kapitel im Rückgriff auf eine schlaglichtartige Auswahl an klassischen feministischen Texten und Argumentationsfiguren genauer dargestellt werden soll. Dabei soll noch einmal betont werden, dass der Gegenüberstellung dieser beiden Modelle primär eine illustrative Funktion zukommt und sich die jeweils vertretenen Überzeugungen hinsichtlich Gleichheit und Differenz der Geschlechter im Einzelfall jeweils neu konfigurieren. Ebenso könnte der Anschein erweckt werden, dass gleichheitsfeministische und differenzfeministische Positionen chronologisch aufeinanderfolgen. Auch dies ist jedoch lediglich im Sinne einer vereinfachten und synthetisierenden Darstellung zu verstehen und will eine diskursive Grundlage für die Analyse von Geschlechterbeziehungen liefern, ohne dabei Anspruch auf Vollständigkeit oder Letztgültigkeit zu haben.

3.4.1 Die Frau sei dem Manne Untertan: Gleichheitsfeminismus und die Mechanismen weiblicher Unterdrückung

Feminismus als sozio-politische Bewegung und analytische Untersuchungspraxis ist ein Produkt des 20. Jahrhunderts. Doch die Diagnose, dass die westliche Gesellschaft auf einer asymmetrischen, den Mann privilegierenden, Geschlechterbeziehung basiert, ist wiederholt schon weit früher gestellt worden. Als prägnantes Beispiel dieser proto-feministischen Schriften wird oft Christine de Pizans *Buch von der Stadt der Frauen* (*Le Livre de la Cité des Dames*) von 1405 genannt, in dem die französische Schriftstellerin bereits einige der Ideen formuliert und Mechanismen aufdeckt, auf die auch spätere, systematischere Aufarbeitungen weiblicher Unterdrückung zurückgreifen werden. Zwei Aspekte seien hier besonders hervorgehoben: Zum einen verteidigt Pizan sich und die Frau allgemein gegen den aus der christlichen Mythologie abgeleiteten Vorwurf, sie sei dem Manne sowohl moralisch als auch von der Schaffenskraft her untergeordnet. Den Gegenbeweis im Sinne der von ihr vertretenen „These von der Ebenbürtigkeit weiblicher und männlicher Intelligenz" (1990: 95) führt sie damit, dass sie selbst („Ich, Christine") als handelnde Erzählerin des Textes und tatsächliche Erbauerin der Stadt der Frauen in Erscheinung tritt. Des Weiteren zählt sie eine Vielzahl mythologischer und realer Frauenfiguren ins Feld, von Xanthippe über die Heilige Jungfrau Maria und Sappho bis Cassandra, denen sie symbolisch in der titelgebenden Stadt der Frauen Herberge gewährt. Damit hebt sie nicht nur die oben schon angesprochene Revision eines männlich geprägten Kanons aus der Taufe, sondern ist gleichzeitig auch als Gründermutter der literarischen Gattung der feministischen Utopie zu sehen, die sich über Charlotte Perkins Gilmans *Herland* (1994 [1915]) und Günter Grass *Die Rättin* (1997 [1986]) bis in die allerneuste Gegenwart zu Naomi Aldermans viel diskutiertem Roman *Die Gabe* (2018 [2016]) verfolgen lässt.[25]

Pizans Analysen gehen aber weit über die bloße Einschreibung der Frau in den mythologischen, ethischen und ästhetischen Kanon hinaus. Sie liefert zusätzlich, und auch hier ist sie als visionär für spätere feministische Diskurse von Mary Wollstonecraft zu Betty Friedan zu sehen, eine Erläuterung für die Abwesenheit der Frau in eben diesem Kanon: Die allegorische Figur der Dame Vernunft, die der fiktionalisierten Christine die theoretische Unterfütterung für die Errichtung der Stadt der Frauen liefert, erklärt, dass „wenn es üblich wäre, die kleinen Mädchen eine Schule besuchen und sie im Anschluss daran, genau wie die Söhne, die Wissenschaften erlernen zu lassen, dann würden sie genauso gut lernen und die letzten Feinheiten

25 Für eine detaillierte Einordnung von Pizans Text, siehe Kottenhoff (1994); zur Gattung der feministischen Utopie, siehe Klarer (1993) und Wagner-Lawlor (2013).

aller Künste und Wissenschaften ebenso mühelos begreifen wie jene" (94). Auf Christines Nachfrage, warum denn dann im Mythos und in der Kulturgeschichte so wenig kreative, intelligente und gebildete Frauen anzutreffen seien, antwortet die Dame Vernunft, dies sei „darauf zurückzuführen, dass Frauen sich nicht mit so vielen verschiedenen Dingen beschäftigen können, sondern sich in ihren Häusern aufhalten und sich damit begnügen, ihren Haushalt zu versehen" (95).

Bedingt durch die großen Revolutionsbewegungen in Amerika (Unabhängigkeitserklärung vom britischen Königreich) und Frankreich (Abschaffung der feudalen Gesellschaftsordnung), konnten sich um das Jahr 1800 Ansprüche auf weibliche Teilhabe und Mitbestimmung erstmal auf legale Rahmenbedingungen berufen. Beide Revolutionen hatten sich die unveräußerliche Gleichheit der Menschen auf die Fahnen geschrieben: In der amerikanischen Unabhängigkeitserklärung ist sie in dieser berühmten Formel festgeschrieben: „We hold these truths to be self-evident, that all men are created equal, that they are endowed by their Creator with certain unalienable Rights, that among these are Life, Liberty and the pursuit of Happiness". Während „men" hier sowohl mit ‚Mann' als auch mit ‚Mensch' übersetzt werden könnte (die deutsche Übersetzung optiert für letzteres), zeigt das Leitmotiv der französischen Revolution, *Liberté, égalité, fraternité*, dagegen ein etwas einseitigeres Verständnis von der Gleichheit der Menschen, das sich frei nach George Orwell als „Alle Menschen sind gleich; nur die Männer sind gleicher" paraphrasieren ließe.

Aus dem Versuch, diesen augenscheinlichen Missstand zurechtzurücken, entstehen in der Folge einige bedeutsame proto-feministische Texte. Programmatisch ist in diesem Zusammenhang der Titel von Olympe de Gouges *Erklärung der Rechte der Frau und Bürgerin* (*Déclaration des droits de la femme et de la citoyenne*) von 1791 zu sehen, mit der sie direkt auf die zwei Jahre zuvor verfasste *Déclaration des Droits de l'Homme et du Citoyen* antwortet und klarzustellen versucht, dass die Abschaffung der Ständegesellschaft nur dann als erfolgreich zu werten sei, wenn die kodifizierten Bürgerrechte (wie Eigentum oder aktives und passives Wahlrecht) auch für die Frau gelten.[26] Aus einer ähnlichen Logik heraus, verfasst Mary Wollstonecraft 1792 ihre Schrift *Die Verteidigung der Frauenrechte* (*A Vindication of the Rights of Woman*). Dieser Text, der seinerseits auf Wollstonecrafts früherer Schrift *A Vindication of the Rights of Man* aufbaut, liefert eine erste umfassende Bestandsaufnahme der Gründe, auf denen die soziale und politische Minderstellung der Frau basiert. Eine ausführliche Darstellung von Wollstonecrafts umfassender Beweisführung ist hier unmöglich. Deshalb möchte ich mich wiederum nur auf wenige wegweisende Denkfiguren beschränken, die in nachfolgenden feministischen Diskurses laut vernehmlich widerhallen: Bildungsgerechtigkeit (Woolf), der Mythos Schönheit (Wolf, Penny) und die disziplinierende Funktion von Ehe und Familie (Millet, Friedan).

26 Für eine deutsche Fassung von de Gouges *Erklärung der Rechte der Frau und Bürgerin* sowie eine tiefergehende Einordnung und Analyse derselben, siehe Schröder (1995).

MARY WOLLSTONECRAFT

Mary Wollstonecraft war eine englische Schriftstellerin und Proto-Feministin. Angeblich beschützte sie schon als Jugendliche ihre Mutter vor den trunkenen Wutausbrüchen des Vaters, indem sie sich vor deren Tür legte. Nach einem unsteten Reiseleben und mehreren unglücklichen Beziehungen, heiratete sie 1797 den Philosophen und Schriftsteller William Godwin. Sie starb kurz nach der Geburt der gemeinsamen Tochter Mary, die als Verfasserin des Romans *Frankenstein* Ruhm erlangen sollte.

27. April 1759	Geburt in London
1784	Gründung einer Mädchenschule in Newington Green
1792	Reise ins revolutionäre Paris
10. September 1797	Tod in London

Neben zahlreichen Romanen, Reisebeschreibungen, Erziehungsratgebern und einer Geschichte der Französischen Revolution ist vor allem Wollstonecrafts Schrift *Die Verteidigung der Frauenrechte* (1792; *A Vindication of the Rights of Woman*) für die Entwicklung feministischer Ideen von zentraler Bedeutung. Eine Einführung in das Werk und bewegte Leben Wollstonecrafts bieten Todd (2000), Priester (2002) und Reuter (2022).

Wollstonecraft selbst weist als das Hauptargument ihrer Schrift die These aus, dass die Frau „den Fortschritt der Wissenschaft und der Tugend aufhalten wird, sofern sie durch Erziehung nicht darauf vorbereitet ist, dem Mann eine Gefährtin zu werden" (2008 [1792]: 18). Das Wahrnehmen von Bürgerrechten ist also mit einem Bildungsauftrag verbunden, und der muss für alle Menschen im gleichen Maß gelten. Denn, so führt sie weiter aus, bis dato unterscheiden sich Praxis und Ansprüche der Bildung für Mann und Frau deutlich. Während die Erziehung des Mannes darauf abzielt, ihn zu einem rational und moralisch denkenden Individuum zu machen, ist die Erziehung der Frau eher darauf bedacht, „aus ihnen verführerische Geliebte zu machen als liebevolle Ehefrauen und vernünftige Mütter". Als Folge beschäftigten sich „die kultivierten Frauen des gegenwärtigen Jahrhunderts [damit], Liebe zu erwecken, während sie doch ein weit edleres Ziel schätzen und durch ihre Fähigkeiten und Tugenden Respekt einfordern sollten" (23). Das Mittel, diese Liebe zu erwecken, ist die ständige Arbeit an der eigenen

Erscheinung; ihr Zweck, sich dauerhaft an einen Mann zu binden: „Inzwischen haben wir die Kraft von Körper und Geist den freizügigen Vorstellungen von Schönheit geopfert, oder dem Wunsch, sich durch Heirat – der einzigen Art, auf die Frauen in der Welt vorankommen können – einen Platz in der Gesellschaft zu verschaffen." Aus dieser verinnerlichten, gesellschaftlichen Bestimmung der Ehe heraus, lässt die Frau ihr Potential brachliegen und stellt damit selbst ihren Anspruch auf Gleichwertigkeit in Abrede: „dieser Wunsch macht reine Tiere aus ihnen, wenn sie heiraten, dann handeln sie so, wie man es von Kindern erwarten würde: sie verkleiden sich, sie schminken sich und sie geben Gottes Geschöpfen Spitznamen" (27). Die gesellschaftlichen Konventionen und die rechtlichen Rahmenbedingungen für das Zusammenleben in der Ehe „machen aus einem Mann und einer Frau eine absurde Einheit" (206), die „die Seele der Frau in Ketten legt und sie für immer in der Fessel der Unwissenheit hält" (205).

Dass diese Fesseln, in denen die Seele der Frau liegt, nicht nur in Konventionen begründet liegen, sondern durchaus auch materielle Ursachen haben, ist der Kernpunkt des nächsten Meilensteins in der Entwicklung des Feminismus: Virginia Woolfs Essay *Ein eigenes Zimmer* (*A Room of One's Own*) von 1929. In gewisser Hinsicht führt dieser Essay die Grundgedanken von Pizan und Wollstonecraft zusammen und ergänzt sie um eine konkret lebensweltliche und materielle Dimension. Ähnlich wie bei Pizan geht Woolfs Argumentation von der Frage aus, warum der Kanon der Literaturgeschichte so einseitig männlich geprägt ist. Der Grund hierfür liege mitnichten in einer fehlenden literarischen Begabung, sondern in den verschiedenen Lebensumständen der beiden Geschlechter.

Zur Veranschaulichung entwirft Woolf die fiktive Kurzbiographie einer gewissen Judith Shakespeare, die „ebenso abenteuerlustig, ebenso phantasievoll, ebenso erpicht darauf, die Welt zu sehen" ist wie ihr Bruder William. Im Gegensatz zu diesem, kann sie jedoch weder die Schule besuchen noch auf eigene Faust in London ihr Glück machen. Ihre Aufgabe erschöpft sich darin „Strümpfe zu stopfen, sich um den Eintopf zu kümmern und nicht über Büchern und Papieren zu träumen" (2012 [1929]: 65), damit sie – hier ertönt vernehmlich das Echo Wollstonecrafts – dem Sohn des Nachbarn ein anständiges Weib abgebe. Judiths Flucht aus dieser Beengtheit in die kreative Metropole hat nicht wie bei ihrem Bruder ewigen Nachruhm zur Folge, sondern endet – nach Zurückweisungen, Misserfolgen und Schwangerschaft – mit ihrem Selbstmord.

Das eigene Zimmer, das dem Essay seinen Titel gibt, ist für Woolf ein Symbol für weibliche Unabhängigkeit und Gedankenfreiheit. Es steht dabei sowohl für die materielle und gesellschaftliche Möglichkeit der Selbstbestimmung, bietet der Frau also einen Raum, in dem sie sie selbst sein kann. Gleichzeitig und in Analogie zu Pizans Stadt der Frauen beschreibt dieses eigene Zimmer auch einen spezifisch weiblichen Raum in der Literatur- und Kulturgeschichte, ein Symbol für die systematische feministische Revision des Kanons, für den Pizan und Woolf die Grundlage gelegt haben.

VIRGINIA WOOLF

Virginia Woolf war eine englische Schriftstellerin. Sie wurde als Tochter des bekannten Schriftstellers und Historikers Leslie Stephen in die intellektuelle Elite der Zeit hineingeboren. Ihre Romane, insbesondere *Mrs. Dalloway* (1925) und *To the Lighthouse* (1927), gelten als zentrale Werke der literarischen Moderne. Zeitlebens von Depressionen heimgesucht, ertränkte sie sich 1941 im Fluss Ouse.

25. Januar 1882	Geburt in London
1905	Mitbegründerin der Bloomsbury Group
1917	Gründung des Verlags *The Hogarth Press* (mit Ehemann Leonard)
28. März 1941	Tod in Rodmell

Neben ihrem Roman *Orlando* (1928), der sich jenseits aller festen Geschlechterzuschreibungen bewegt und als frühes Beispiel performativer Genderrollen-Konstruktion gelten kann, sind es insbesondere Woolfs Essays wie *Ein Zimmer für sich allein* (1929; *A Room of One's Own*) und *Drei Guineen* (1938; *Three Guineas*), die ihre Bedeutung für die Entwicklung feministischer Ideen ausmachen. Einführung in ihr Leben und Werk liefern Waldmann (2003 [1983]) und Harris (2015 [2011]).

Diese Durchsicht und Richtigstellung des literatur- und kulturwissenschaftlichen Kanons ist dann auch ein zentraler Bestandteil der kritisch-akademischen Aufarbeitung der Unterdrückung der Frau durch die zweite Welle des Feminismus nach dem Zweiten Weltkrieg.[27] Ich möchte jedoch den Fokus in diesem Zusammenhang auf zwei Theoretikerinnen lenken, die sich vornehmlich mit lebensweltlichen Aspekten dieser Unterdrückung auseinandergesetzt haben und deren Konzepte sich als besonders maßgeblich für nachfolgende Analysen von Geschlechterrollen in der zweiten Hälfte des 20. Jahrhunderts erwiesen haben. In ihrem gleichnamigen Buch von 1963 diagnostiziert Betty Friedan einen ‚Weiblichkeitswahn' (*feminine mystique*) im Amerika der Nachkriegszeit. Dieser äußert

27 Als Schlüsselwerke für die feministische Revision der Literaturkanons gelten Moers (1976), Showalter (1977) und Gilbert und Gubar (1979). Eine präzise und sehr lesenswerte Zusammenschau der stereotypen Darstellung der Frau in der Kulturgeschichte des Westens liefert Ellmann (1968).

sich in einem scheinbaren Paradox: Friedan stellt zuerst einmal fest, dass es den Frauen allem Anschein nach so gut geht wie nie zuvor: „die amerikanische Hausfrau war dank der Wissenschaft und arbeitssparender Geräte von der täglichen Plackerei, den Gefahren des Gebärens und den Krankheiten der Großmütter erlöst worden. Sie war gesund, schön, gebildet und kümmerte sich nur um ihren Mann, ihre Kinder und ihr Heim. Sie hatte wahre weibliche Erfüllung gefunden. Als Hausfrau und Mutter wurde sie als vollgültige und gleichberechtigte Partnerin des Mannes in seiner Welt anerkannt. Sie konnte unter Automobilen, Kleidern, Elektrogeräten und Supermärkten wählen; sie hatte alles, wovon Frauen immer geträumt hatten" (1966 [1963]: 15).

Anstatt jedoch in dieser scheinbar so angenehmen und festgelegten Daseinsform als perfekte Hausfrau und Mutter komplett aufzugehen, erfahren viele Frauen diese Rolle als Falle und Sackgasse, was, wie Friedan anhand zahlreicher Fallbeispiele aus der psychologischen Praxis nachweist, im Gegenteil sogar massenhaft zu Identitätsverlust und innerer Zerrüttung führt. Dieses „Problem ohne Namen" (so der Titel des ersten Kapitels von Friedans Buch) ist deswegen so schwer zu beschreiben und zu bekämpfen, weil es „mit den Begriffen der uralten materiellen Probleme der Menschen nicht erklärt werden kann" (21), mithin also nicht an objektiven Standards zu messen ist. Die Ursache liegt vielmehr in der Rolle selbst: „Wenn eine Frau versucht, das Problem in Worte zu kleiden, dann beschreibt sie oft lediglich ihren Tagesablauf" (24). Die unablässige Beschäftigung mit und in den eigenen vier Wänden überdeckt, und darin liegt laut Friedan der eigentliche Grund für die gefühlte Unzulänglichkeit und den Orientierungsverlust, „das Fehlen von Träumen, das nicht vorhandene Denken, die entsetzliche Langeweile der amerikanischen Hausfrau" (40). Die mythische Überhöhung der Frau als von allen Zwängen befreite Herrscherin im privaten Raum, die im englischen Originaltitel noch viel stärker anklingt als in der deutschen Übersetzung, stellt also tatsächlich eine Entmündigung der Frau dar, denn „es scheinen die konkreten Begleitumstände, die das Leben der Frauen ausmachen, interessanter zu sein als deren Denken und Fühlen" (40). Dieses „neue Leitbild der Frau als Hausfrau und Mutter" wird nun laut Friedan seit dem Ende des Zweiten Weltkriegs „weitgehend von Männern geschaffen" (39), von Redakteuren von Frauenzeitschriften, beispielsweise, oder von Werbefach*männern*, die sowohl die Standards für die Erfüllung (im doppelten Wortsinn) der Weiblichkeit vorgeben und obendrein auch noch die dazu notwendigen Konsumgüter in Aussicht stellen.[28]

28 Die Fernsehserie *Mad Men* (2007-2015) zeichnet ein prägnantes Bild dieser durchweg und ostentativ männlichen Welt der Werbung im Amerika der 1960er Jahre. Eine sinnfällige literarische Umsetzung des Weiblichkeitswahn liefert Ira Levins Roman *Die Frauen von Stepford* (1994 [1972]), in dem die Frauen der Kleinstadt Stepford von ihren Männern systematisch durch Maschinenmenschen ohne eigenen Willen ersetzt werden, denen die Sauberkeit des Haushalts, die Attraktivität des eigenen Erscheinungsbilds und die ständige sexuelle Verfügbarkeit zum einzigen Daseinszweck geworden ist.

Mehr als 50 Jahre nach seinem Erscheinen mag Friedans Konzept des Weiblichkeitswahns heute auf den ersten Blick antiquiert und verstaubt wirken, und in seiner Fokussierung auf die Hausfrauen- und Mutterrolle ist es das sicherlich auch. Im Hinblick auf eine theoretische Erfassung von Genderbeziehungen ist es allerdings so aktuell wie eh und je. Es beschreibt und erläutert nämlich erstmalig das Zusammenwirken von patriarchalischen Gesellschaftsstrukturen, kapitalistischem Konsumverhalten und medialen Inszenierungen, mit dem Ziel, eine weibliches Rollenzuschreibung zu erwirken, die nicht explizit durch den Machtanspruch und die Erklärungshoheit des Mannes legitimiert ist. Die Frau arbeitet sich vielmehr scheinbar selbstbestimmt und ungehindert an ihrem eigenen Mythos ab; sie hat die Zwänge, die sie in ihrer selbstverschuldeten Unmündigkeit festhalten solchermaßen internalisiert, dass diese nicht mehr objektiv zu diagnostizieren sind. Die „Fesseln, die sie in ihrer Falle gefangen halten, sind Fesseln in ihrem eigenen Sinn und Gemüt", stellt Friedan fest (25) und benennt damit einen Mechanismus der weiblichen Selbstregulierung, der über Naomi Wolf bis zu Laurie Penny ein zentraler Untersuchungsgegenstand feministischer Analysen ist.

Während Friedan mit dem Weiblichkeitswahn als dem unerfüllbaren und nicht erfüllenden Idealbild der Frau eine eher symbolische und strukturelle Unterdrückung der Frau beschreibt, deren Effektivität eben genau in ihrer scheinbaren Zwanglosigkeit besteht, beschäftigt sich Kate Millett mit deren handfesteren Ausprägungen. In ihrem Buch *Sexus und Herrschaft* von 1969 zieht Millett, wie der englische Originaltitel *Sexual Politics* deutlich macht, eine in dieser Form bisher nicht dagewesene Parallele zwischen der Ebene der individuellen körperlichen Sexualität und den übergeordneten gesellschaftlichen Machtverhältnissen zwischen den Geschlechtern: Obwohl der Koitus „an sich eine rein biologische und körperliche Tätigkeit zu sein scheint, ist er doch so tief im größeren Zusammenhang der menschlichen Handlungsweisen verankert, dass man ihn als Mikrokosmos einer großen Anzahl von Haltungen und Werten betrachten kann, die zusammen die Kultur ausmachen" (1971 [1969]: 31). Sex ist also nicht nur immer politisch (ein populäres Leitwort der zweiten Welle des Feminismus), sondern er gibt darüber hinaus das Modell vor, in dem die gesamte Gesellschaftsordnung ankert. Die allgemeinen Beziehungen zwischen Mann und Frau sind in den intimsten Vorgängen des alltäglichen Sexuallebens vorgezeichnet und finden durch sie und in ihnen ihre physische Veranschaulichung. Aus dieser Grunderkenntnis entwickelt Millett insbesondere zwei Argumentationslinien, die sich für die Betrachtung von Genderbeziehungen als ausschlaggebend erwiesen haben. *Sexus und Herrschaft* stellt einerseits eine der umfassendsten Analysen des Patriarchats als der für die Kultur- und Sozialgeschichte der Westens (und zahlreicher anderer Kulturen) dominierenden Gesellschaftsordnung dar. Diese Bestandsaufnahme der weiblichen Unterdrückung arbeitet in jeweils eigenen Kapiteln die ideologische, biologische, soziologische, klassenspezifische, ökonomische, anthropologische und psychologische Dimension der weiblichen Ungleichbehandlung heraus. Das Patriarchat erfasst und überwacht somit alle Bereiche des menschlichen Lebens, Denkens und Handels, was für Millett dazu führt, dass wahrscheinlich „kein anderes System je eine so vollständige Kontrolle über seine Untertanen ausgeübt" hat (41).

PATRIARCHAT

Dieser Begriff bezeichnet jede Form eines männlich kontrollierten und auf männlicher Macht und Machterhaltung basierten Beziehungssystems. Dies kann persönliche Beziehungen (Familienstrukturen) genauso umfassen wie politische (Wahlrecht), ökonomische (Zugang zu und Kontrolle von Produktionsmitteln) und symbolische (Geschlechterrollen). Die beiden grundlegenden Prinzipien jedes patriarchalischen System sind die Vorherrschaft des Manns über die Frau und die Privilegierung älterer Männer über jüngere (siehe Millett 1971 [1969]: 33).

Insbesondere ist bei Milletts Aufarbeitung der patriarchalischen Strukturen ein Aspekt hervorzuheben, die Bedeutsamkeit von tatsächlich angewandter physischer Gewalt nämlich, die diesen Strukturen an und für sich eingeschrieben, ja für deren Erhalt sogar zwingend erforderlich ist. So wäre laut Millett, „auch in einer patriarchalischen Gesellschaft die Kontrolle unvollständig, vielleicht sogar undurchführbar, wenn sie sich nicht auf Gewaltmaßnahmen stützen könnte, sei dies in Notfällen, sei es durch ständig wirksame Einschüchterungsinstrumente" (54). Die Erscheinungsformen dieser Gewalt sind vielfältig und kulturspezifisch, von der Beschneidung der Klitoris zum Keuschheitsgürtel, von der Witwenverbrennung zur Zwangsprostitution (58). Was alle diese Akte physischer Gewalt verbindet, ist, dass sie konkrete und im wahrsten Sinne des Wortes spürbare Ausprägungen patriarchalischer Strukturen sind.

Am Beispiel der mit dem Begriff des ‚Lotosfußes' (siehe Abbildung 4) verbrämten Tradition sei dies kurz veranschaulicht. Im chinesischen Kaiserreich (aber durchaus auch noch darüber hinaus), galt eine Verformung der Füße bei Frauen als Schönheitsideal. Erreicht wurde dies durch das Brechen der Zehen und das Abbinden der Füße von früher Kindheit an.[29] Diese Praxis kann dahingehend als exemplarisch für die Funktion von Gewalt im Patriarchat gelten, weil sie die reale Anwendung von Gewalt gegen Mädchen und Frauen mit anderen, abstrakten patriarchalischen Strukturen verbindet und damit das dementsprechende Machtverhältnis auf allen Ebenen des Connell'schen Gendermodells festschreibt. Indem die verkrüppelte Frau zum Idealbild stilisiert wird, erhält der Lotosfuß symbolischen Wert. Dass dieses Ideal nur angestrebt werden kann, wenn die Frau nicht auf den Einsatz ihrer gesunden Füße angewiesen ist, macht den Lotosfuß zusätzlich zu einem wirtschaftlichen Statussymbol. Gleichzeitig, und damit findet diese Praxis

29 Für eine eingehendere Darstellung dieser Tradition, siehe Wang (2000) und Ko (2005).

Abb. 4: Frau mit Lotosfuß

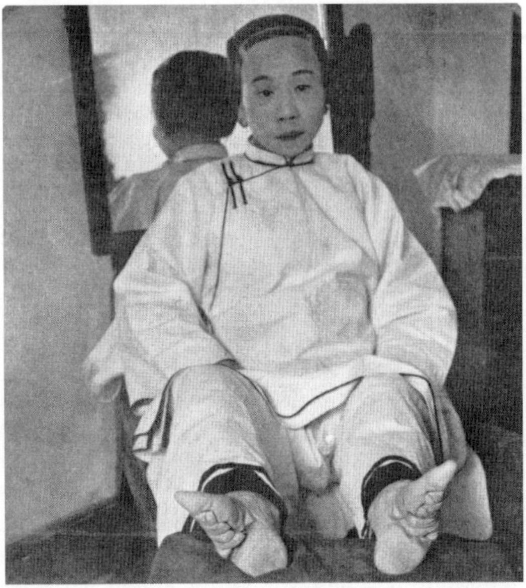

wieder in die reale Welt zurück, sind der Frau aber auch buchstäblich die Füße gebunden und jede Mobilität und Unabhängigkeit bleibt ihr verwehrt.

Für unsere Gegenwart ist eine Diskussion um die strukturelle Gewalt gegen Frauen vielleicht am deutlichsten an den Themen Pornographie (dazu Ausführlicheres in Kapitel 5.4.2) und Vergewaltigung abzulesen. Für Millett ist die Vergewaltigung auch deshalb ein einleuchtendes Sinnbild für patriarchalische Gewalt, weil in ihr die Intimität sexueller Handlungen auf besonders offenkundige Art und Weise als Machtmittel Bedeutung erlangt (56; siehe auch Brownmiller 1980 [1975]). Auch hier vermischen sich konkrete physische Aspekte, wie das manifeste Eindringen des Mannes in die Frau oder eine mögliche daraus resultierende Schwangerschaft, mit abstrakten, symbolischen und zum Teil konkurrierenden Vorstellungen von Weiblichkeit, die in ihrer Bandbreite von passiver Opferrolle, zum Beispiel im verbreiteten Einsatz von Massenvergewaltigungen als Kollektivstrafe (Stiglmayer 1993), bis hin zum sexuell daueraktiven und immer verfügbaren Lustobjekt, auch in unserer Gegenwart noch den öffentlichen Diskurs prägen. Ein ideologisches Zusammenspiel von symbolischer Rollenstilisierung, ökonomischen, politischen und sozialen Gesichtspunkten sowie daraus resultierende konkrete Handlungs- und Verhaltensmodelle mit dem realen Ziel weiblicher Einengung, Beschränkung und Unterwerfung verbindet laut Millett die Vergewaltigung mit der Praxis des Lotosfußes und weist in vielerlei Hinsicht zudem deutliche Parallelen zu Friedans Mechanismus des Weiblichkeitswahns auf.

3.4.2 Die Differenz schreiben: Der französische Feminismus und die *Écriture Feminine*

Die bislang beschriebenen feministischen Theorien basieren bei all ihrer Verschiedenheit auf der gemeinsamen Überzeugung, dass die politische, soziale, ökonomische und symbolische Minderstellung der Frau in der patriarchalischen Gesellschaft auf der systematischen und ideologisch begründeten Verkennung und Verleugnung einer grundsätzlich angenommenen Gleichheit und Gleichstellung von Frau und Mann beruht. In den 1970er Jahren bildet sich nun im französischsprachigen Raum eine Denkrichtung des Feminismus aus, die dem diametral entgegensteht. Im poststrukturalistischen Umfeld von Derrida, Foucault, Baudrillard und Althusser und basierend auf Freuds und insbesondere Lacans Annahme von der jeweils grundlegend andersartig verlaufenden psychosexuellen Entwicklung von Mann und Frau, entwickeln Theoretikerinnen wie Hélène Cixous und Luce Irigaray eine speziell und ausschließlich weibliche Form des kritischen Diskurses. Der Grund für die Unterdrückung der Frau im Patriarchat wird dabei nicht primär in einer diskriminierenden Verwendung der symbolischen Repräsentationssysteme (Sprache, Rollenbilder, Schönheitsideale) durch den Mann gesehen, sondern vielmehr darin, dass diese Systeme an sich schon männlich konfiguriert sind und dadurch die Frau strukturell von einer gleichwertigen Teilhabe und Einflussnahme ausschließen.

Mit Bezugnahme auf den Begriff des Phallozentrismus fasst Cixous in „Das Lachen der Medusa“, diesen Sachverhalt wie folgt zusammen: „Beinah die ganze Geschichte der Schrift deckt sich mit der Geschichte der Vernunft, deren Ergebnis, deren Hilfskraft und deren bevorzugtes Alibi sie gleichzeitig ist. Die Schrift ist eins gewesen mit der phallozentrischen Tradition. Sie ist sogar der sich selbstgefällige musternde Phallozentrismus, der sich auf die Schulter klopft“ (2013 [1975]: 43). Solange das Ziel feministischer Bestrebungen darin besteht, sich innerhalb der vorherrschenden symbolischen Ordnungen mit den Männern zu vergleichen oder gar deren Status zu erreichen, sind sie somit von vornherein zum Scheitern verurteilt. Dementsprechend ist der einzige Weg, der zu einer kulturellen und symbolischen Aufwertung der Frau führen kann, die Institutionalisierung eines eigenen weiblich geprägten Diskurssystems, das die männliche Interpretationshoheit in Frage stellen und eine Alternative dazu aufzeigen kann. Diese alternative weibliche Diskursform, die Cixous als *écriture feminine* bezeichnet, eignet sich den überlieferten Topos einer Identifikation des Weiblichen mit dem Physischen und Irrationalen an und setzt einer als männlich identifizierten Rationalität, Objektivität und Zielgerichtetheit buchstäblich den weiblichen Körper entgegen: „Es ist unerlässlich, dass die Frau sich auf und in den Text bringt – so wie auf die Welt, und in die Geschichte –, aus ihrer eigenen Bewegung heraus“ (39).

HÉLÈNE CIXOUS

Hélène Cixous ist eine französische Feministin, Schriftstellerin und Philosophin. Sie wurde als Tochter jüdischer Eltern in der französischen Kolonie Algerien geboren. In den 1960er Jahren war sie Teil des intellektuellen Kreises um Jacques Lacan, Jacques Derrida und Tzvetan Todorov. Sie ist Trägerin des französischen nationalen Verdienstordens (*Ordre national du Mérite*) und hält Ehrendoktorwürden von verschiedenen internationalen Universitäten.

05. Juni 1937	Geburt in Oran
1968	Promotion über James Joyce
1969	Professur für englische Literatur (Paris)
1974	Gründung des ersten europäischen Zentrums für Weiblichkeitsstudien (Vincennes)

Zusammen mit Luce Irigaray und Julia Kristeva gilt Cixous als Begründerin des ‚französischen Feminismus', der im Umfeld poststrukturalistischer Theorien (Derrida, Foucault, Lacan) einem deutlichen Differenzfeminismus das Wort redet und dadurch eine entscheidende Entwicklung hin zum Genderbegriff bei Judith Butler leistet. Als ihre wichtigste Schrift gilt der Aufsatz „Das Lachen der Medusa" (1975; *Le Rire de la Méduse*). Eine Einführung in Cixous Denken liefert Conley (1984) und Cixous (2013).

ÉCRITURE FEMININE

Dieser Begriff, französisch für ‚weibliches Schreiben', bezeichnet ein differenzfeministisches Konzept, das eine originär weibliche Diskursform als Gegenpol zur auf Rationalität und Logik begründeten, phallogozentrisch geprägten Kultur- und Sexualgeschichte des Westens zu installieren versucht. Im Gegensatz dazu plädieren Theoretikerinnen wie Hélène Cixous oder Luce Irigaray dafür, spezifisch weibliche Erfahrungen wie Schwangerschaft, Mutterschaft, Emotionalität als Grundlage menschlicher Sinnstiftung heranzuziehen.

Cixous eigene Texte verstehen sich somit gleichzeitig immer als theoretische Abhandlungen zur *écriture feminine* und deren praktische Umsetzung, was sich an dieser Passage gut aufzeigen lässt: „Wir die zu früh Gekommenen, wir die von der Kultur Verdrängten, die schönen Münder von Knebeln verbarrikadiert, Blütenstaub, Atem durchtrennt, wir die Labyrinthe, die Leitern, die mit Füssen [sic!] getretenen Räume, wir die Bestohlenen – wir sind ‚schwarz' *und* wir sind schön" (42; Hervorhebung im Original; siehe auch Cixous 1988 [1975]).

Nur in der und durch die Vertextung der eigenen, spezifisch weiblichen Körperlichkeit kann die Frau sich in die symbolische Ordnung einschreiben; im wohl bekanntesten Zitat aus „Das Lachen der Medusa" bringt Cixous dies auf die Formel, die Frau sei „nie weit entfernt von der ‚Mutter' [...]. Immer besteht in ihr wenigstens ein bisschen gute Muttermilch weiter. Sie schreibt mit weißer Tinte" (2013 [1975]: 46). Nur in der konsequenten Inskription der Andersartigkeit der weiblichen Welterfahrung in Sprache und Kultur lässt sich die patriarchalische symbolische Ordnung des Diskurses in Frage stellen. Daher ist es unerlässlich, dass „die Frau mit ihrem Körper schreibt, dass sie die unbezwingliche Sprache erfindet, die die Abschrankungen, Klassifizierungen und Rhetoriken, Vorschriftungen und Kodierungen kaputtschlägt. Dass sie die letzte Rückzugsreserve des Diskurses überflutet, durchdringt, sich darüber hinwegsetzt" (51). Dies führt laut Cixous auch dazu, dass sich die Frau im eigenen Körper, von dem sie durch ihre symbolische Verordnung im patriarchalischen Vatergesetz entfremdet ist, „aus dem man den unheimlichen Fremden im Heim gemacht hat" (44), wieder zuhause fühlt. Als Folge dessen wiederum steht für Cixous auch eine Aufwertung der weiblichen Sexualität, die sich selbst durch christliche Tabuisierung, anatomische Reduktion und psychosoziale Herabsetzung als der des Mannes untergeordnet versteht: „Soll die männliche Sexualität nur um den Penis herumkreisen und jenen zentralisierten Körper (politische Anatomie) hervorbringen, der dem Diktat der Geschlechtsteile unterliegt. Die Frau, ihrerseits, unternimmt keine solche Regionalisierung ihres Körpers, die dem Paar aus Haupt und Geschlecht den Vorrang gibt und sich nur innerhalb gegebener Grenzen einschreibt. Ihre Libido ist kosmisch, so wie ihr Unbewusstes weltweit ist" (54-55).

Im Werk Luce Irigarays dienen diese grundverschiedenen libidinösen Ökonomien von Mann und Frau als Ausgangspunkt und zentrale Metapher für die *écriture feminine*. Wie Cixous identifiziert auch Irigaray im Anschluss an Lacan Sprache mit dem Phallus, dessen vollumfänglicher Gebrauch und autoritäre Handhabe das Ergebnis der Internalisierung des Vatergesetzes ist. Wohingegen Cixous Schreiben eher auf die möglichen Ausprägungsformen eines anti-phallozentrischen Diskurses abzielt, fokussiert Irigaray sich auf die Unterschiedlichkeit der tatsächlichen sexuellen Konfigurationen und entwickelt daraus eine umfassende *Ethik der sexuellen Differenz* (so der Titel eines ihrer Hauptwerke). Zwei Aspekte sind hierbei von besonderer Bedeutung. Männliche Sexualität ist laut Irigaray immer abhängig von externer Stimulation, er „braucht ein Instrument, um sich zu berühren: die Hand, die Frau oder irgendein Substitut" (1980 [1974]: 288). Wie bei Lacan vorgezeichnet, bildet die Sprache und die darin begründete symbolische Ordnung das wesentliche Substitut für die männliche Sexualität: „Der Mann produziert Sprache, um sich selbst zu berühren" (ebd.). Dieser Zusammenhang von symbolischer Ordnung (Sprache) und konkreter physischer Manifestation (Peniszentriertheit der männlichen Sexualität) wird im Begriff des Phallus versinnbildlicht. Die männliche Sexualität ist, wie die Sprache, die ihr als Substitut dient, zielgerichtet (auf die weibliche Vagina und die dort zu erwartende Fortpflanzung), klar definiert (in der Form des erigierten Penis) und binär strukturiert, insofern als sie auf einer fundamentalen Unterscheidung von Selbst (dem eigenen Penis) und dem Anderen (den zur Stimulation notwendigen Instrumenten) basiert.

Durch ihre anatomische Andersartigkeit bedingt, ist die Sexualität der Frau im Gegensatz dazu nicht auf externe Stimulation angewiesen, „sie erregt und berührt schon in sich das andere, ohne dass sie jemals das (die) eine oder andere werden würde" (286). In Analogie und als weiblichen Gegenentwurf zum Phallus, als der symbolischen Stilisierung des männlichen Penis, überhöht Irigaray die weiblichen Schamlippen zur Metapher für die Konstitution weiblicher Sexualität und Welterfahrung an sich: „Die Lippen derselben, aber niemals einfach bestimmten Form gehen ineinander über, indem sie sich berühren, sich ineinander und zueinander verschieben. Auf diese Weise umspielen sie Formen, die nichts in *einer* Konfiguration festhält" (285; Hervorhebung im Original). Die Lippen versinnbildlichen also sowohl die Selbstgenügsamkeit und Autarkie der weiblichen Sexualität (die auf Grund der ständigen Selbstberührung eben kein Instrument, kein Anderes, zur Stimulation benötigt), sowie deren formale Unbestimmtheit und Unbestimmbarkeit. In der weiblichen Sexualität fällt die Binarität von Selbst und Nicht-Selbst buchstäblich in sich zusammen. Die Frau ist daher für Irigaray *Das Geschlecht, das nicht eins ist* (so der Titel eines ihrer Werke); eine, und hier nähert sich Irigaray wieder an Cixous an, spezifische weibliche Form des Schreibens muss sich deshalb jeder Eindeutigkeit, Objektivität und formalen Geschlossenheit entziehen: „die Frau ist weder geschlossen noch offen, sondern unbestimmt, un-fertig, *die Form, die nicht abgeschlossen ist.* [...]. Sie geht in keiner Metapher auf" (1980 [1974]: 284; Hervorhebung im Original).[30]

Im Ausblick auf das anschließende Kapitel lässt sich zusammenfassen, dass sich eine *écriture feminine* im Sinne von Cixous und Irigaray Sprache nicht als identitätsstiftend versteht, da Identität eine Definition von Selbst in der Abgrenzung zum Nicht-Selbst voraussetzt. Die Frau steht hingegen, so Irigaray, „als Zeichen für das Undefinierbare, Unzählbare, Unformulierbare, für das *Nichtformalisierbare*" (285; Hervorhebung im Original). Das, was die Kultur normalerweise als defizitär in der Sprache ansieht – Unlogik, Unschärfe, Wiederholung, Banalität, Selbstbezüglichkeit – wird von Irigaray aufgewertet zu einer eigenen weiblichen Logik der Sprache, die in sich selbst eine Form des Widerstands gegen das Patriarchat darstellt. Das in ihrer Sexualität begründete Wesen der Frau entzieht sich also per se jeder kategorischen Identifikation und Definition; es hat kein

30 Für eine Einordnung von Irigarays *Ethik der sexuellen Differenz*, siehe Kroker (1994) und Sigmund-Wild (2000).

Selbst, weil es gleichzeitig alles und nichts umfasst. Es kommt nur vor in seiner jeweiligen individuellen und formal nicht klassifizierbaren Einzigartigkeit. Oder, um die *écriture feminine* wieder auf ihre Wurzeln bei Lacan zurückzuführen, die Frau mag zwar im patriarchalischen System mit dem Phallus, als der verkörperten Differenz an sich, gleichzusetzen sein. Diese Differenz besitzt aber ihrerseits, so zeigen es Cixous und Irigaray auf, paradoxerweise das Potential, die auf Binarität fußende männliche symbolische Ordnung ad absurdum zu führen.

3.5 Zusammenfassung

Mit diesem Paradox stößt der Feminismus in mancherlei Hinsicht an eine Grenze. Eine radikal zu Ende gedachte *écriture feminine* als Subversion und Entkernung der traditionellen symbolischen (Geschlechter-)Ordnung stellt den zwangsläufigen Endpunkt einer Entwicklungslinie dar, deren übergreifendes Ziel es gewesen ist, die vielfältigen Mechanismen weiblicher Unterdrückung in den sozio-politischen, ökonomischen, emotionalen und symbolischen Beziehungen zwischen den Geschlechtern zu benennen, zu revidieren und sie schließlich in ihr Gegenteil zu verkehren.[31] Dementsprechend kann der postfeministische *backlash* der 1990er und 2000er Jahre als Symptom einer analytischen Erschöpfung und Übersättigung verstanden werden.

Die Erkenntnisse allerdings, die der Feminismus auf dem Weg von Pizan zu Cixous angesammelt hat, sind bis heute lebendig und produktiv und äußern sich insbesondere auf zweierlei Weise: Auf der Grundlage feministischer Theoriebildung, die ein breites Spektrum abdeckt von den radikalen Gleichheitsforderungen zum Beispiel bei Woolf bis zur Überhöhung der weiblichen Differenz bei Irigaray, werden heute wichtige analytische und kritische Instrumentarien entwickelt, die unter geänderten sozio-politischen und kulturellen Vorzeichen (Globalisierung, Hyper-Kapitalismus, Künstliche Intelligenz, Klimawandel, digitale Vernetzung) diejenigen Mechanismen untersuchen und aufdecken, die einer patriarchalischen, und damit auf die Unterdrückung der Frau ausgerichteten, Gesellschaftsordnung Vorschub leisten.

Darüber hinaus und komplementär dazu sind die Theorien und Überzeugungen des Feminismus auch für die Herausbildung der Gender Studies von entscheidender Bedeutung. Systematisch ausdifferenziert durch den Einfluss poststrukturalistischer Begriffe und Erkenntnisse, bilden sie das kritische Fundament für eine Analyse von Genderbeziehungen, die über die feministische Untersuchung und Bekämpfung von diskriminierenden Machtstrukturen hinausweist und die im folgenden Kapitel ausführlicher theoretisch dargestellt werden soll.

---

31 Inwiefern dieses finale Unterfangen als Erfolg zu werten sein kann, soll dabei dahingestellt sein. Audre Lordes berühmt gewordener Aufsatztitel „The master's tools will never dismantle the master's house" (1984) deutet an, dass die phallische Prägung der Sprache und damit der Geschlechterordnung möglicherweise stabil genug ist, um eine labiale Umstrukturierung abwehren zu können.

4 Das Unbehagen der Geschlechter: Gender Studies

Abb. 5: Caster Semenya nach dem Sieg im 800-Meter-Lauf im Stade Sébastien Charléty in Paris

4.1 ‚Wann ist eine Frau eine Frau?': Das Definitions-Problem der Caster Semenya

Im Mai 2019 fand sich der Internationale Sportgerichtshof (CAS) in Lausanne im Zentrum einer Debatte wieder, deren Bedeutung weit über die dort verhandelte Rechtsangelegenheit hinausging. Der CAS, letzte Instanz in Fragen des internationalen Sportrechts, wies eine Klage der südafrikanischen Mittelstrecken-Läuferin Caster Semenya ab, deren Ziel es war, eine neue Richtlinie der IAAF (Dachverbands aller nationalen Leichtathletik Verbände; zwischenzeitlich umbenannt in *World Athletics*) zu verhindern. Ziel der geplanten Regelung war es, Semenya – die sich als biologische und soziale Frau identifiziert und von Geburt an über einen (männlichen) XY-Chromosomensatz verfügt, der wiederum einen natürlich erhöhten Testosteron-Spiegel bewirkt – zu zwingen, ihren Testosteron-Spiegel künstlich durch Medikation zu senken um weiterhin an Wettbewerben teilnehmen zu dürfen.[32] Obwohl der CAS dabei einräumte, dass es sich hierbei um eine Form der Diskriminierung handelt, folgte er dennoch im Wesentlichen der Argumentation der IAAF (und insbesondere deren Präsidenten Sebastian Coe), nachdem diese Diskriminierung notwendig sei, um die „Integrität" des Frauensports, und der Kategorie ‚Frau' innerhalb desselben, zu sichern und die Chancengleichheit der Athletinnen gewährleisten zu können (Ingle 2022).

Dieses Kapitel versucht zu illustrieren, warum diese Entscheidung des CAS, der seit Semenyas Sieg über die 800m bei den Leichtathletik-Weltmeisterschaften 2009 schon verschiedene andere Prozesse und Gerichtsverhandlungen in dieser Sache vorausgegangen waren, ein derartiges gesellschaftliches Aufregungspotential in sich bergen konnte. Es stellt dabei die Frage nach den Ursachen dafür, dass eine Unklarheit und Nicht-Übereinstimmung von Geschlechtskategorisierung und -identifikatoren (wie sie in der Causa Semenya zum Ausdruck kommt) als Symptom und Gradmesser für grundlegende Entwicklungen im Umgang mit und Bewertung von menschlicher Geschlechtlichkeit gesehen werden kann. Die öffentliche und rechtliche Analyse von Semenyas Körper und dessen Geschlechtszuschreibung illustriert dabei einerseits den Übergang von zentralen Fragestellungen des Feminismus (Diskriminierung, Teilhabe) hin zu den Gender Studies als produktives analytisches Rahmenkonzept für die Analyse von Geschlechterbeziehungen und -zuschreibungen, da im Falle Semenyas nicht die Kategorie ‚Frau' als klar definiertes Objekt eines diskriminierenden männlich-patriarchalischen Diskurses im Fokus der Debatte steht, sondern die Zweifelhaftigkeit dieser Zuschreibung an sich zum zentralen Gegenstand der Auseinandersetzung wird.

32 Für eine präzise Darstellung der rechtlichen und medizinischen Hintergründe und Begrifflichkeiten dieses Falles, siehe Knuth (2019). Für Semenyas eigene Einschätzung, siehe Semenya (2023).

Wie sich zeigen wird, ist dieser Paradigmenwechsel als Konsequenz der philosophischen, sozio-politischen und kulturgeschichtlichen Einsichten der Postmoderne zu verstehen, als deren bleibende Hinterlassenschaft wohl die Überzeugung gelten kann, dass jede Form von Definition und Identifikation von vornherein und notwendigerweise instabil, angreifbar und von herrschenden Diskursen beeinflusst ist. Wenn im Folgenden also nun der Einfluss postmodernen Denkens auf die Analyse von Geschlechterbeziehungen herausgearbeitet werden soll, müssen zuerst kurz die grundlegenden historischen und terminologischen Rahmenbedingungen deutlich gemacht werden, innerhalb derer sich die Postmoderne verorten lässt. Im Anschluss werden mit Derridas Différance und Baudrillards Simulation die für die Herausbildung der Gender Studies maßgeblichen Theorien vorgestellt. Im Mittelpunkt des Kapitels steht dann das Werk Judith Butlers, deren Buch *Das Unbehagen der Geschlechter* (*Gender Trouble*) von 1990 mit einiger Berechtigung als Gründungsdokument der Gender Studies angesehen werden kann. Dabei wird zum einen zu zeigen sein, wie Butler im Rückgriff auf zentrale postmoderne Theorien den Genderbegriff neu konzipiert. Zum anderen werden, exemplarisch am Fall der Queer Theories, die Auswirkungen dieser Neukonzeption auf allgemeine Mechanismen sexueller Identifikation untersucht.

4.2 Anders sein: Identität und Alterität in der Postmoderne

Es mag zuerst einmal etwas wunderlich klingen, aber die für die theoretische Erfassung des kulturellen und gesellschaftlichen Selbstverständnisses des Menschen folgenreichste Erkenntnis der letzten gut einhundert Jahre war eine linguistische. Auf Ferdinand de Saussures Analyse des Sprachzeichens lassen sich die entscheidenden philosophischen und kulturgeschichtlichen, mittelbar auch sozio-politischen und ökonomischen Entwicklungen von der Moderne zur Postmoderne zurückführen. Wie in Kapitel 2.4.3 mit Bezug auf Lacan schon kurz angesprochen wurde, beschäftigt sich Saussure mit der konkreten Funktionsweise von Sprache, er untersucht also die Strukturen, die das Verständnis von Sprache möglich machen. Deswegen werden seine Theorien der Schule des Strukturalismus zugeordnet (de Saussure 2014 [1916]).

Laut Saussure zerfällt jedes Sprachzeichen in eine Ausdrucksseite, den Signifikanten (*signifiant*), also eine mechanisch erzeugte Lautfolge, und eine Inhaltsseite, das Signifikat (*signifié*), also ein abstraktes Konzept, das dieser bestimmten Lautfolge zugeordnet ist. Entscheidend dabei ist, dass diese Zuordnung im Allgemeinen – eine Ausnahme stellt hier die Lautmalerei dar – nicht natürlich in der Zeichenfolge angelegt, sondern grundsätzlich arbiträr, also keinem klar zu benennenden System unterworfen ist. Es gibt keinen erkennbaren Grund, aus dem ein Baum ausgerechnet „Baum“ heißt und nicht anders. Für das Funktionieren von Sprache ist daher eine konventionelle Festlegung dieser Zuordnungen not-

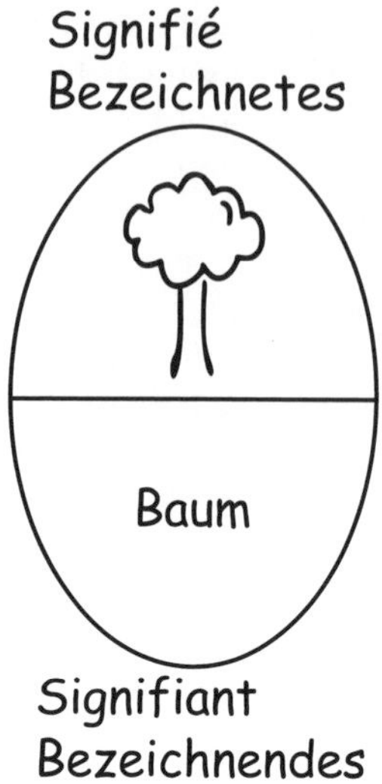

wendig. Darüber hinaus und als Folge dieser systemimmanenten Arbitrarität ist die Bedeutung eines Sprachzeichens niemals als absolut gegeben zu betrachten. Sie ist notwendigerweise immer ein relationales Phänomen, das nur aufgrund der Verschiedenheit der einzelnen Zeichen innerhalb dieses Systems möglich ist.[33]

Saussures Einfluss auf die Postmoderne liegt in eben dieser Erkenntnis begründet, dass Bedeutung Differenz voraussetzt. Auf die Grundbegriffe dieses Buchs übertragen, lässt sich in dieser Erkenntnis die Geburtsstunde eines konstruktivistischen Weltverständnisses verankern, da laut Saussure die Verbindung zwischen der Welt und deren zeichenhafter Repräsentation nicht von vornherein, also essentialistisch, existiert, sondern sich immer aus menschgemachten Festsetzungen und Konventionen konstituiert. Auf den spezifischen Gegenstand menschlicher Geschlechtlichkeit gemünzt, ließe sich dieser Sachverhalt verkürzt vielleicht so interpretieren: Die biologische Realität des Menschen als zur sexuellen Fortpflanzung befähigtes Wesen offenbart sich nicht einfach in einer natürlich vorgeprägten komplementären Zweiteilung der Geschlechter in Mann und Frau. Die assoziative Verbindung von Fortpflanzung (als biologischer Realität) und Zweigeschlechtlichkeit (als deren symbolische Repräsentation) stellt vielmehr eine arbiträre und konstruierte Festlegung dar, deren Stabilität an die Anerkennung und Einhaltung dieser Konvention gebunden ist.

Für Saussure steht diese Stabilität des sinnstiftenden Systems ‚Sprache' im Großen und Ganzen nicht in Frage. Sprache als Zeichensystem und strukturelles Mittel zur Erschließung und Darstellung von Welt funktioniert. Die Macht der sprachlichen Konvention ist so stark, dass Ausdrucksseite und Inhaltsseite praktisch ineinander fallen. Dennoch treiben Saussures strukturalistische Sprachanalysen einen hypothetischen Keil zwischen die Welt, wie sie (außersprachlich) ist, und ihre Abbildung im Rahmen menschlicher Zeichensystemen; sie machen damit quasi eine Unterscheidung von Essentialismus und Konstruktion erst denkbar.

33 Diese Differenzierungsprozesse gelten für beide Aspekte des Sprachzeichens. Ein kurzes Beispiel zur Veranschaulichung. Die eindeutige Zuordnung der Lautfolge [gelb] macht auf der Ausdrucksseite eine Unterscheidung zu ähnlich klingende Lautfolgen notwendig, zum Beispiel [geld]; in der Linguistik wird hier von bedeutungsunterscheidenden Minimalpaaren gesprochen. Diese phonetische Unterscheidung wird auf der Inhaltsebene ergänzt durch eine ebenfalls auf Unterscheidbarkeit basierende Einordnung dieser Lautfolge in ein System von verschiedenen Farbtönen.

Dieser Keil zwischen Realität und Repräsentation stellt nun wiederum den theoretischen Ansatzpunkt postmoderner Theoriebildung dar. Unter dem etwas unklaren Begriff des Poststrukturalismus werden in der zweiten Hälfte des 20. Jahrhunderts eine Reihe von Konzepten und Überlegungen zusammengefasst, die genau die Tragfähigkeit und Stabilität dieser konventionellen Übereinkunft in Frage und Abrede stellen. Die damit verbundene Entkopplung von Welt und Abbild, von Erfahrung und Repräsentation, wird ausgeweitet auf fundamentale Fragestellungen menschlicher Welterfahrung und Identitätsstiftung und stellt eine solch einschneidende epistemologische und ontologische Neuorientierung dar, dass sie als prägend zu sehen ist für eine gesamte Epoche, eben die der Postmoderne. Mit Jacques Derrida und Jean Baudrillard sollen nun zuerst zwei der einflussreichsten postmodernen Theoretiker anhand jeweils eines zentralen Konzepts vorgestellt werden.

4.2.1 Das Selbst ist das Andere: Jacques Derrida und die Différance

Wie bereits angedeutet, beruht die grundlegende Methode des Poststrukturalismus auf einer an sich recht simplen Weiterführung von Saussures ursprünglicher Analyse einer auf Differenz basierenden Struktur des Zeichensystems ‚Sprache', nämlich in der Auslotung und Erforschung der Kluft, die sich nach Saussure zwangsläufig zwischen Realität und Repräsentation auftut. Derrida fasst diese defizitäre Deckungsungleichheit von Welterfahrung und deren symbolischer Abbildung im Begriff der *Différance* zusammen. Im Deutschen wird für diesen Begriff meist das französische Original verwendet, da in diesem Neologismus zwei entscheidende Aspekte zusammenfallen:

a) Er verankert Derridas Überlegungen zum einen klar in der strukturalistischen Differenzlogik Saussures, die das positive Zustandekommen von Bedeutung, im Sinne einer Identität von Signifikant und Signifikat, als Resultat vorhergehender Unterscheidungs- und Abgrenzungsprozesse versteht. Die Differenz ist also rein strukturell der Identität vorgeschaltet. Die etymologische Bedeutung des Worts ‚Definition' als ‚Abgrenzung' veranschaulicht diesen Zusammenhang sinnfällig.
b) Zum anderen, und hier geht Derrida über Saussure hinaus, ist in dieser Differenziertheit nun nicht nur die unausweichliche und unhintergehbare Grundbedingung jeder Art von Sinnstiftung und Identifikation angelegt. Sie führt auch dazu, dass diese Sinnstiftung und Identifikation niemals abgeschlossen werden kann. Aus der Differenziertheit kann laut Derrida kein Absolutes, kein ‚transzendentales Signifikat' entstehen (1974 [1967]: 274). Bedeutungsfindung ist immer schon aufgeschoben. Identität ist somit niemals eindeutig definiert.

JACQUES DERRIDA

Jacques Derrida war ein französischer Philosoph und Kulturkritiker. Er wurde als Sohn jüdischer Eltern in Algerien geboren und lebte ab 1949 in Frankreich. Während seines Studiums kam er in Kontakt mit führenden Denkern seiner Zeit wie Louis Althusser, Jacques Lacan oder Paul de Man. Derrida bekleidete Gastprofessuren und hielt Ehrendoktorwürden von zahlreichen internationalen Universitäten.

15. Juli 1930	Geburt in Algiers
1965	Dozentur für Philosophie an der *École Normale Supérieure* (Paris)
1984	Professur für Philosophie an der *École des Hautes Études en Sciences* Sociales (Paris)
1986	Professur für Geisteswissenschaften (University of California)
2001	Verleihung des Theodor-W.-Adorno Preises der Stadt Frankfurt
08. Oktober 2004	Tod in Paris

Derrida gilt neben Michel Foucault und Jean Baudrillard als wichtigster Vertreter des französischen Poststrukturalismus. Insbesondere sein epistemologisches Konzept der Dekonstruktion hat die Philosophie und Geistesgeschichte seit den 1970er Jahren entscheidend geprägt (siehe hierzu Engelmann 2013 und Zima 2016 [1994]). Als seine wichtigsten frühen Schriften gelten *Grammatologie* (1967; *De la grammatologie*) und *Die Schrift und die Differenz* (1967; *L'écriture et la différence*). In späteren Werken widmete er sich verstärkt politischen und moralischen Fragestellungen, so zum Beispiel in *Marx' Gespenster* (1993; *Spectres de Marx*) oder *Das Tier, das ich also bin* (2006; *L'animal que donc je suis*). Einführungen in Derrida Leben und Werk liefern Bennington (2001 [1991]), Englert (2009) und Lüdemann (2013 [2011]).

Différance ist also für Derrida die Funktionsweise der Welt und die Grundbedingung für das Zustandekommen von Bedeutung. Damit ist sie dem Lacan'schen Phallus nicht unähnlich. Daraus leitet Derrida zwei weitere, für die Postmoderne maßgebliche Vorstellungen ab. Wie bei Lacan ist die menschliche Selbstfindung, also die Herausbildung der Subjektivität, unabdingbar an das Hineinwachsen in die symbolische Ordnung der Sprache geknüpft; Derrida schreibt diesbezüglich, dass „das Subjekt (Selbstidentität oder eventuell Bewusstsein der Selbstidentität, Selbstbewusstsein) in das Sprachsystem eingeschrieben, eine ‚Funktion' des Sprachsystems ist“ (1990 [1968]: 94). Subjektivität oder Identität ist also notwendigerweise immer eine Vertextung. Daraus leitet Derrida des Weiteren ab, dass die Welt an sich und der Mensch selbst nur als Text verständlich sind; Lacans Register des Realen ist nicht nur unzugänglich, sondern vollständig von der symbolischen Ordnung der Textualität überlagert, was Derrida in seinem berühmten Satz *il n'y a pas de hors-texte* zum Ausdruck bringt, zu Deutsch „Ein Text-Äußeres gibt es nicht“ (1974 [1967]: 274).

Innerhalb dieses ‚Gefängnisses der Sprache' (*Prison-house of Language*), wie es Fredric Jameson nennt (1972), führt Différance schließlich dazu, dass jede Bedeutungszuschreibung nicht in einer eindeutigen und stabilen Zuordnung von Zeichen und Bezeichnetem bestehen kann. Bedeutung als ständiger Differenzierungsprozess hinterlässt laut Derrida Spuren (*traces*) all der Signifikanten, die im Laufe dieses Prozesses, in die Definition/Abgrenzung eines Begriffs eingeflossen sind. So wie es keine Welt außerhalb der Vertextung gibt, gibt es keine Bedeutung außerhalb der Spuren. Jedes Wort, jedes Zeichen, jede Identität wird somit in einem fundamentalen Maß durch das definiert, was es nicht ist. Das Andere ist dem Selbst immer schon eingeschrieben; Identität und Alterität, Präsenz und Absenz, sind zwei Seiten ein und desselben Identifikations- und Signifikationsprozesses. Im Suchen und Aufdecken dieser Spuren des Anderen in der realen Manifestation eines Textes liegt die Methode der Dekonstruktion begründet, die zumindest im Bereich der Literaturwissenschaft die einflussreichste Auswirkung postmodernen Denkens darstellt. Die Anwendung dekonstruktivistischer Ansätze auf die Untersuchung von Geschlechterbeziehungen ist schließlich als Initialzündung der Gender Studies zu sehen, da hierin ein geeignetes analytisches Instrument besteht, die einseitig auf weibliche Unterdrückung abzielende Methodik des Feminismus, methodisch und philosophisch zu aktualisieren und auszudifferenzieren.

4.2.2 Das Ende der Realität: Jean Baudrillard und die Simulation

Bevor im nächsten Kapitel genauer gezeigt wird, wie diese Differenzierung im Werk Judith Butlers konkrete Formen annimmt, soll noch ein zweiter bedeutender Vertreter postmodernen Denkens Erwähnung finden, der den Weg hin zu den Gender Studies entscheidend ausgeleuchtet hat. Jean Baudrillard übernimmt die Dialektik von Präsenz und Absenz, die Saussures und Derridas Theorien prägen, und wendet sie explizit auf das Verhältnis von Wirklichkeit und Erfahrbarkeit an. Die Realität ist für Baudrillard nicht mehr nur wie bei Derrida von der symbolischen Ordnung der Sprache überdeckt; die Zeichensysteme haben die Realität vielmehr vollständig ersetzt. Anstelle von Derridas Différance und Deckungsungleichheit tritt bei Baudrillard eine völlige Entzweiung von Welt und Abbild. Die Zeichensysteme, in die die Welt zum Zweck der Sinnstiftung eingehüllt ist, haben ein Eigenleben entwickelt und dabei jede referenzielle Funktion und jeden Bezug zur Außenwelt eingebüßt. Sie konstituieren damit ein hermetisches System aus Selbstbezügen, das Baudrillard das ‚Hyperreale' nennt. Den Prozess, der diese Hyperrealität hervorbringt, bezeichnet er mit dem Begriff der Simulation, spezifische Erscheinungsformen dieser Simulation als ‚Simulacren'. Während bei Derrida immerhin die Différance selbst als ontologische Prämisse eine A-priori-Setzung außerhalb der von ihr beschriebenen Prozesse darstellt, ist bei Baudrillard selbst diese Setzung unmöglich, da im Hyperrealen jeder Ansatzpunkt außerhalb des hermetischen Zeichensystems ausgeschlossen ist. Das Reale wird „durch Zeichen des Realen" substituiert (1978: 7-9). Somit ist auch Differenz selbst, als sinnstiftende Dialektik von Präsenz und Absenz, nicht mehr als bloße Simulation.[34]

Zwei Dimensionen von Baudrillards Simulationstheorie möchte ich noch hervorheben, da sie besonders geeignet sind, seine abstrakten Gedankengebilde auf (hyper-)reale Vorgänge und Vorkommnisse zu übertragen und sie daraus abzuleiten. Zum einen geht mit der Analyse einer allumfassenden Simulation von Realität selbstverständlich eine Medienkritik einher, da die Zeichensysteme in einer globalisierten Welt zwangsläufig medial vermittelt werden. Gerade in der Vorspiegelung von realen Tatsachen machen sich die Massenmedien, ohne es vielleicht zu wollen oder zu wissen, zum Hauptwerkzeug eines universalen und globalen Verblendungszusammenhangs von Wirklichkeit und Simulation. Augenscheinlich wird dies in Baudrillards kontroverser These, die Invasion des Irak 1991 habe nicht stattgefunden (*La Guerre du Golfe n'a pas eu lieu*), jedenfalls nicht in einer greifbaren Realität, sondern nur in einer medial erzeugte Parallelwelt aus kontingenten Bildern und Informationsfetzen.[35]

Ein besonders sinnfälliges Bild für die hermetische Abriegelung dieser hyperrealen Bilderwelt findet Baudrillard schließlich in der Übertragung der Simulationstheorie auf den ökonomischen Prozess der Wertschöpfung. Während die Wertigkeit eines Gegenstands oder eines Finanzmittels sich in früheren Epochen primär an realweltlichen Kriterien messen ließ (Gebrauchswert, Tauschwert ge-

34 In seinem Hauptwerk zur Simulationstheorie, *Der symbolische Tausch und der Tod* (1982 [1976]), zeichnet Baudrillard sehr anschaulich drei Entwicklungsstufen in der Ablösung des Bilds von der Wirklichkeit nach, die er mit den historischen Epochen der frühen Neuzeit (Stufe der Imitation), der industriellen Revolution (Stufe der Produktion) und der Gegenwart (Stufe der Simulation) assoziiert (79-130).

35 Für eine ausführliche Verortung von Baudrillards Medienkritik, siehe Venus (1997). Für eine detaillierte Einführung in sein Gesamtwerk, siehe Strehle (2012). Baudrillard starb 2007 und konnte die Entwicklungen der letzten Jahre nicht mehr selbst kommentieren. Die unaufhörliche und dennoch flüchtige Bilder- und Informationsflut auf Instagram, TikTok, WhatsApp, Snapchat oder anderen sozialen Medien ist dennoch als Zeugnis zu werten für die Hellsichtigkeit und Relevanz von Baudrillards Visionen für eine Zeit, in der die Simulation in Form ‚alternativer Fakten' und Deep Fakes fröhliche Urstände feiert.

gen materielle Güter), erschließt sich Wert laut Baudrillard im Zeitalter der Simulation lediglich im systeminternen Tausch, für den ein äußerer Referenzwert nicht (mehr) von Bedeutung ist. Konkret auf den Bereich des Finanzwesens angewandt, lassen sich Währungsspekulationen oder der Handel mit Derivaten als anschauliche Beispiele für diesen hermetischen Wertschöpfungs- oder oft eher Wertvernichtungsprozess anführen. Auf eine etwas abstraktere, theoretische Ebene transponiert, führt Baudrillards Simulationstheorie zu der Erkenntnis, dass jedes einzelne Zeichen (Wort, Derivat, Vorstellung), obgleich es sich ostentativ auf einen Wert/Gegenstand außerhalb seiner selbst beziehen mag, nur innerhalb des eigenen Systems (Sprache, Finanzwirtschaft, Vorstellungswelt) verhandelbar ist und Bedeutung erlangen kann.

4.3 Gender Trouble: Judith Butler und die Geburt der Gender Studies

In diesem Kapitel werden die Gender Studies als Synthese einer feministischen Traditionslinie und postmoderner Theorien zu Identitäts- und Bedeutungsstiftung beschrieben. Sie erweitern die im Feminismus einseitig auf patriarchalische Strukturen zur Unterdrückung der Frau abzielende Untersuchung von Machtbeziehungen zwischen den Geschlechtern Mann und Frau hin zu einer umfassenderen Analyse und Darlegung von Geschlechterkonfigurationen und -interaktionen. Als grundlegender Unterschied zum Feminismus ist dabei die Ausweitung einer grundsätzlich als binär konzipierten Geschlechterordnung hin zu einer polymorphen Proliferation von theoretisch gleichberechtigten Geschlechtskonfigurationen und Identitätskategorien zu sehen. Das Augenmerk liegt anders als beim Feminismus auch nicht primär auf den tatsächlichen Machtstrukturen der Geschlechterordnung, sondern auf der Repräsentation und (im postmodernen Sinne) Dekonstruktion der Strukturen, auf denen die traditionelle Geschlechterordnung basiert. Das Schlüsselwerk in diesem Zusammenhang ist Judith Butlers *Das Unbehagen der Geschlechter* (1990; *Gender Trouble. Feminism and the Subversion of Identity*), das im Folgenden anhand der darin entwickelten wesentlichen Aspekte und Konzepte eingeführt wird.[36]

Butler selbst legt den Feminismus als konzeptuellen Anfang ihrer Überlegungen fest, unterzieht ihn aber gleichzeitig einer postmodernen Identitätskritik, indem sie darauf hinweist, dass der feministische Diskurs selbst die binären und damit patriarchalischen Geschlechterstrukturen von Mann und Frau hervorbringt, festschreibt und damit dem Fortbestehen dieser symbolischen und tatsächlich Ordnung Vorschub leistet (1991 [1990]: 17). Angelehnt an Foucaults Diskurstheorie (auf die in Kapitel 5.3.1 noch ausführlicher eingegangen wird), führt Butler dementsprechend die männliche Vormachtstellung auch nicht in erster

36 Für eine gründliche Darstellung postmoderner Einflüsse auf die Gender Studies, siehe Wachter (2001).

JUDITH BUTLER

Judith Butler ist eine amerikanische Kultur- und Literaturwissenschaftlerin jüdischer Herkunft. Im Rahmen ihres Studiums in Yale setzte sie sich ausführlich mit der europäischen Philosophietradition auseinander. Ihre Rezeption von Spinoza, Locke, Marx, Hegel, Heidegger und der Frankfurter Schule beeinflusste ihr eigenes Werk nachhaltig. Neben ihrem akademischen Engagement bringt sich Butler auch in zahlreiche soziale und politische Diskussionen ein. Seit 2019 bezeichnet sich Butler als nichtbinär.

24. Februar 1956	Geburt in Cleveland
1984	Promotion zum Begriff der Begierde bei Hegel und Sartre
1991	Professur für Humanwissenschaften (Johns-Hopkins-Universität Baltimore)
1993	Professur für Rhetorik und vergleichende Literaturwissenschaft (Berkeley)
2012	Verleihung des Theodor-W.-Adorno-Preises der Stadt Frankfurt

Durch ihre von Hegel, Foucault, der Dekonstruktion und dem französischen Feminismus beeinflusste diskursive Analyse von Geschlechteridentitäten, insbesondere in ihrem Buch *Das Unbehagen der Geschlechter* (1990; *Gender Trouble*), gilt Butler als Begründerin und wichtigste Vertreterin der Gender Studies sowie als Wegbereiterin der Queer Theories. Weitere wichtige Werke in diesem Zusammenhang sind *Körper von Gewicht* (1993; *Bodies that Matter*), *Die Psyche der Macht* (1997; *The Psychic Life of Power*) und *Die Macht der Geschlechternormen* (2004; *Undoing Gender*). In jüngerer Zeit stehen vermehrt Fragen von Macht und Ethik im Zentrum ihres Denkens, so in *Kritik der ethischen Gewalt* (2007; *Giving an Account of Oneself*), *Raster des Krieges* (2009; *Frames of War*), *Anmerkungen zu einer performativen Theorie der Versammlung* (2015; *Notes Toward a Performative Theory of Assembly*) und *Die Macht der Gewaltlosigkeit* (2020; *The Force of Nonviolence*). Für umfassende Einführungen in Werk und Denken Butlers, siehe Distelhorst (2009), Bublitz (2010) und Villa (2012).

Linie auf die tatsächliche Ausübung von Gewalt und Zwangsmitteln zurück; vielmehr stelle die Inszenierung und Aufrechterhaltung der binären Geschlechterordnung an sich die ursächliche Grundlage für geschlechtlich markierte Ungleichbehandlungen in der Gesellschaft und damit das eigentliche Machtmittel des Patriarchats dar (xxx). Daher gelte es, eine Methodik zu entwickeln, um die Mechanismen und symbolischen Zuschreibungen hinter dieser Inszenierung aufzuzeigen und deren Auswirkungen für das Individuum und die Gesellschaft als Ganzes deutlich zu machen.

4.3.1 Das Verhältnis von *Sex* und Gender

Im Allgemeinen wird der Name Judith Butler wohl zuerst mit der Etablierung von ‚Gender' als kritischer Kategorie in Verbindung gebracht, einer Kategorie, die – wie im ersten Kapitel dieses Buchs ausgeführt – die essentialistische biologische Dimension menschlicher Geschlechtlichkeit (männlich/weiblich) um eine expressive soziale und/oder kulturelle Dimension erweitert (maskulin/feminin). Diese Assoziation ist allerdings nur zum Teil gerechtfertigt, da der Genderbegriff in diesem Zusammenhang schon vor Butler etabliert war. Als erste Verwendung wird diesbezüglich meist ein Aufsatz John Moneys angeführt (1955); weitere bedeutsame Wegmarken in der theoretischen Ausdifferenzierung folgen durch Stoller (1968) auf dem Gebiet der Psychologie, Rubin (1975) für die Soziologie und Scott (1984) für die Geschichtswissenschaft. Gayle Rubin ist es auch, die als erste versucht, eine Systematik zu beschreiben, die das Wechselspiel und den Zusammenhang von *sex* und Gender erfasst (Sex-Gender-System), ein Konnex, den sie definiert als „Ansammlung von Übereinkünften, mittels deren die Gesellschaft biologische Sexualität in Produkte menschlichen Handelns transformiert" (2003 [1984]: 74).

Gemeinsam gilt für all diese Ausprägungen des Genderbegriffs, dass sie eine klare ontologische Rangordnung vorgeben; Gender stellt in jedem Fall eine sekundäre Kategorie dar, die eine vorgegebene biologische Realität interpretiert, symbolisch sichtbar macht und in soziale Konventionen und Modelle verwandelt. Joan Scott definiert Gender in diesem Kontext sehr knapp und präzise als „a social category imposed on a sexed body" (1984: 1056) und macht deutlich, dass dieser sozialen Kategorisierung eine wichtige Funktion in der Ordnung und Hierarchisierung der Gesellschaft zukommt: „gender is a primary way of signifying relationships of power" (1067). *Sex* und Gender müssen dabei durchaus nicht immer passgenau sein, wären sie dies, wäre die Unterscheidung an sich überflüssig.

Dennoch steht vor Butler das erkenntnishervorbringende Primat des biologischen Geschlechts nicht zur Disposition. In der Aufhebung dieses Primats liegt also die erste wegweisende Erkenntnis Butlers. Denn, so argumentiert sie, eine theoretische Unterscheidung von *sex* und Gender macht nur dann Sinn, wenn das Erstere eben nicht zwangsläufig das Letztere bedingt. Gender wird nur dann zur brauchbaren Analysekategorie, wenn es sich von der starren biologischen Binarität lösen kann, wenn es – linguistisch ausgedrückt – seinen Artikel verliert:[37]

37 Während es im Deutschen grammatikalisch und epistemologisch sinnvoll ist, von ‚dem/einem Geschlecht' des Menschen zu sprechen, macht dies, legt man Butlers Theorien zugrunde, nur

„Wenn das anatomische Geschlecht der Geschlechtsidentität keine Grenzen setzt, existieren vielleicht Geschlechtsidentitäten, d.h. Möglichkeiten, den sexuell bestimmten Körper kulturell zu interpretieren, die keineswegs durch die scheinbare Dualität der Geschlechter (*duality of sex*) eingeschränkt werden" (1991 [1990]: 167). Sobald jedoch dieser zwingende Kausalzusammenhang von *sex* und Gender aufgehoben ist, „wird die Geschlechtsidentität selbst zu einem freischwebenden Artefakt" (23), ein postmoderner Signifikant, dessen Signifikate sich eben nicht zu einer festgelegten binären Geschlechterordnung zusammenfügen. Gender ist für Butler „eine Art Tätigkeit, die sich potentiell jenseits der binären Schranken, die die Binarität der Geschlechter (*binary of sex*) setzt, vervielfältigen kann" (167). Die strenge biologische Zweiteilung des Menschen in Mann und Frau, so Butler weiter, „legt einer sonst diskontinuierlichen Reihe von Attributen eine künstliche Einheit auf. Als sowohl *diskursive* wie *perzeptuelle* Kategorie steht der Begriff ‚Geschlecht' [*sex*; W.F.] für ein geschichtlich kontingentes epistemisches Regime, für eine Sprache, die die Wahrnehmung formt, indem sie das Beziehungsgeflecht prägt, durch das die physikalischen Körper wahrgenommen werden" (170; Hervorhebungen im Original).

Sex, so stellt Butler im Rückgriff auf Foucault fest, ist also keineswegs eine essentielle phänomenologische Kategorie, sondern eine diskursive Formation und Ordnung des menschlichen Körpers, die ihrerseits eine kontingente, „geschichtlich spezifische Organisation von Macht, Diskurs, Körpern und Affektivität" darstellt (139). *Sex* ist damit, genau wie Gender, ein kulturelles und soziales Konstrukt, „möglicherweise ist das Geschlecht (*sex*) immer schon Geschlechtsidentität (*gender*) gewesen, so dass sich herausstellt, dass die Unterscheidung zwischen Geschlecht und Geschlechtsidentität letztlich gar keine Unterscheidung ist". Wenn laut Butler überhaupt ein Primat festgestellt werden kann, dann wäre Gender der originäre Begriff, denn er „umfasst auch jene diskursiven/kulturellen Mittel, durch die eine ‚geschlechtliche Natur' oder ein ‚natürliches Geschlecht' als ‚vordiskursiv', d.h. als der Kultur vorgelagert oder als politisch neutrale Oberfläche, auf der sich Kultur einschreibt, hergestellt und etabliert wird" (24).

Als Ganzes gesehen stellt das gesamte Sex-Gender-System damit ein Ordnungssystem menschlicher Körperlichkeit und Sexualität dar. Dass wir diese biologisch und sozio-kulturell als binär wahrnehmen und (uns damit) identifizieren, beschreibt Butler als „Regulierungsverfahren" (38), deren Ziel die diskursive Festschreibung der Heterosexualität als Norm menschlicher Sexualität ist.

---

wenig Sinn, da Butler mit diesem Begriff eher den Signifikationsprozess geschlechtlicher Identifikation selbst bezeichnet und nicht, wie dies Rubin und Scott tun, dessen individuelle Ausprägung. Für diese wäre im Deutschen der Begriff ‚Genderidentität' eher zutreffend. Butler drückt dies so aus: „Als sich ständig verschiebendes (*shifting*) und kontextuelles Phänomen bezeichnet die Geschlechtsidentität nicht ein substantiell Seiendes, sondern einen Schnittpunkt zwischen kulturell und geschichtlich spezifischen Relationen" (1991 [1990]: 29).

4.3.2 Die heterosexuelle Matrix

Dies bringt uns zu Butlers nächstem wichtigen Konzept, dem der ‚heterosexuellen Matrix'. Der Zweck der regulativen Ordnung des Sex-Gender-Systems ist es laut Butler nämlich, Identifikationsmuster bereitzustellen, in die sich das Individuum einschreiben kann und muss, um als vollwertige Person wahrgenommen werden zu können, „weil die ‚Personen' erst intelligibel werden, wenn sie in Übereinstimmung mit wiedererkennbaren Mustern der Geschlechter-Intelligibilität (*gender intelligibility*) geschlechtlich bestimmt sind" (37).[38] Die in der westlichen Welt für die Regulierung der Geschlechtsidentität vorgegebenen Muster sind für Butler zum einen der Phallogozentrismus und zum anderen das der Zwangsheterosexualität (xxxi).

Zwangsheterosexualität/Heterosexuelle Matrix

Von Adrienne Rich (1980) geprägt und von Monique Wittig (1992) und Judith Butler weiter entwickelt, bezeichnet dieser Begriff in Butlers Worten „ein hegemoniales diskursives/epistemologisches Modell der Geschlechter-Intelligibilität [...], das folgendes unterstellt: Damit die Körper eine Einheit bilden, und sinnvoll sind, muss es ein festes Geschlecht geben, das durch eine feste Geschlechtsidentität zum Ausdruck gebracht wird, die durch die zwanghafte Praxis der Heterosexualität gegensätzlich und hierarchisch definiert ist" (220). Sowohl die feste, binäre Geschlechterrollenmatrix des Menschen als Mann und Frau als auch das als normativ festgelegte heterosexuelle Begehren werden als gesellschaftliche und kulturelle Konstrukte beschrieben, deren Zweck die Kontrollierung und Fortschreibung eines patriarchalischen Gesellschaftssystems darstellt.

Butler leitet ihre Theorie der heterosexuellen Matrix als Ursprung und Ziel der Geschlechterordnung, ihrerseits von zwei ähnlichen, früheren Konzepten her. In ihrem gleichnamigen Aufsatz von 1980 beschreibt Monique Wittig eine Denkart, die sie als *The Straight Mind* bezeichnet. Ausgehend von der Behauptung, dass die Kategorien ‚Mann' und ‚Frau' keine natürlichen Fakten widerspiegeln, son-

38 Butlers Argument, dass das Individuum erst durch die Einordnung in klar definierte Identitätskategorien in Erscheinung treten kann, ist angelehnt an Louis Althussers Konzept der Interpellation (1977 [1970]). Damit bezeichnet Althusser die Tatsache, dass das menschliche Individuum nur dann zum Subjekt wird, wenn es der Anrufung (so die wörtliche Übersetzung des Begriffs) der vorherrschenden Ideologie Folge leistet und sich in deren Institutionen, und dazu zählen selbstverständlich auch die symbolischen Ordnungen, einfügt und sich deren Praktiken unterwirft (*sub-iectare*). Butler paraphrasiert diesen Vorgang mit den Worten: „Bevor die Repräsentation erweitert werden kann, muss man erst die Bedingungen erfüllen, die notwendig sind, um überhaupt Subjekt zu sein" (1991 [1990]: 16).

dern politische Konstruktionen darstellen, argumentiert Wittig, dass die scheinbare Naturalisierung dieser Kategorisierungen einer Logik entspringt (der des *straight mind*), die Heterosexualität als das einzig valide und exklusive Kriterium für sexuelle Identifikation darstellt. Beeinflusst von Lacan und den französischen Feministinnen beschreibt Wittig die symbolische Ordnung, innerhalb derer die Bewusstwerdung des Individuums geschieht, in die sich das Individuum also einschreiben kann, als ‚heterosexuellen Vertrag' (1992: 9-20). Dieser Vertrag strukturiere die Gesellschaft, indem er eine klare Grenzziehung vornimmt zwischen denen, die innerhalb dieses Vertrags Subjektcharakter für sich beanspruchen können (heterosexuelle Männer), und allen anderen (Frauen und homosexuelle Männer), die damit in der herrschenden Gesellschaftsordnung rechtlos und nicht repräsentiert bleiben.

Ähnlich wie Wittig arbeitet auch Adrienne Rich in ihrem Aufsatz „Compulsory Heterosexuality and Lesbian Existence" (1980) die sexualpolitischen Konsequenzen einer als von der Gesellschaft verpflichtend vorgeschriebenen Heterosexualität heraus. Die gesellschaftliche Norm, gemäß der die Beziehung zu einem Mann Ziel und Erfüllung weiblichen Strebens sein müsse, hat für Rich drei primäre Funktionen:

a) Sie dient dazu, die Autonomie der weiblichen Sexualität unter das Joch einer männlich orientierten, genitalen und fortpflanzungsorientieren Sexualität zu zwingen; als Beispiele hierfür nennt Rich in Anlehnung an Kathleen Gough (1971) die Doktrin des vaginale Orgasmus sowie pornographische Darstellungen bei denen Frauen sich mit Vergnügen sexueller Gewalt oder Erniedrigung hingeben.
b) Sie legitimiert symbolische und reale Gewalt gegen Frauen, indem sie die Ausübung der Heterosexualität als Recht des Mannes inszeniert. Dies äußert sich unter anderem in einer gesellschaftlichen Akzeptanz von Prostitution und ‚häuslicher Gewalt', aber auch in Darstellungen in Kunst und Literatur, die die Frau auf der Suche nach dem ‚richtigen Mann' zeigen.
c) Sie schließt alle die sexuellen Begierden und Identifikationsmuster von der gesellschaftlichen Teilhabe aus, die nicht ins heterosexuelle Raster passen.[39]

Butlers Vorstellung von einer heterosexuellen Matrix als Grundbedingung und Ziel des Sex-Gender-Systems lässt sich am besten an folgendem Beispiel illustrieren: Die Frage nach dem Geschlecht eines Kindes nach der Geburt, die traditionell nur zwei klare Antwortmöglichkeiten vorsieht, ist in diesem Zusammenhang als Akt der Einschreibung des Neugeborenen in die heterosexuelle Matrix zu sehen, deren diskursive Vorgaben die Bedingung dafür sind, das Kind überhaupt erst als Person wahrnehmen zu können (Butler 1991 [1990]: 166). Die

39 Dieser Punkt wird in einem späteren Kapitel (4.4.2) noch ausführlicher Gegenstand der Untersuchung sein, wenn es darum geht, wie Wittig und Rich ihre eigene Position als homosexuelle Frau als Gegenposition zur zwanghaften Heterosexualität entwerfen.

Identifizierung als Mädchen oder Junge stellt also für Butler kein Ablesen einer a priori existierenden biologischen Realität dar, sondern bezeichnet einen durch den diskursiven Rahmen der Zwangsheterosexualität möglich und nötig gemachten kulturellen und sozialen Sprechakt. Erst dieser Akt schafft die Realität der anatomischen Geschlechtsidentifikation, eine Realität, die in der Folge idealerweise durch die Annahme der dazugehörigen sozio-kulturellen Geschlechtsidentität bestätigt wird. Abweichungen von dieser Norm sind gesellschaftlich sanktioniert, oder wie Butler es ausdrückt: „wir strafen regelmäßig diejenigen, die ihre Geschlechteridentität nicht ordnungsgemäß in Szene setzen" (205).

4.3.3 Gender als performatives Konstrukt

Im vorhergehenden Kapitel wurde klar, dass für Butler das kulturelle Konstrukt (der Zwangsheterosexualität) der biologischen Essenz von Geschlechterkategorien vorgeschaltet ist. Dieser scheinbare Zirkelschluss, den Butler prägnant in der Aussage „Hinter den Äußerungen der Geschlechtsidentität (*gender*) liegt keine geschlechtlich bestimmte Identität" (49) zusammenfasst, bildet den Kern ihrer theoretischen Neukonzeption des Genderbegriffs. Gender, verstanden sowohl als sozialer Konstruktions- und Identifikationsprozess im Sinne eines *doing gender* (West und Zimmermann 1987) als auch als die aus diesen Prozessen resultierende Geschlechtsidentität, stellt eine sich selbst erfüllenden Prophezeiung (*self-fulfilling prophecy*) dar. Die scheinbar vorgegebenen Identitätskategorien sind keineswegs vorgegeben, sondern entstehen vielmehr als Effekte ihrer eigenen Einhaltung. Gender ist daher ein performativ hergestelltes Konstrukt.

Butler selbst erklärt diesen zentralen Sachverhalt ihrer Genderkonzeption mit den Worten, dass „die Geschlechtsidentität die wiederholte Stilisierung des Körpers" ist (1991 [1990]: 60). Gender bedeutet also ständige Arbeit am und mit dem Körper, mit dem Ziel, eine scheinbar klar definierte Geschlechtsidentität zu erfüllen. Die Norm, an der sich diese Identität misst, wird allerdings selbst erst von den „Regulierungsverfahren der Geschlechter-Kohärenz" hervorgebracht (49). Der performative Charakter des durch diese Verfahren erzeugten Körpers bedeutet gleichzeitig, „dass er keinen ontologischen Status über die verschiedenen Akte, die seine Realität bilden, hinaus besitzt" (200). Die scheinbare Essenz der Identitätskategorien ist eine Illusion, ein Resultat ihrer unablässigen Konstruktion. Jede Geschlechtsidentität ist performativ, denn sie existiert nur als verkörperte und inszenierte Umsetzung einer Idee. Das Tun allein ist die Essenz.

Von entscheidender Bedeutung für die Stabilität dieser performativ hervorgebrachten Identität ist die ständige Wiederholung dieser Inszenierungen. Die Wiederholung „ist eine Re-Inszenierung [*reenactment;* W.F.] und ein Wieder-Erleben eines bereits gesellschaftlich etablierten Bedeutungskomplexes – und zugleich die mundane, ritualisierte Form seiner Legitimation" (206). Diese Konzeption einer performativ hervorgebrachten Geschlechtsidentität beinhaltet nun freilich potentiell auch die Option, sich der Norm zu widersetzen. Schließlich steht es in der heutigen Zeit theoretisch jedem Menschen frei, dem Wiederholungszwang nachzukommen oder nicht. Wenn Gender wirklich eine Performance ist, wenn also die normativen Geschlechterkategorien erst in ihrer Inszenierung und Verkörperung entstehen, wie Butler in *Das Unbehagen der Geschlechter* behauptet, würde das nahelegen, dass diese Normen sich durch eine nicht-normative Inszenierung des eigenen Körpers ohne weiteres verändern lassen müssten. Diesen Vorwurf versucht Butler in ihrem Buch *Körper von Gewicht: Die diskursiven Grenzen des Geschlechts* (1995 [1993]) zu entkräften, indem sie wiederum in Anlehnung an Althussers Konzept der Interpellation feststellt, dass erst die zwanghaft wiederholte Wiedergabe einer normativen Vorstellung von Geschlechtsidentität den individuellen Körper zum wahrnehmbaren Subjekt macht und ihn dabei in die Ideologie der Zwangsheterosexualität einschreibt: „diese Wiederholung wird nicht *von* einem Subjekt performativ ausgeführt; diese Wiederholung ist das, was ein Subjekt ermöglicht und was die zeitliche Bedingtheit für dieses Subjekt konstituiert" (1995 [1993]: 133; Hervorhebungen im Original). Diesen Kausalnexus aus Einhaltung der Norm und Subjektwerden, eine sich „ständig wiederholende und zitierende Praxis, durch die der Diskurs die Wirkungen erzeugt, die er benennt" bezeichnet Butler mit der Begriff der Performativität (*performativity*) (2).[40]

Althusser ist nicht der einzige postmoderne Theoretiker, dessen Ideen in Butlers Neukonzeption von Gender eingeflossen sind. Auf einer sehr grundlegenden Ebene wendet Butler zuerst einmal Derridas Idee der Différance auf den Bereich der menschlichen Geschlechtlichkeit an, indem sie die Herausbildung von Geschlechtsidentität einer dekonstruktivistischen Analyse unterzieht. Diese analytische Methode stellt die Stabilität jeder (Geschlechts-)Identität in Frage, da, nach Derridas Argumentation, jede Identität notwendigerweise die Spuren des Ausgeschlossen in sich trägt, sich sogar recht eigentlich nur aus diesen Spuren konstruiert. Die unwiderrufliche Spaltung von biologischem Geschlecht und Geschlechtsidentität, die Butlers Genderbegriff vollzieht, lässt sich, einer weiteren wichtigen postmodernen Denkposition folgend, auch als Ende einer großen Erzählung (*grand récit*) im Sinne Jean-François Lyotards begreifen (2015 [1979]).

Neben Foucaults Diskursbegriff (Kapitel 5.3.1) und der Verquickung von Sprachphilosophie, Repräsentationskritik und Körperlichkeit, die Butler von den französischen Feministinnen übernimmt, ist es des Weiteren vor allem Baudril-

40 Die terminologische Unterscheidung zwischen Performanz (*performance*) und Performativität (*performativity*) ist zwar notwendig, um diese Entwicklung in Butlers Theorie verständlich zu machen. Da diese Theorie allerdings fundamental auf der Prozesshaftigkeit von Genderidentifikation beruht, macht es meines Erachtens Sinn, diesen Kernbegriff Butlers primär in seiner adjektivischen Form zu gebrauchen. Deshalb verwendet dieses Buch die Formel von Gender als ‚performativem Konstrukt'.

lards Simulationstheorie, die deutliche Spuren in ihrem Werk hinterlassen hat. Wenn Butler Geschlechtsidentität definiert als eine „Imitation, zu der es kein Original gibt“ (2003 [1991]: 156), stellt dies eindeutig eine Parallele zu Baudrillard auf, der in *Agonie des Realen* den Prozess der Simulation als Modell der „Generierung eines Realen ohne Ursprung oder Realität“ beschreibt (1978: 7). Gender wäre somit ein Musterbeispiel für ein Simulacrum, für eine Kopie ohne Original, die sich aber dennoch selbst als Original inszeniert und als Original wahrgenommen wird. Wie bei Baudrillard stellt auch für Butler der Gebrauch von Symbolen (in ihrem Fall der symbolischen Einschreibung in die heterosexuelle Matrix) ein Ordnungssystem dar, das die Realität (der individuellen körperlichen Konfiguration) vollständig überdeckt. Der Wertigkeit eines Körpers bemisst sich an seiner Identität – im etymologischen Sinne einer Übereinstimmung – mit den Normen, die die symbolische Ordnung für die Identifikation des Körpers zur Verfügung stellt. Die heterosexuelle Matrix stellt damit ein hermetisches System zur Beschreibung, Anrufung und Regulierung menschlicher Sexualität dar.

4.3.4 Fucking with Categories: Queer als Genderkategorie ohne Essenz

Butlers Werk ist neben seiner unzweifelhaften intellektuellen Brillanz auch deshalb heute von so entscheidender Bedeutung für die kritische Untersuchung von Geschlechterbeziehungen, weil es einen zentralen analytischen Knotenpunkt auf diesem Gebiet darstellt. So laufen wie oben dargelegt in ihrem Werk nicht nur viele der für das 20. Jahrhundert prägenden feministischen und (post-)strukturalistischen Theorien zusammen. Auch erwiesen sich ihre Überlegungen und ihre Neufassung des Genderbegriffs als ausschlaggebend für eine Reihe nachfolgender Theorien und Denkmuster, von denen die Queer Theories hier exemplarisch vorgestellt werden.[41]

In *Das Unbehagen der Geschlechter* veranschaulicht Butler die performative Konstruktion von Gender anhand der Praktiken des Drag, also einer bewussten Überzeichnung von Geschlechtsattributen durch Vertreter des biologisch anderen Geschlechts. Denn gerade in der *Performance* des Drag tritt für Butler das Wesen des Genderbegriffs ans Licht. Dragqueens und Dragkings verkörpern zum einen die Deckungsungleichkeit von biologischem Geschlecht und symbolisch zum Ausdruck gebrachter Geschlechtsidentität. Sie imitieren gleichzeitig aber

41 Die Pluralform soll hierbei zweierlei zum Ausdruck bringen: Zum einen stellt sie klar, dass es sich bei den Queer Theories nicht um ein monolithisches und eindeutig zu definierendes Theoriegebilde handelt; zum anderen trägt sie der grundsätzlichen Heterogenität der unter diesem Stichwort zusammengefassten Identifikationsmuster Rechnung. Für eine ausführlichere theoretische Einordnung des kritischen Kategorie ‚queer‘, siehe Jagose (2001 [1996]), Kraß (2003), Haschemi Yehani und Michaelis (2005) sowie Henderson (2019). Für eine Kulturgeschichte und Analyse westlicher Sexualnormen, siehe Dollimore (1991).

auch auf offenkundige Art und Weise die symbolische Ordnung der verkörperten Identität. Sie ahmen augenscheinlich Identität nach. Dadurch, so Butler, machen sie eine implizite Grundbedingung für die Instandhaltung der symbolischen Ordnung offensichtlich, nämlich die von vornherein immer schon imitierende und nachahmende Struktur von Gender. Drag inszeniert Gender, es bringt „die charakteristischen Gesten auf die Bühne, durch die die Geschlechtsidentität selbst gestiftet wird" (1991 [1990]: 9) und weist damit gleichzeitig auf die Instabilität und Kontingenz jeder – nicht nur der im einzelnen Drag Act figurierten – Geschlechtsidentität hin. Als Thomas Neuwirth in der Figur der Conchita Wurst also beispielsweise beim Eurovision Song Contest 2014 eine Drag Queen mit Dreitagebart auf die Bühne stellte, wurde diese Kontingenz der Identität explizit und für ein breites Publikum sichtbar. Nicht einmal Imitation führt mehr zu Stabilität. Die Verwirrung der Kategorien ist perfekt. Conchita Wurst oszilliert zwischen Geschlechtsidentitäten und verkörpert damit die Unmöglichkeit jeder Festschreibung in der heterosexuellen Matrix. Dies macht sie zu einem im doppelten Wortsinn schillernden Beispiel für die Queer Theories.

Unter diesem Begriff wird eine kritische Position zusammengefasst, die in der Nachfolge von Butler, Wittig, Foucault und den *Lesbian Studies* (dazu mehr in Kapitel 4.4.2) jedwede Form sexueller Kategorisierung und Normativität als Machtmittel und Unterdrückungsmechanismus versteht. Dem setzen die Queer Theories vor allem zwei Strategien entgegen – eine sprachkritische und eine identitätspolitische. Zum einen fordern und betreiben die Queer Theories eine linguistische Wiederaneignung von Diskursmarkern (*re-appropriation*), die sich sehr gut an dem Wort ‚queer' selbst beobachten lässt. Etymologisch abgeleitet aus einem indoeuropäischen Stamm, der wohl am besten mit ‚verdreht, schräg' wiederzugeben ist und der im Deutschen heute noch in den Wörtern ‚quer' und ‚Zwerchfell' vorkommt, ist im Englischen die Konnotation ‚komisch, sonderbar' seit der frühen Neuzeit belegt. Zu Beginn des 20. Jahrhunderts fokussiert sich diese Bedeutung hin zur abwertenden Bezeichnung von Homosexualität; linguistisch findet also eine Bedeutungseinengung von einer allgemeinen hin zu einer spezifisch sexuellen Sonderbarkeit statt. Der Versuch, ‚queer' (in Form von Queer Studies oder Queer Theories) als analytische Kategorie in den wissenschaftlichen Diskurs einzuführen, ist in diesem Zusammenhang als Ermächtigungsstrategie zu sehen, als Versuch, der durch die konventionelle Verwendung diskriminierten Gruppe, die Diskurshoheit über den Begriff zurückzugewinnen. Dass dieser Strategie der Wiederaneignung zumindest ein gewisser Erfolg beschieden ist, lässt sich daran ablesen, dass der Duden ‚queer' mittlerweise auch für das Deutsche als „eine andere als die heterosexuelle Orientierung habend" definiert („queer" 2023).[42]

42 Eine parallele Entwicklung hat auch das englische Wort *gay* durchlaufen, dessen ursprüngliche Bedeutung als ‚fröhlich, heiter, leutselig' wiederzugeben ist. Das Wort erfuhr im Verlauf des 19. Jahrhunderts eine negative Einschränkung hin zu ‚anzüglich, unmoralisch, fragwürdig' und verengte sich im 20. Jahrhundert auf die ausschließlich Bezeichnung von Homosexualität. Auch hier ist der Versuch zu beobachten, sich dieses ursprünglich fremdbestimmte Wort durch positive

Laut Annamarie Jagose ist gerade der Begriff ‚queer' hierbei exemplarisch für eine postmoderne und performativ hervorgebrachte Geschlechtsidentität, da er „sich als Folge der konstruktivistischen Problematisierungen von vermeintlich universellen Begriffen verstehen" lässt (2001 [1996]: 98). Identität, so lehre die Postmoderne, sei immer „Ergebnis der Identifikation mit und gegen andere: keine Eigenschaft, sondern ein andauernder Prozess, der immer unvollständig bleibt" (103). Die Queer Theories setzen dabei speziell an der Feststellung Butlers an, dass die gesellschaftlich sanktionierte Konstruktion einer heterosexuellen Matrix an sich schon Beweis ist für deren intrinsische Instabilität und Labilität. Die Tatsache, mit anderen Worten, dass sich Heterosexualität ständig diskursiv selbst bestätigen muss, macht deutlich auf welch tönernen Füßen das Konstrukt heterosexueller Identität eigentlich steht. Anders als die Gay und Lesbian Studies, aus denen sie erwachsen sind, setzen die Queer Theories also nicht auf die Betonung und Repräsentation von homosexueller Identität, sondern stellen das Konzept der Identität an sich radikal in Frage. So zeige der Poststrukturalismus, laut Jagose, schließlich, „dass nicht nur Differenzen *zwischen* Subjekten Identitätspolitik unmöglich machen, sondern ebenso die unlösbaren Differenzen *innerhalb* jedes Subjektes" (107; Hervorhebungen im Original).

Jede Identitätsnorm ist also für die Queer Theories ein Verblendungszusammenhang; nicht die Intoleranz gegenüber spezifischem abnormen Verhalten ist das primäre Machtmittel der heteronormativen Ideologie, sondern die performativ erzeugte Vorstellung von Normalität an sich. Queer sein und denken, bedeutet daher für Michael Warner „a more thorough resistance to regimes of the normal" (1991: 16). Etymologisch einleuchtend, legen sich die Queer Theories damit tatsächlich quer; sie stellen der normativen Geschlechterordnung das Konzept einer „Identität ohne Essenz" (*an identity without an essence*) gegenüber (Halperin 1995: 62). Gerade die von Butler dargelegte repetitive und imitative Struktur von Gender stellt für die Queer Theories dabei den Ansatzpunkt für die Dekonstruktion und Zersetzung (*subversion*) einer Ideologie dar, die Warner bezugnehmend auf Wittig, Rich und Butler, mit dem sehr praktischen und handlichen Begriff der Heteronormativität (*heteronormativity*) bezeichnet (1991: 3; dazu auch Hartmann et al. 2007). Denn für Butler ist „eine Subversion der Identität nur *innerhalb* der Verfahren repetitiver Bezeichnung möglich", denn die „Anweisung, eine gegebene Geschlechtsidentität *zu sein*, produziert zwangsläufig Verfehlungen, eine Vielzahl inkohärenter Konfigurationen, die in ihrer Mannigfaltigkeit die Anweisung, die sie erzeugt hat, überschreiten und anfechten" (1991 [1990]: 213; Hervorhebungen im Original).

Ähnlich wie Cixous das Lachen (der Medusa) zu einer Manifestation der *ècriture feminine* stilisiert, stellt Butler fest, für den Feminismus sei „es unbedingt

---

Selbstverwendung und kritisch-analytische Instrumentalisierung (im Rahmen der Gay und Lesbian Studies) wieder anzueignen. Klaus Wowereits berühmt gewordenes Zitat „Ich bin schwul – und das ist auch gut so" von 2001 ist in derselben Tradition zu verorten.

notwendig, über ernste Kategorien zu lachen" (8). Butler gibt geradezu eine Gebrauchsanleitung für queere Theorie und Praxis vor, wenn sie fordert, es gelte „Strategien der subversive[n] Wiederholung auszumachen, die durch solche Konstruktionen ermöglicht werden, und die lokalen Möglichkeiten der Intervention zu bestätigen, die sich durch die Teilhabe an jenen Verfahren der Wiederholung eröffnen, die Identität konstituieren und damit die immanente Möglichkeit bieten, ihnen zu widersprechen" (216).

Die parodistische, paradoxe und deviante Reproduktion von Geschlechtsidentität, wie sie Conchita Wurst exemplarisch auf der Kopenhagener Bühne des Eurovision Song Contest in Szene gesetzt hat, stellt dabei eine praktische, im doppelten Sinne performative, Umsetzung solcher Queer Theories dar. Nicht umsonst ist im Englischen das Verb *to queer* gebräuchlich, um derlei tätige Subversion von Geschlechtsidentität zu benennen, ein Schritt, den der Duden (bisher) noch nicht nachvollzogen hat. Geschlechteridentitäten sind für Butler „Schauplätze notwendigen Unbehagens" (2003 [1991]: 145); die Körper von Conchita Wurst und Caster Semenya repräsentieren zweifellos solche Schauplätze, die symbolisch für einen Prozess zu sehen sind, als dessen Resultat ein „Verlust der Geschlechter-Normen" stünde, mit dem gleichzeitigen „Effekt, die Geschlechter-Konfigurationen zu vervielfältigen" (215).

4.4 Wegbereiter*innen der Gender Studies und Queer Theories

Wie im Vorhergehenden gezeigt wurde, gründet sich die Bedeutsamkeit des Genderbegriffs für die Analyse von Geschlechterbeziehungen auf der Verbindung traditioneller feministischer Positionen mit poststrukturalistischen Theorien. Auf dieser Grundlage fußt ein Paradigmenwechsel, der als Übergang einer stabilen und heteronormativen Geschlechts*identität* hin zu einer fluiden Geschlechts*individualität* verstanden werden kann. In diesem Abschnitt werden zwei weitere theoretische Ansätze behandelt, auf die sich die Gender Studies wie auch die Queer Theories berufen. Sowohl die kritische Reflektion gleichgeschlechtlichen Begehrens in den Gay und Lesbian Studies wie die Theoretisierung der Frau als grundsätzlich zum Mann relationales Wesen bei Simmel und Beauvoir stellen mit der Alterität implizit ein Konzept in den Mittelpunkt, das im eigentlichen Sinn als das signifikante Andere für diesen Paradigmenwechsel fungiert.

4.4.1 Beziehungsweisen: Die Frau als relationales Wesen bei Simmel und de Beauvoir

Sowohl Georg Simmel als auch Simone de Beauvoir, von denen in diesem Kapitel die Rede sein soll, beschäftigen sich mit der Relation der Geschlechter zueinander und analysieren, wie diese Relation die Gesellschaft in ihrem Innersten

GEORG SIMMEL

Georg Simmel war ein deutscher Soziologe und Philosoph. Er wurde als Sohn einer zum Christentum konvertierten jüdischen Unternehmerfamilie in Berlin geboren. Durch eine Erbschaft seines Mentors, des Musikverlegers Julius Friedländer, war er finanziell unabhängig. Nach seinem Studium der Geschichte, Philosophie und Psychologie, Promotion und Habilitation versuchte er zunächst erfolglos, einen Lehrstuhl an einer deutschen Universität zu erlangen, was durch seine jüdische Herkunft wohl massiv erschwert wurde. Obwohl seine Vorlesungen über die Grenzen der Universität hinaus bekannt und beliebt waren, wurde er erst 1914 zum ordentlichen Professor an die Universität Straßburg berufen. Simmel war maßgeblich an der Etablierung der Soziologie als eigenständige akademische Forschungsdisziplin beteiligt; insbesondere mit seinem Werk *Soziologie. Untersuchungen über die Formen der Vergesellschaftung* (1992 [1908]), aber auch in wegweisenden Werken zur Soziologie der Städte (*Die Großstädte und das Geistesleben*, 2006 [1903]) oder zur Kulturphilosophie (*Philosophie des Geldes*, 2013 [1900]). 1909 war er darüber hinaus Mitbegründer der Deutschen Gesellschaft für Soziologie (DGS).

01. März 1858	Geburt in Berlin
1881	Promotion zum Begriff der Materie bei Kant
1885	Privatdozentur (Berlin)
1900	Außerordentliche Professur für Philosophie (Berlin)
1914	Professur für Philosophie (Straßburg)
26. September 1918	Tod in Straßburg

Neben seiner Bedeutung für die Herausbildung der Soziologie lieferte Simmel entscheidende Impulse unter anderem auf den Gebieten der Ökonomie, der Religionswissenschaft, der Lebensphilosophie und der Geschichtswissenschaft. Für eine detailliertere Einführung in Werk und Denken Simmels, siehe Jung (1990) und Junge (2009).

strukturiert. Beide gründen ihre Theorien auf der strukturalistischen Erkenntnis, dass die soziale und kulturelle Definition und Bestimmung eines Geschlechts nur im Verhältnis und in der Abgrenzung zum jeweils anderen geschehen kann.

In seinem Aufsatz „Das Relative und das Absolute im Geschlechter-Problem“ (1986 [1910]) schreibt Simmel: „Auf allen Gebieten des inneren Daseins wie auf denen, die aus dem erkennenden und handelnden Verhältnis der Innerlichkeit zur Welt erwachsen, ergreifen wir den Sinn und den Wert eines einzelnen Elementes durchgängig in seinem Verhältnis oder als sein Verhältnis zu einem anderen Element zu einem anderen, das seinerseits sein Wesen an jenem bestimmt". Dieses Verhältnis ist für Simmel grundsätzlich hierarchisch geprägt, denn eines der beiden Elemente wächst durch den Prozess der Abgrenzung und Selbstdefinition „zu einem Absoluten auf, das die Relation trägt oder normiert". Diese Grundüberzeugung von der fundamental hierarchischen Natur binärer Kategorien wendet er auf die Beziehungen von Männlichkeit und Weiblichkeit an, eine Beziehung, die er als „Grundrelativität im Leben unserer Gattung" bezeichnet und die in diesem Fall dazu führt, dass die Normen an denen „die Leistung und die Gesinnung, die Intensität und die Ausgestaltungsformen des männlichen und des weiblichen Wesens" gemessen werden, selbst „nicht neutral, dem Gegensatz der Geschlechter enthoben, sondern sie selbst sind männlichen Wesens" (64).

Die Frau muss sich mit anderen Worten immer am Mann messen und ist dadurch ständig mit ihrem Anderssein, mit ihrer Abnormität konfrontiert. Simmel macht deutlich, „dass die Frau außerordentlich viel seltener ihr Frau-Sein aus dem Bewusstsein verliert als der Mann sein Mann-Sein" (65). Dies bedeutet zugleich, dass die Unterschiede zwischen den Geschlechtern eben nicht nur eine reine Relation zwischen zwei polaren Prinzipien etablieren, sondern dass für die Frau dieser Unterschied in einem viel höheren Maß identitätsstiftend ist als für den Mann; Simmel schreibt, „es ist ihr wesentlicher, dass sie Frau ist, als es für den Mann ist, dass er Mann ist" (68). Die Frau verkörpert und versinnbildlicht also in ihrer Existenz ihre eigene Relativität zum Absoluten der männlichen Norm. Assoziierte man diese definierende Relativität mit dem Begriff des Phallus, ließen sich Simmels Erkenntnisse durchaus als soziologisches und anthropologisches Äquivalent zu Freud und Lacan verstehen. Die Frau *ist* der Geschlechtsunterschied; der Mann *verfügt* über den Geschlechtsunterschied.

Die Verabsolutierung des männlichen Prinzips begründet Simmel mit der historischen Vormachtstellung der Männer, denn „es gehört zu den Privilegien des Herren, dass er nicht immer daran zu denken braucht, dass er Herr ist, während die Position des Sklaven dafür sorgt, dass er seine Position nie vergisst" (65). Rein logisch betrachtet stellt dies einen Zirkelschluss dar, den man auf die Formel reduzieren könnte: Der Mann ist der Frau überlegen, weil er die Norm menschlichen Denkens und Handels verkörpert und er kann diese Norm verkörpern, weil er der Frau überlegen ist. Diesen zwar sinnwidrigen, aber hermetischen Verblendungszusammenhang, den Simmel am Beginn des 20. Jahrhunderts aufzeigt, aufzuarbeiten und in der Folge aufzubrechen, kann als die primäre Obliegenheit der kritischen Analyse von Geschlechterbeziehungen im 20. und 21. Jahrhundert, vom Feminismus zu den Gender Studies, gesehen werden.

Simmel selbst stellt diese Konstellation nur sehr bedingt in Frage, vielmehr leitet er daraus ein im Wesentlichen essentialistisches Geschlechterbild ab; so liefert er beispielsweise eine implizite Rechtfertigung für das *Separate-spheres*-Modell, indem er behauptet, die Frau sei „typischerweise nie so einsam wie der Mann, sie ist immer bei sich selbst zu Hause, während der Mann sein ‚Haus' außerhalb seiner hat" (78). In ähnlicher Weise erklärt für Simmel dies auch die biologisch-ökonomische Zuordnung der Geschlechter zu aktiver, nach außen orientierter Produktivität (Mann) und passiver, nach innen gerichteter Reproduktivität (Frau): „Die besondere Art der Absolutheit der Frau versenkt sie in die Einheit des Seins, während die Absolutheit des Mannes ihn vom Sein wegreißt zur Idee" (92).

Simmels Bedeutung für die Entwicklung und Herausbildung des Genderbegriffs liegt also nicht in einer radikalen Neubewertung der herrschenden Verhältnisse, sondern in deren struktureller Aufarbeitung. Seine Analyse legt nicht nur den hermetischen, aber im Kern logisch unbegründet bleibenden Machtanspruch des Patriarchats offen, sondern führt den Beweis, dass Geschlechtsunterschiede im eigentlichen Sinn Definitionssache sind, und dass Geschlechterbeziehungen somit als Funktion von Definitionshoheit analysiert werden können und müssen. Die Macht des Mannes über die Frau besteht für Simmel letztlich genau darin, sie zur Definition zu zwingen. Die Frau, als das relative Wesen, muss sich zur männlichen Norm abgrenzen, und – so könnte man aus der Perspektive der Gender Studies einwerfen – schreibt dadurch die Norm erst als absolut fest. Der Mann ist der Notwendigkeit, sich definieren zu lassen, enthoben; denn das „allgemein Menschliche, von dem die geschlechtliche Spezialität ein Sonderfall sein soll" ist für Simmel „mit dem männlichen derart solidarisch, dass keine spezifische Differenz gegen dieses an ihm angegeben werden kann: das schlechthin Allgemeine lässt sich nicht definieren" (86). Der Mann stellt den vagen Grundtyp der Art dar, die Frau seine klar definierte Abweichung. Er kann sich als Individuum hinter diesen Typus zurückziehen; sie wird nur in der individuellen Abnormität wahrnehmbar. Deshalb, so fasst Simmel seine Überlegungen, in einem eleganten und wegweisenden Aphorismus zusammen, „ist es leichter, die Frau zu definieren als den Mann; aber schwerer, eine Frau zu definieren als einen Mann" (88).

Während Simmel die Kategorien ‚Mann' und ‚Frau' nicht in ihrer biologischen Determiniertheit anzweifelt, beginnt Simone de Beauvoir ihre epochale Studie *Das andere Geschlecht* (*Le Deuxième Sexe*) von 1949 mit der grundsätzlichen Frage „Gibt es überhaupt Frauen?", um darauf selbst diese Antwort zu geben: „Nicht jedes Menschenweibchen ist [...] notwendigerweise eine Frau; es muss erst an jener geheimnisvollen und gefährdeten Wirklichkeit teilhaben, die man Weiblichkeit nennt" (1968 [1949]: 8).

Beauvoir spannt hiermit ein Spannungsfeld auf zwischen essentialistischen (Menschenweibchen) und konstruktivistischen Geschlechteridentitäten (Weiblichkeit).[43] Ähnlich wie Simmel stellt für sie die Definition von Weiblichkeit ein

43 Diese Erkenntnis, die meist in der reduzierten Formel „Man kommt nicht als Frau zur Welt, man wird es" auftritt (265), wird häufig als Gründungs(sprech)akt und Keimzelle der Gender Studies

SIMONE DE BEAUVOIR

Simone de Beauvoir war eine französische Philosophin und Schriftstellerin. Sie wurde als Tochter einer großbürgerlichen Familie geboren. Als eine der ersten Frauen erhielt sie 1928 ein Diplom von der Pariser Sorbonne. Während der Vorbereitung auf die Prüfung für den staatlichen Schuldienst lernte sie Jean-Paul Sartre kennen, mit dem sie bis seinem Tod 1980 eine offene und kontroverse Beziehung führte. Beauvoir war während der nationalsozialistischen Besatzung Frankreichs im Widerstand aktiv.

09. Januar 1908	Geburt in Paris
1929	Examen für den staatlichen Gymnasialdienst
1945	Gründung der Zeitschrift *Les Temps Modernes* (mit Sartre und anderen)
14. April 1986	Tod in Paris

Durch die Veröffentlichung von *Das andere Geschlecht* (1949; *La deuxième sexe*) wurde Beauvoir zur entscheidenden Impulsgeberin für den Feminismus der Nachkriegszeit und lieferte einen wichtigen Referenzpunkt für alle weiteren Theorien zum Verhältnis der Geschlechter. Neben diesem Buch ist sie vor allem für ihre fünfbändigen Memoiren sowie den Roman *Die Mandarins von Paris* (1954) bekannt. Für detailliertere Einführung in Werk und Denken, Beauvoirs siehe Schönherr-Mann (2007) und Galster (2015).

Konstrukt des kulturellen und sozialen Anderem zum Mann dar: „Die Menschheit ist männlich, und der Mann definiert die Frau nicht an sich, sondern in Beziehung auf sich; sie wird nicht als autonomes Wesen angesehen" (10). Die Frau ist also im Wesentlichen ein Definitionsobjekt der männlichen Ordnung und Imagination, „sie ist nichts anderes, als der Mann befindet" (11). In dieser Unmöglichkeit, sich selbst als absolut zu verstehen und somit als Subjekt zu setzen, liegt für Beauvoir (realer) Fluch und (gefühlter) Segen der weiblichen Existenz: „Tatsächlich lebt in ihr neben dem Anspruch jedes Individuums, sich selbst als Subjekt zu setzen, der ein rein ethischer Anspruch ist, auch die Versuchung, vor ihrer Freiheit zu fliehen und sich als Sache zu fühlen" (14-15). Beauvoirs Analysen in *Das andere Geschlecht* verfolgen in der Hauptsache zwei Ziele: Sie leistet einer-

angeführt, was angesichts des biologischen Determinismus, der Beauvoirs Argumentation durchzieht, allerdings nur bedingt gerechtfertigt ist.

seits eine umfassende Darstellung der philosophischen, historischen, mythologischen, biologischen und alltäglichen Ausformungen und Ausformulierungen der weiblichen Definition und Beschränkung im Patriarchat; zum anderen stellt sie aber auch die grundsätzliche Frage nach dem Sinn und der strukturellen Beschaffenheit dieses Definitionsmechanismus.

Wie bei Simmel basiert dieser Mechanismus zuerst einmal auf der als allgemein menschlich verfassten Notwendigkeit, sich als Teil einer Gemeinschaft zu fühlen, und sich damit notwendig von anderen abzugrenzen; „das Andere ist eine grundlegende Kategorie des menschlichen Denkens. Keine Gemeinschaft definiert sich jemals als das Eine, ohne sofort das Andere sich entgegenzusetzen" (11). Im Gegensatz zu Simmel sieht Beauvoir den Dualismus der Geschlechter in diesem Zusammenhang nicht als ausschlaggebende anthropologische Konstante, als „Grundrelativität" der menschlichen Gattung: „diese Zweiheit ist zunächst nicht unter das Zeichen der Geschlechterteilung gestellt worden" (10). Menschliche Existenz ist also von Natur aus dialektisch strukturiert und die Unterscheidung von Mann und Frau ist ursprünglich nur eine von vielen Erscheinungsformen dieser Dialektik, die auch in Gegenüberstellungen wie Gut/Böse, Tag/Nacht oder Eigenes/Fremdes in Erscheinung tritt.

Dass sich aus dieser kulturellen und sozialen Grundkonstante der Polarität und Binarität im speziellen Falle des Geschlechtsunterschieds eine so strikte Hierarchie herausbilden konnte, liegt für Beauvoir an der Ausschließlichkeit und Absolutheit der Erfahrbarkeit. „Die Teilung in Geschlechter ist tatsächlich etwas biologisch Gegebenes" (13); das Individuum erfährt sich als entweder männlich oder weiblich; die Geschlechterdialektik wird – anders als die von Gut und Böse zum Beispiel – als unbedingt und kategorisch erlebt. Der erste Teil von *Das andere Geschlecht* liest auf dieser Annahme die Weltgeschichte und Mythologie des Patriarchats – vom biblischen Sündenfall zum Phallozentrismus Freuds – als Genealogie der Instrumentalisierung dieser absoluten Gegensätzlichkeit.

In der zweiten Hälfte des Buchs untersucht Beauvoir die Auswirkungen dieser Mythen und historischen Modelle auf die individuelle Sozialisation der Frau. Auch diese ist wesentlich geprägt vom Gefühl der Relativität und Abhängigkeit vom Mann. Spätestens mit Beginn der Geschlechtsreife des Mädchens „verbraucht sich ihre Jugend im Warten [...] auf den Mann". Nur in der Erfüllung dieser Erwartung vollendet sich ihr Schicksal. Gewiss, räumt Beauvoir ein, „träumt auch der junge Mann von der Frau, begehrt er sie. Aber sie ist immer nur eines der Elemente seines Lebens. Sie umschließt nicht sein ganzes Schicksal" (314).

Romantische Liebe, oder zumindest die Vorstellung davon, ist so Teil der Täuschung und (Selbst-)Unterdrückung der Frau im Patriarchat, einer Täuschung, die in der Aufgabe des eigenen souveränen Subjekts die primäre Aufgabe der eigenen Bestimmung sieht. Auch im kulturellen Ideal der Ehe potenzieren sich diese Widersprüche, auch hier werden kulturellen Normen und soziale Verhaltensmuster in gelebte Realität überführt: „Das Paradoxe der Ehe besteht darin, dass sie gleichzeitig eine erotische und eine soziale Funktion zu erfüllen hat. Diese Zwitterhaftigkeit spiegelt sich in der Gestalt wider, die der Mann für die junge Frau annimmt. [...] Er ist der Inhaber der Werte, der Garant der Wahrheit, die ethische Rechtfertigung des Paares. Er ist aber auch ein männliches Wesen, mit dem sie oft ein schamvolles, absonderliches, widerliches oder erschütterndes, auf jeden Fall gegebenes Erlebnis teilen muss. Er lädt die Frau dazu ein, sich tierhaft mit ihm zu gebärden, und leitet sie doch sicheren Schrittes dem Ideal zu" (444). Diese ideologische Falle, die Zusammenführung von abstraktem gesellschaftlichem Ideal und gefühlter Lebenswirklichkeit, findet für die Frau schließlich in der Mutterrolle ihre physiologische Vollendung, in „ihr liegt ihre ‚natürliche' Berufung, da ihr ganzer Organismus auf die Fortpflanzung der Art ausgerichtet ist" (469).

Das andere Geschlecht liefert eine weitgespannte und umfassende Bestandsaufnahme verschiedenster Mechanismen weiblicher Minderstellung. Es fungiert damit nicht nur als ein Gründungsdokument für die Gender Studies, sondern auch als Bilanz einer patriarchalischen Mythologisierung des weiblichen Geschlechts. Beauvoir stellt kaum konkrete Vorschläge in Aussicht, wie dieser ideologischen Beschränkung und Einengung der Frau zu begegnen sei. Im letzten Absatz des Buchs tappt sie selbst in die Falle weiblicher Relationalität und biologischer Determination, indem sie nur dem Mann die Macht zuerkennt, die herrschenden Verhältnisse zu verändern: „Der Mann hat zur Aufgabe, in der gegebenen Welt dem Reich der Freiheit zum Sieg zu verhelfen. Damit dieser höchste Sieg errungen wird, ist es unter anderem notwendig, dass Mann und Frau jenseits ihrer natürlichen Differenzierungen rückhaltlos geschwisterlich zueinander finden" (681).

Vermittelt durch die kritischen Ansätze des französischen Feminismus, findet sich in der Analyse der lesbischen Daseinsform bei Monique Wittig und Adrienne Rich, die den Gegenstand des nächsten Kapitels bildet, eine Anregung, wie der sozialen und kulturellen Konstruktion von männlichen Ideen und Normen theoretisch und praktisch entgegengetreten werden kann.

4.4.2 Liebe gegen jede Norm: Lesbisch sein als Daseinsform

In Kapitel 3.4.2 wurde die *écriture feminine* als Endpunkt einer klassischen Form des Feminismus dargestellt, als Versuch der patriarchalischen symbolischen Ordnung einen radikal anderen, weiblichen Diskurs entgegenzusetzen. Cixous und Irigaray akzeptierten zwar zum einen die traditionelle Gleichsetzung von Weiblichkeit mit Emotionalität und Körperlichkeit, werteten diese aber gleichzeitig auf, indem sie den Versuch antraten, den weiblichen Körper und die weibliche Sexualität außerhalb und jenseits männlicher patriarchalischer Symbolisierungen und Nutzanwendungen zu repräsentieren. In diesem Kalkül eines „strategischen Essentialismus" (Spivak 1996 [1986]: 204) ist allerdings gleichzeitig die Keimzelle angelegt für eine Aufspaltung weiblicher Identität an sich, die sich an die Frage anknüpft, von welcher Subjektposition aus denn dieses weibliche Sprechen und Schreiben überhaupt vollzogen werden kann (Felman 1989: 136-137).

Diese Fragestellung ist ebenso methodisch wie moralisch. Sie führt zu einer Selbstbefragung von Autorität innerhalb des feministischen Diskurses. Sie öffnet auch das in diesem Diskurs entworfene Bild von Weiblichkeit für bislang marginale Positionen (in Bezug auf Ethnie, sozialer Klasse oder sexueller Orientierung). Eine Form des theoretischen Erbes dieser Fragestellungen begegnet uns heute beispielsweise im Betätigungsfeld der Intersektionalität (siehe Kapitel 3.3.1). Eine weitere besteht in der diskursiven Erfassung und theoretischen Ausdifferenzierung einer spezifisch lesbischen Subjektposition, die im Folgenden mit Bezug auf Monique Wittig und Adrienne Rich nachgezeichnet werden soll.

Zuvor eine kurze Rechtfertigung der Eingrenzung dieses Themengebiets auf die weibliche, sprich lesbische Position. Es erscheint auf den ersten Blick durchaus sinnvoll, von einer geschlechterübergreifenden homosexuellen Subjektposition auszugehen, die als theoretischer Gegenpol zur vorherrschenden heterosexuellen Matrix in Stellung gebracht werden kann. In diesem Sinne ist die Entstehung des Forschungsfelds *Gay and Lesbian Studies* in den 1970er und 1980er Jahren in den USA zu verstehen.[44] Für die Untersuchung von Geschlechtsidentitäten, wie sie dieses Buch versucht, sind nun allerdings diejenigen Theorien von besonderem Interesse, die sich auf eine ausschließlich lesbische Position beschränken, da sie einen gedanklichen Brückenschlag herstellen zwischen dem französischen Feminismus und der Herausbildung der Queer Theories in der Nachfolge Butlers. Wenn der männliche, schwule Aspekt also hier weitgehend ausgeblendet wird, soll dies zum einen zugunsten einer höheren analytischen Trennschärfe geschehen und zum anderen zeigen, wie der Fokus auf eine spezifisch lesbische Daseinsform feministische Ideen aufnimmt und neu bewertet und somit zu einer wichtigen Quelle für Butler und die Queer Theories werden konnte.[45] Außerdem entgeht dieses Kapitel durch den Verzicht auf die Kategorie der Homo*sexualität* der potentiellen Gefahr, diese Form geschlechtlicher Identifikation auf den körperlichen Aspekt zu reduzieren, was – wie Wittig zeigen wird – an sich schon eine phallogozentrische Sichtweise konstituieren würde. Als theoretische Gegenposition dazu fasst Adrienne Rich unter dem Begriff *lesbian existence* (den ich als ‚lesbische Daseinsform' übersetzen möchte) ein breites Spektrum als weiblich identifizierter Erfahrungen („a range […] of woman-identified experience") zusammen, die zwar auch sexuelle Beziehungen und Freundschaften zwischen Frauen umfassen, aber auch zum Beispiel das Stillen oder die Alten- und Krankenpflege einschließen (1980: 648). Gemeinsam ist all diesen Erfahrungen und Praktiken für Rich, dass sie eine rein weibliche Ökonomie gegenseitiger Unterstützung und Bindung und damit ein Bollwerk gegen männliche Tyrannei darstellen (649-650). In Anlehnung an Freud und Lacan, stellt Rich

44 Wichtige Entwicklungen und Ergebnisse dieser Forschung sind zusammengefasst in Fuss (1991), Bristow (1992), Abelove, Barale und Halperin (1993), Medhurst und Munt (1997) und Richardson (2002).

45 Für detaillierte historische Arbeiten zur Homosexualität, deren Fokus mehr oder ausschließlich auf der männlichen Perspektive liegt, siehe Bersani (1995), Halperin (1995) und Parkinson (2013).

die lesbische Daseinsform als Symptom einer realen, vorsymbolischen und damit ursprünglichen und ‚natürlichen' Erfahrungswelt dar (643), die erst durch die symbolische Ordnung der Zwangsheterosexualität (*compulsory heterosexuality*) und der damit einhergehenden Stilisierung der Frau als Objekt männlicher Begierde unkenntlich und unsichtbar gemacht wird.

Obwohl gleichgeschlechtliches Begehren unter Frauen seit der Antike bekannt war und auch öffentlich dargestellt wurde (Sappho), stand es doch, was soziopolitische und kulturelle Relevanz und Repräsentation angeht, immer im Schatten seines männlichen Gegenstücks. Nirgends wurde ihm eine solch tragende gesellschaftliche Funktion zuerkannt, wie sie der Beziehung zwischen älterem Lehrer und jungem Eleven im antiken Griechenland zukam (Dover 1978; Halperin 1990; Davidson 2008). Andererseits wurde es dafür auch nicht als Bedrohung und bestrafungswürdiges Verhalten eingestuft: Die gesetzliche Verfolgung gleichgeschlechtlicher Sexualität (die in Deutschland bis zu seiner Abschaffung im Jahr 1994 durch § 175 StGB geregelt wurde) bezog sich fast ausschließlich auf männliche Beziehungen. Eine Pathologisierung ist, so Lilian Faderman in ihrer umfassenden Genealogie der lesbischen Daseinsform *Köstlicher als die Liebe der Männer* (1981; *Surpassing the Love of Men*), erst ab dem 20. Jahrhundert festzustellen. Diese hat ihren theoretischen Rahmen in der von Foucault herausgearbeiteten wissenschaftlichen Diskursivierung von Sexualität allgemein. Gleichzeitig sieht Faderman diese Entwicklung als Reaktion des Patriarchats auf die gesellschaftspolitischen Forderungen der Frauenbewegung, indem versucht wurde, zu ‚beweisen', „dass eine feministische Haltung und Liebe zu Frauen anormal und eng miteinander verknüpft waren" (1990 [1981]: 260).

Ein Grund für die weitgehend fehlende Sichtbarkeit lesbischer Daseinsformen ist wohl auch darin zu suchen, dass sich diese nicht ohne weiteres in die existierende symbolische Geschlechterordnung einschreiben lässt. Mit den Modellen von Freud und Lacan gesprochen, basiert die lesbische Daseinsform eben nicht auf Gebrauch, Inbesitznahme und Weitergabe des Phallus und entzieht sich damit der phallogozentrischen Logik. Dies unterscheidet sie wesentlich von der männlichen Form der Homosexualität, in der das männliche Geschlechtsteil (als sichtbare und individuelle Manifestation der phallogozentrischen Ordnung) eine wichtige, wenn auch vom Standpunkt der Normativität fehlgeleitete Rolle spielt und die deshalb auch innerhalb dieser Ordnung repräsentiert und sanktioniert werden kann.

Auf Basis der Annahme, dass die lesbische Sexualität und Daseinsform nicht in einer phallogozentrischen patriarchalischen Ordnung erfasst wird und werden kann, entwickelt Monique Wittig eine Theorie, die einen dezidiert lesbischen Ansatzpunkt dazu einsetzt, um die Kategorie ‚Frau' an sich in Frage zu stellen. In ihrem wegweisenden Aufsatz „One is not born a woman" (*On ne naît pas femme*) nimmt Wittig zuerst Beauvoirs berühmtes Zitat und Konzept auf, nachdem man nicht als Frau zur Welt komme, sondern zur Frau gemacht werde (*On ne naît pas femme, on le devient*). Die lesbische Daseinsform, so Wittig weiter, ist eben dieser Logik des ‚Mythos Frau' (1981 [1980]: 151) nicht unterworfen, da sie sich nicht als das andere Wesen innerhalb einer phallischen symbolischen Ordnung definieren lasse. Damit sei sie weder in ideologischer noch in politischer oder ökonomischer Hinsicht als weiblich markiert. Aus der Perspektive der heterosexuellen Matrix gedacht schließen sich Frau-sein und Lesbisch-sein vielmehr wechselseitig aus. Lesben, so bringt sie es auf den Punkt, sind keine Frauen (*lesbians are not women*, 1992: 32). Wittigs Theorien werden meist dem französischen Feminismus zugerechnet. Dies ist insofern gerechtfertigt, als sie von einer wesentlichen und analytisch entscheidenden Differenz zwischen verschiedenen Geschlechtsidentitäten ausgeht. Diese Differenz besteht jedoch nicht, wie bei Cixous und Irigaray, zwischen Frau und Mann, sondern zwischen heteronormativen Kategorien und der lesbischen Daseinsform, die sich dieser Kategorisierung entzieht.

Die Schlussfolgerungen von Rich und Wittig könnten unterschiedlicher kaum sein: Rich sieht die lesbische Daseinsform als originäre und quasi angeborene Form des Begehrens, während für Wittig Frau und Lesbe zwei sich gegenseitig ausschließende Identitätskonfigurationen kennzeichnen. Dennoch besteht in diesen beiden selbst durchaus als essentialistisch zu bezeichnenden Konstruktionen von Lesbisch-Sein, als jenseits jeder phallisch definierten Geschlechternorm, ein wegweisender Beitrag für die radikale De-Essentialisierung des Genderbegriffs bei Butler und in den Queer Theories.

4.5 Zusammenfassung

Dieses Kapitel zeichnete die Entstehung der Gender Studies als der heute relevanten Analysemethode für die geschlechtliche Verfasstheit des Menschen nach. Diese Methode beschäftigt sich nicht mehr, wie der Feminismus, primär mit den Auswirkungen weiblicher Unterdrückung, sondern stellt die Herausbildung und Bedingtheit von Geschlechtsidentität an sich in den Mittelpunkt ihrer Betrachtungen. In diesem Sinne wurden die Gender Studies als Synthese aus feministischen Positionen und der epistemologischen Neuorientierung in der Postmoderne skizziert. Für letztere wurden exemplarisch Derridas Konzept der Différance als Grundbedingung jeder Form von symbolischer Sinnstiftung sowie Baudrillards Theorie der Simulation als iterative Kopie ohne Original vorgestellt. Auf dieser Grundlage wurde das Werk Judith Butlers, am Beispiel ihres richtungweisenden Buchs *Das Unbehagen der Geschlechter*, als zentraler Fokuspunkt für die Gender Studies herausgearbeitet. Besonderes Augenmerk lag hierbei auf Butlers Neukonzeption des Zusammenhangs von biologischer und sozio-kultureller Geschlechtsidentität im Rahmen einer normativen Heterosexualität, sowie auf ihrer Darstellung von Gender als performatives Konstrukt und Simulacrum im Sinne Baudrillards. Die Bedeutsamkeit und Modellhaftigkeit von Butlers Denken wurde anschließend daran deutlich gemacht, wie ihre Ideen in den Queer Theories fruchtbar und kreativ weiterentwickelt wurden. Im letzten Teil wurden neben den maßgebenden Einflüssen des Feminismus und der Postmoderne noch zwei weitere Entwicklungslinien umrissen, auf die sich die Theorien Butlers und der Queer Theories zurückverfolgen lassen: Simmels und Beauvoirs Analyse der Frau als zum Mann relationales Wesen, sowie die theoretischen Entwürfe Wittigs und Richs, die in der lesbischen Daseinsform den einzig möglichen und validen Gegenentwurf zur symbolischen Ordnung der Heteronormativität sehen.

5 Sex Macht Körper

Abb. 6: Femen-Proteste bei einem Auftritt von Olaf Scholz anlässlich des Tags der offenen Tür der Bundesregierung im August 2022

5.1 Nacktheit als Waffe: Femen und die Körperlichkeit des Protests

Als Angela Merkel und Wladimir Putin am 8. April 2013 – in einer gefühlt längst vergangenen weltgeschichtlichen Epoche – die Hannover Messe besuchten, bekamen sie am VW-Stand zusätzlich zu den neuesten Errungenschaften deutscher Ingenieurskunst nackte weibliche Brüste zu sehen. Drei Aktivistinnen der radikalfeministischen Gruppe Femen stürmten mit nacktem Oberkörper auf die beiden zu, wurden von den Sicherheitskräften aber schnell überwältigt und aus der Halle geführt. Auf ihre nackten Brüste waren unmissverständliche Botschaften (für alle, die der kyrillischen Sprache mächtig sind) geschrieben, die Putin als Diktator und Despoten brandmarkten. Ein knappes Jahrzehnt später sah sich wieder ein deutsches Staatsoberhaupt mit dem unerwarteten Anblick nackter weiblicher Brüste konfrontiert. Unter dem Eindruck von Russlands Angriff auf die Ukraine im Februar 2022 protestierten wiederum zwei Femen-Aktivistinnen am 22. August dieses Jahres im Rahmen des Tags der offenen Tür im Berliner Kanzleramt gegen die vorgebliche Abhängigkeit Deutschlands von russischem

Gas und forderten ein sofortiges Embargo. Obwohl dieser Protest politisch ohne direkte Folgen blieb, verschaffte er Femen, ähnlich wie dem Auftritt in Hannover, das Maß an öffentlicher Aufmerksam, das wohl von vorne herein das primäre Ziel der Aktion gewesen sein dürfte.

Dieses Kapitel stellt zum einen die Frage, warum nackte weibliche Haut in der heutigen Zeit ein solch wirkungsvolles Medium des Protests darstellen kann, wo der Anblick entblößter Brüste eigentlich doch eh medial scheinbar allgegenwärtig ist und an sich kaum noch Aufregungspotential in sich birgt. Zum anderen verbindet dieses Kapitel diese Frage mit einem Themenkomplex, der implizit in allen vorangegangenen Kapiteln mitanklang, der aber an dieser Stelle nun explizit und systematisch beschrieben werden soll: Wie und warum können Genderbeziehungen in einer Gesellschaft als Machtmittel eingesetzt werden? Warum eignet sich die Sexualität und die körperliche Verfasstheit des Menschen dafür, als Ordnungsmittel oder (im Fall von Femen) Unordnungsmittel für gesellschaftliche Themen und Diskurse eingesetzt zu werden, die oberflächlich betrachtet keine sexuelle Dimension aufzuweisen scheinen? Wie kann der individuelle Körper zum politischen Objekt des Anstoßes werden? Sind Körper immer auch politische Konstruktionen?

Femen selbst geben diesbezüglich klar Auskunft. Die Homepage der Bewegung gibt unzweideutig deren Endzweck kund: Das Ziel ist der endgültige Sieg über das Patriarchat (*Femen's Goal: Complete victory over patriarchy*) („About us" 2024). Das Mittel, mit dem dieser Zweck erreicht werden soll, ist der weibliche Körper (*My Body is My Weapon!*). Denn, so die Argumentation weiter, die Macht des Patriarchats beruhe in erster Linie auf einer Entfremdung der Frau von ihrem eigenen Körper, dessen Funktionen und Darstellungsweisen streng kontrolliert und geordnet werden. So gelte es also, den weiblichen Körper wieder der Frau anzueignen (*re-appropriation*). Der Körper ist also Informationsträger und Schlachtfeld zugleich.

Der Schrift kommt hierbei die entscheidende Rolle zu. Denn die anti-autoritativen Botschaften, die sich Femen-Aktivistinnen immer wieder auf die nackten Brüste schreiben, haben in diesem Zusammenhang eine doppelte Funktion. Sie nutzen traditionelle patriarchalische Muster und Repräsentationsformen, wie die Zurschaustellung und Sexualisierung des weiblichen Körpers (vergleiche dazu die einführende Diskussion zu Kapitel 3), um diese Muster von innen heraus zu zersetzen. Gleichzeitig überschreiben sie aber, im eigentlichen und im übertragenen Sinn, den weiblichen Körper, um dadurch die unsichtbaren Inskriptionen der jahrtausendealten patriarchalischen Traditionen, Mythen und Darstellungen zu tilgen. Sie stellen somit eine ganz neue Version einer *écriture feminine* dar, einen Versuch in anderen Worten, die symbolische Ordnung des Patriarchats ab absurdum zu führen. Freud und Lacan haben die Mechanismen beschrieben, mit denen diese symbolische Ordnung des Vatergesetzes den weiblichen Körper reguliert, zum Schweigen bringt und seiner Logik quasi einverleibt. Indem Femen nun die Schrift selbst als sekundäres Phänomen inszenieren – schließlich steht bei jeder Berichterstattung die Nacktheit und nicht der Inhalt der Botschaften im Vordergrund – verstricken sie sich selbst, aber eben auch die zugrunde liegende symbolische Ordnung (Sprache kontrolliert Körper), in einen unauflöslichen Widerspruch. Die Wiedereinschreibung feministischer Forderungen in die reale weibliche Nacktheit zieht paradoxerweise diese Forderungen selbst in Zweifel, befreit aber, so jedenfalls die Logik des Protests, den Körper dadurch von den althergebrachten diskursiven Fesseln.

Im Folgenden wird zuerst versucht herauszuarbeiten, wie der menschliche Körper grundsätzlich zum realen und symbolischen Machtmittel in der menschlichen Gesellschaft werden kann. Daran anschließend werden die Theorien Michel Foucaults ausführlich dargestellt, um zu zeigen, wie abstrakte Diskurse um Körper und Sexualität konkrete gesellschaftliche Beziehungen strukturieren. Zum Abschluss werden mit Naomi Wolfs *Der Mythos Schönheit* sowie der Debatte um die befreiende oder erniedrigende Funktion von Pornographie zwei klassische Themengebiete in diesem Zusammenhang skizziert.

5.2 Wie Körper die Gesellschaft strukturieren

Es gibt selbstverständlich eine Vielzahl von Formen, in der gesellschaftliche Macht und Gewalt für den Körper des Individuums erfahrbar werden kann. Dazu zählen offensichtliche körperliche Straf- oder Disziplinierungsmaßnahmen wie die Prügelstrafe (für Kinder), das Auspeitschen, die Folter oder die Todesstrafe als ultimativer Fall der sanktionierten Entziehung körperlicher Existenz. Dazu kommen des Weiteren Beschränkungen körperlicher Autonomie wie der mittelalterliche Pranger, Freiheitsentzug für Straftäter oder Residenzpflicht für Asylsuchende. Was all diesen Formen eignet, ist, dass sie in einem Verfassungsstaat normalerweise rechtlich geregelt sind und meist sogar unter das Gewaltmonopol des Staates fallen. In Deutschland ist beispielsweise sowohl Folter wie körperliche Gewalt gegen Kinder gesetzlich verboten. Diese offenkundigen und meist streng kodifizierten Regularien sind für die Argumentation dieses Buchs nur von untergeordnetem Interesse, da für die westliche Welt heute im Allgemeinen die Gleichheit aller Individuen vor dem Gesetz gilt (unabhängig von Geschlecht und Geschlechtsidentität). Für den deutschen Staat ist dies in Artikel 3 des Grundgesetzes unmissverständlich festgeschrieben.[46]

Für die Untersuchung von Geschlechterbeziehungen und Körperkonfigurationen im Rahmen dieses Buchs ist eine andere Form von gesellschaftlicher Machtausübung und Disziplinierung von größerem Interesse. Es sind dies Machtstrukturen, die eben nicht explizit in Rechtswerken geregelt sind, die auch keine offenkundigen Einwirkungen von außen auf den einzelnen Körper be-

46 Es gibt selbstverständlich dennoch Gesetze, die für eine Analyse von Genderbeziehungen durchaus relevant sind. Es sei hier exemplarisch auf Diskussionen rund um die Neufassung des Selbstbestimmungsgesetzes (ehedem Transsexuellengesetz) verwiesen (Vollständiger Titel: „Gesetz über die Selbstbestimmung in Bezug auf den Geschlechtseintrag“).

schreiben, sondern die unsere Vorstellungen und Bilder von Körpern und Sexualität an sich und aus dem Denken selbst heraus strukturieren. Es geht also darum, wie Macht sich in den individuellen Körper und damit mittelbar auch in die verkörperte Identität der*des Einzelnen einschreibt, bevor diese*r zum Subjekt, und insbesondere auch zum Rechtssubjekt, werden kann.

In den vorangegangenen Kapiteln zeigte sich, dass die Realität des menschlichen Körpers für die Analyse von Geschlechterbeziehungen durchweg einen wichtigen, wenn auch ambigen und vieldeutigen Bezugspunkt konstituiert. Im Gleichheitsfeminismus von Millett und Friedan wurde betont, dass die Frau im Patriarchat auf ihren Körper, und dessen willfährige Verfügbarkeit, reduziert wird. Im französischen (Differenz-)Feminismus wird dieser Körper umgedeutet zum Ausgangspunkt für spezifisch weibliche Erfahrungen und somit zur realen und symbolischen Grundlage für Widerstand und eigene (Nicht-)Definition in Form einer *écriture feminine*. Für Butler hingegen ist der Körper Teil einer überordneten Konstruktion, dem Sex-Gender-System, mit dem die symbolische Ordnung der heterosexuellen Matrix über die performative Hervorbringung normativer Sexualität feste Geschlechtsidentitäten herzustellen versucht und über diese Identifikation die Binarität von biologischem Geschlecht in die jeweils als männlich oder weiblich standardisierten Körper einschreibt. Aber auch Butlers Überlegungen zum Widerstand gegen dieses Modell setzen einen Körper voraus, der die Grundlage für Maskerade oder die parodistische Überhöhungen der Norm (im Drag) bildet. Trotz aller performativer Subversivität, die in der Folge Butlers die Ansätze der Queer Theories inspirieren, bleibt der Körper als materielle Manifestation der, wie auch immer gequeerten, Geschlechtsidentität, doch scheinbar gegeben.

Aus dem Eindruck einer ungenügenden theoretischen Beachtung und Aufarbeitung dieses problematischen Körpers in der performativen Hervorbringung von Gender entstand deshalb Butlers Schrift *Körper von Gewicht* (1995 [1993]). Der englische Originaltitel *Bodies that Matter* spielt mit dem Wort *matter*, das zugleich ‚Substanz' und ‚Bedeutung' bezeichnen kann. Dies zeigt bereits, dass Butler versucht, auch den Körper nicht als gegebene Materie zu konzipieren. Auch er ist für sie zwangsläufig etwas performativ Entstandenes, auch seine Bedeutung (symbolisch wie real) ist ein kulturelles Konstrukt.

Damit denkt Butler gleichzeitig die von Derrida und Baudrillard angeschobene Hinterfragung von Wirklichkeit zu Ende, indem sie auch den menschlichen Körper als Simulacrum, als Kopie ohne Original deutet. Genau wie Sexualität und Geschlecht wird der Körper für Butler erst bedeutsam und bedeutend gemacht durch unablässige Akte seiner eigenen Inszenierung. Diese Inszenierung wird „nicht als der Akt verstanden, durch den ein Subjekt dem Existenz verschafft, was sie/er benennt, sondern vielmehr als jene ständig wiederholende Macht des Diskurses, diejenigen Phänomene hervorzubringen, welche sie reguliert und restringiert" (1995 [1993]: 22).

Selbst und gerade die scheinbare Materialität des Körpers wird als Wirkung einer Machtdynamik gesehen, die sie historisch spezifisch immer wieder neu hervorbringt und sich damit gleichzeitig selbst erhält. Macht ist dabei keine äußerliche Kraft, sondern vom Subjekt nicht zu trennen. Die Konstruktion von Körper und Subjekt (und dessen Geschlecht und Sexualität) ist weder beliebig noch frei wählbar. Körper entstehen innerhalb bestimmter Zwänge, Beschränkungen und Verbote innerhalb einer geschlechtlichen und sexuellen Matrix, die sie dann aber wieder stützen.

In ihrem Buch *Psyche der Macht* (2001; *The Psychic Life of Power*) weist Butler noch einmal konkret auf diese Verflechtung jeder Vorstellung von Selbst, von Subjektivität, mit diffusen aber trotzdem einflussreichen Machtstrukturen hin:

> „Als Form der Macht ist die Subjektivation paradox. Eine vertraute und quälende Form der Macht erfährt man im Beherrschtwerden durch eine Macht außerhalb seiner selbst. Eine ganz andere Einsicht ist hingegen die, dass ‚man', dass die Bildung unserer selbst als Subjekt, auf die eine oder andere Weise von eben dieser Macht abhängt. Macht denken wir uns gewöhnlich als das, was von außen Druck auf das Subjekt ausübt, was es zur Unterordnung zwingt und es auf eine niedrigere Stufe der Ordnung verbannt. Damit ist die Wirkung der Macht sicherlich zum Teil angemessen beschrieben. Verstehen wir aber mit Foucault Macht auch als das, was Subjekte allererst bildet oder formt, was dem Subjekt erst seine schiere Daseinsberechtigung und die Richtung seines Begehrens gibt, dann ist Macht nicht einfach etwas, gegen das wir uns wehren, sondern zugleich im strengen Sinne das, wovon unsere Existenz abhängt und was wir in uns selbst hegen und pflegen" (2001 [1997]: 7-8).

Macht ist also für Butler keine Kategorie, die von außen an das individuelle Subjekt herantritt, sondern sie geht dem Subjekt voraus, sie formt und erhält es. Die Macht ruft – um mit Althusser zu sprechen – das Subjekt erst an und macht es erkennbar. Damit lässt sich auch die Verstricktheit jedes einzelnen Menschen in hegemoniale Ideologien und konsensuelle Normen erklären, innerhalb derer wir uns selbst und gegenseitig kontrollieren. Nur die Teilnahme und Teilhabe an solchen normativen Ordnungen garantiert die Integrität des individuellen Selbst und seine Erkennbarkeit als handelnder Akteur in Kultur und Gesellschaft. Subjektwerdung, so fasst es Butler zusammen, „besteht eben in dieser grundlegenden Abhängigkeit von einem Diskurs, den wir uns nicht ausgesucht haben, der jedoch paradoxerweise erst unsere Handlungsfähigkeit ermöglicht und erhält" (8).

Hierin liegt eine der zentralen Verknüpfungen zwischen Gender und gesellschaftlicher Macht. Beide sind nicht a priori festgelegte, essentialistische Kategorien. Vielmehr sind beide als iterative Konstrukte zu verstehen, soll heißen, sie werden von normierenden Diskursen hervorgebracht und aufrechterhalten, deren Stabilität wiederum von der individuellen Einhaltung dieser Diskurse abhängt. Daher erscheinen auch alle Vorstellungen naiv, dem System der Macht entkommen oder es mit seinen eigenen Waffen schlagen zu können. Andererseits kann der*die Einzelne, wie Conchita Wurst, Caster Semenya und Femen eindrucksvoll beweisen, innerhalb des Systems durchaus diskursiv intervenieren, solange man sich der diskursiven Machtstrategien des Systems bewusst bleibt und diese performativ zu unterminieren versucht.

5.3 Wissen ist Macht – Macht ist Wissen: Michel Foucault und die Diskursivierung der Sexualität

MICHEL FOUCAULT

Michel Foucault war ein französischer Philosoph, Soziologe und Kulturkritiker. Foucault wuchs in einem provinziellen katholischen Milieu auf und studierte in Paris Philosophie und Psychologie. Nach Promotion und Habilitation übernahm er die Leitungen diverser Institute in verschiedenen Ländern, so z.B. die Leitung des französischen Kulturinstitutes in Uppsala (Schweden) und des Institut Français in Hamburg, Während der Studierendenproteste Ende der 1960er Jahre in Frankreich wurde er verhaftet, Mitte der 1970er Jahre in Spanien aufgrund seines Einsatzes für die Gegner des Franco-Regimes des Landes verwiesen.

15. Oktober 1926	Geburt in Poitiers
1951	Dozentur für Psychologie an der *École normale supérieure* (ENS)
1950-1953	Mitglied der Kommunistischen Partei Frankreichs
1960	Promotion zur Geschichte des Wahnsinns
1962	Professur für Psychologie (Clermont-Ferrand)
1966	Professur für Philosophie (Tunis)
1966	Professur für Psychologie (Paris-Nanterre)
1969	Professur für Philosophie (Paris-Vincennes)
1970	Professur für Geschichte der Denksysteme am *Collège de France*
1972	Mitbegründer der linken unabhängigen Tageszeitung *Libération*
25. Juni 1984	Tod in Paris

Durch die von ihm begründete Diskursanalyse gilt Foucault neben Jacques Derrida, Roland Barthes und Jean Baudrillard als wichtigster Vertreter der Postmoderne. Zu seinen wichtigsten Werken zählen *Die Ordnung der Dinge* (1966; *Les mots et les choses*), *Archäologie des Wissens* (1969; *L'archéologie du savoir*) sowie – für den Gegenstand dieses Buchs von besonderer Bedeutung – die dreibändige Abhandlung zu *Sexualität und Wahrheit* (1976-1984; *Histoire de la sexualité*). Kompakte Darstellungen zu Foucaults Leben und Werk bieten Ruffing (2008), Sarasin (2012) und Lorenz (2013). Ausführlichere Darstellungen zur Foucault'schen Diskursanalyse liefern Kammler (1990), Keller (2007) und Landwehr (2008).

Butlers Analyse der Subjektivation als Begriff, der „den Prozess des Unterworfenwerdens durch Macht und zugleich den Prozess der Subjektwerdung" beschreibt (2001 [1997]: 8), bezieht sich auf einen Begriff, der an verschiedener Stelle in diesem Buch schon benutzt wurde und der hier nun endlich in seiner vollen kritischen Tragweite eingeführt werden soll. Es handelt sich um Michel Foucaults Begriff des Diskurses, und insbesondere seiner Theorie zur Diskursivierung der Sexualität, die er im ersten Band von *Sexualität und Wahrheit* mit dem Titel *Der Wille zum Wissen* (1976; *La volonté de savoir*) entwirft.

5.3.1 Sexualität als Diskurs

Diskurse bilden für Foucault die Welt nicht nur ab oder referieren auf sie, sie ordnen sie und zwingen sie in ihr Korsett. Sie sind deshalb „als Praktiken zu behandeln, die systematisch die Gegenstände bilden, von denen sie sprechen" (1986 [1969]: 74).

Diskurs

In der Theorie Foucaults, dargelegt vor allem in den Werken *Archäologie des Wissens* (1969; *L'archéologie du savoir*) und *Die Ordnung des Diskurses* (1971; *L'ordre du discours*), bezeichnet dieser Begriff solche selbstreproduzierende Systeme kultureller und gesellschaftlicher Macht, die beständig ‚Wissen' und ‚Wahrheiten', einschließlich der Wahrheit über das Selbst und die jeweils eigene Subjektivität produzieren. In Bezug auf einen spezifisch sexuellen Diskurs argumentiert Foucault hierbei, die Macht habe das abstrakte Konzept von Sexualität (im Gegensatz zur konkreten sexuellen Handlungen) zu dem Zweck hervorgebracht, um darauf regulative Kategorien von biologischem Geschlecht und Gender begründen zu können und somit ein für alle körperlichen Subjekte bindendes Normkonstrukt zu schaffen.

Wie beim spezifischen Diskurs der Sprache können auch die diskursiv geformten und beschriebenen Objekte Foucaults nur als Funktion von Differenzen entstehen – hier zeigt sich Foucault als klassischer Strukturalist. Diskurse müssen also, um als gesellschaftliches Ordnungsmittel funktionieren zu können, Differenzen produzieren und diese Differenzen drücken sich wiederum in Kategorien aus. Subjekte werden für Foucault also diskursiv hervorgebracht, indem sie sich diesen Kategorien zuordnen lassen. Diese Kategorien sind legitimiert durch Sachverhalte und Aussagen, die jeweils als objektives Wissen anerkannt werden. Dementsprechend setzt sich Foucault in *Der Wille zum Wissen* das Ziel, „das Regime von Macht – Wissen – Lust in seinem Funktionieren und in seinen Gründen zu bestimmen, das unserem Diskurs über die menschliche Sexualität unterliegt" (1995 [1976]: 21). In der intrinsischen Verknüpfung zweier bis dahin voneinander strikt getrennter Bereiche, Autorität und Leidenschaft, Ordnen und Begehren, besteht die Neuartigkeit von Foucaults Ansatz: „Lust und Macht heben sich nicht auf, noch wenden sie sich gegeneinander, sondern übergreifen einander, verfolgen und treiben sich an. Sie verketten sich vermöge komplexer und positiver Mechanismen von Aufreizung und Anreizung" (65). Um diesen Mechanismen auf die Spur zu kommen, untersucht Foucault die gesellschaftlichen Beziehungen und historischen Machtverhältnisse, die für die Diskursivierung des Sexes entscheidend waren – ein Prozess den Foucault selbst als ‚Genealogie' bezeichnet. Dabei sind nicht primär die Aussagen selbst von Bedeutung, die über menschliche Sexualität getroffen werden, sondern „die Orte und Gesichtspunkte, von denen aus man spricht, die Institutionen, die zum Sprechen anreizen und das Gesagte speichern und verbreiten" (21). Anders ausgedrückt versucht Foucault, die soziale, politische und kulturelle Infrastruktur nachzuzeichnen, innerhalb derer bestimmte Aussagen, Positionierungen oder Verhaltensweisen sich zu Normen, Wissensinhalten und scheinbar objektiven Wahrheiten entwickelt haben. Diese infrastrukturellen Diskurs-Bedingungen bezeichnet Foucault als Dispositive (35).

Zwei Aspekte sind für Foucault im Rahmen des Dispositivs der Sexualität wesentlich: die ‚Repressionshypothese' und die ‚Einpflanzung von Perversionen'. Erstere beschreibt einen Paradigmenwechsel im Sprechen über und Umgang mit Sexualität, den Foucault im Europa des 18. und vor allem 19. Jahrhunderts verortet. Auf der einen Seite wird Sexualität Familiensache, sie „wird sorgfältig eingeschlossen. Sie richtet sich neu ein, wird von der Kleinfamilie konfisziert und geht ganz im Ernst der Fortpflanzung auf". Sexualität wird zum Privileg und Vorrecht der Eheleute: „Das legitime, sich fortpflanzende Paar macht das Gesetz. Es setzt sich als Modell durch, es stellt die Norm auf und verfügt über die Wahrheit, es bewahrt das Recht zu sprechen, indem es sich das Prinzip des Geheimnisses vorbehält" (11). Während also der Bereich des real existierenden Geschlechtsverkehrs in den Mantel des Mysteriums gehüllt wird, breiten sich gleichzeitig die Diskurse über Sexualität stark aus; „um den Sex herum zündet eine diskursive Explosion" (27); die These einer grundsätzlichen Repression von Sexualität ist für Foucault also falsch. Im Gegenteil, Sexualität wird in immer mehr Bereichen des Lebens selbstverständlich mitgedacht; sie wandelt sich von einer Aktivität zum abstrakten Konzept. Dadurch erst kann sie zum diskursiven Dispositiv werden.

Besonders bemerkenswert ist hierbei „die Vermehrung der Diskurse über den Sex, die im Wirkungsbereich der Macht selbst stattfindet" (28). Foucault arbeitet heraus, dass es wiederum nicht explizite Verurteilungen und Bestrafungen sind, die das Dispositiv der Sexualität regulieren, sondern die Institution von Regularien selbst: „man muss vom Sex sprechen wie von einer Sache, die man nicht einfach zu verurteilen oder zu tolerieren, sondern vielmehr zu verwalten und in

Nützlichkeitssysteme einzufügen hat, einer Sache, die man zum größtmöglichen Nutzen aller regeln und optimal funktionieren lassen muss. Der Sex, das ist nicht nur eine Sache der Verurteilung, das ist eine Sache der Verwaltung" (36). Die umfassende Wirkmacht des Sexualdispositivs, das selbst aber nicht explizit in Erscheinung tritt und deshalb auch nicht definiert werden kann, leitet sich dabei von der Tatsache ab, dass es durch zahlreiche andere kulturelle und soziale Diskurse beeinflusst wird und/oder auf diese ordnend einwirkt.

Foucault illustriert diese Wechselwirkung am Beispiel der Architektur von Bildungsanstalten für Kinder. Während, oberflächlich betrachtet, Sexualität bei Kindern keine Rolle spielt und spielen darf, offenbart ein genauerer Blick auf die Architektur und Organisation von Schulen, dass Sexualität diese in hohem Maße strukturiert: „Der Klassenraum, die Form der Tische, die Gewährung von Ruhepausen, die Unterteilung der Schlafsäle (mit Trennwänden oder ohne, mit Vorhängen oder ohne), die für die Überwachung des Zubettgehens und des Schlafes vorgesehenen Regeln, alles das verweist in der beredtsten Weise auf die Sexualität der Kinder". Während also der explizit sichtbare und hörbare Diskurs die Sexualität der Kinder vehement in Abrede stellt, beruht das, „was man den internen Diskurs der Institution nennen könnte – der Diskurs, den sie sich selbst hält und den diejenigen halten, die sie funktionieren lassen – [...] zum Großteil auf der Feststellung, dass diese Sexualität existiert: frühreif, aktiv und permanent" (41). Als weitere Diskurse, die in das Sexualdispositiv einfließen und von ihm beeinflusst werden, nennt Foucault die Medizin (hier ließe sich das Beispiel der Hysterie anführen), die Psychiatrie (Klassifikation von sexuellen Neurosen und Perversionen) oder die Justiz (gesetzliche Verfolgung dieser Perversionen). All diese Einflüsse normieren den Sex, sie „steigern das Bewusstsein einer ständigen Gefahr, die ihrerseits wieder den Anreiz zum Sprechen verschärft" (44).

Um die Regeln hervorzubringen, die die Normalität einer heterosexuellen, fortpflanzungsorientierten Sexualität garantieren, braucht es also die Darstellung und Identifikation von Übertretungen dieser Norm: „Durch eine Unzahl von Diskursen hat man die juristischen Verurteilungen der kleinen Perversionen vermehrt, hat man die sexuelle Abweichung mit der Geisteskrankheit verkettet, hat man eine Norm der sexuellen Entwicklung von der Kindheit bis ins Alter aufgestellt und sorgfältig alle Abweichungen charakterisiert" (50). Foucault nennt diesen Vorgang die ‚Einpflanzung von Perversionen', wobei ‚Einpflanzung' durchaus als Implantation in den realen Körper zu lesen ist. Die objektive Realität und Wahrheit, die für Foucault am Ende der Diskursivierung von Sexualität steht, wird dem Körper gleichsam eingeprägt; sie überzieht den Körper und macht ihn dadurch selbst zum Objekt des Diskurses.

Er illustriert dies am Beispiel der Homosexualität: Praktiken gleichgeschlechtlicher Sexualität sind eine menschliche Konstante; deren diskursive Einordnung jedoch ist immer eine Funktion von Macht- und Wissensdispositiven. Sodomie, erklärt Foucault, „so wie die alten zivilen oder kanonischen Rechte sie kannten –

war ein Typ von verbotener Handlung, deren Urheber nur als ihr Rechtssubjekt in Betracht kam". Der Homosexuelle, wie ihn das 19. Jahrhundert kennt, hingegen „ist zu einer Persönlichkeit geworden, die über eine Vergangenheit und eine Kindheit verfügt, einen Charakter, eine Lebensform, und die schließlich eine Morphologie mit indiskreter Anatomie und möglicherweise rätselhafter Physiologie besitzt. Nichts von alledem, was er ist, entrinnt seiner Sexualität". Sexualität wird also von einer durchaus marginalen und (zum Teil) mit dem Tode zu bestrafenden *Aktivität* zu einer den gesamten Körper und das gesamte Wesen markierenden *Identität*. Foucault fasst dies in der bekannten Formel „Der Sodomit war ein Gestrauchelter, der Homosexuelle ist eine Spezies" zusammen (58).

5.3.2 Die Macht über das Leben: Foucaults Konzept der Biomacht

Was dem Dispositiv der Sexualität eine solch zentrale Rolle in der Ordnung und Normierung menschlichen Denkens und Verhaltens verleiht, ist die Tatsache, dass sie außer der *körperlichen* Verfasstheit des Individuums auch die *körperschaftliche* Verfasstheit der Gesellschaft diskursiv erfasst. Der sexuelle Diskurs „bildet das Scharnier zwischen den beiden Entwicklungsachsen der politischen Technologie des Lebens"; er „eröffnet den Zugang sowohl zum Leben des Körpers wie zum Leben der Gattung" (173). Sexualität bildet den Nexus eines ideologischen Netzwerks, das Individuen zueinander in Relationen von Selbstregulierung setzt und gleichzeitig diese Individuen unauflöslich mit den gesellschaftlichen und sozialen Institutionen verknüpft, durch die diese Regulierungen ‚offiziell' kodifiziert werden; sie erscheint als „ein besonders dichter Durchgangspunkt für die Machtbeziehungen: zwischen Männern und Frauen, zwischen Jungen und Alten, zwischen Eltern und Nachkommenschaft, zwischen Erziehern und Zöglingen, zwischen Priestern und Laien, zwischen Verwaltungen und Bevölkerungen" (125).

Foucault bezeichnet diese Form der kollektiven Verknüpfung von Macht und Körperlichkeit als Biomacht (*biopouvoir*). Mittels einer Vielzahl „verschiedener Taktiken, die in wechselnder Proportion das Ziel der Körperdisziplin mit dem der Bevölkerungsregulierung kombinieren" (174) richtet diese „die Subjekte an der Norm aus, indem sie sie um diese herum anordnet" und konstituiert aus dieser diskursiven Anordnung das, was Foucault als „Normalisierungsgesellschaft" bezeichnet (162). Die Kategorien des Normalen und Abnormen, die durch das Sexualdispositiv in den einzelnen Körper eingeschrieben werden und an diesem ablesbar sind, funktionieren auf höherer Ebene als Regulativ für das Selbstverständnis der Gesellschaft als Ganzes. Sexualität wird nicht nur zur entscheidenden Kategorie der individuellen Identität, sondern darüber hinaus auch „zum Thema politischer Operationen, ökonomischer Eingriffe (durch Förderung oder Einschränkung der Fortpflanzung), ideologischer Kampagnen, die die Moral oder das Verantwortungsgefühl heben sollen" (174). So hat sich laut Foucault beispielsweise das Bürgertum als kulturtragende Bevölkerungsschicht des 19. und frühen 20. Jahrhunderts „einen Körper gegeben, den es zu pflegen, zu schützen, zu kultivieren, vor allen Gefahren und Berührungen zu bewahren und vor den anderen zu isolieren galt, damit er seinen eigenen Wert behalte“ (148).[47]

Sexualität schafft sich durch ihre diskursive Verkörperung im Individuum und in der Gesellschaft ihre eigene Logik und Realität. Sie schreibt Rechtsnormen und medizinische, anatomische und psychologische Normalität in den Körper ein und strukturiert und reguliert damit das Verhalten des einzelnen Menschen und der Gruppe. Durch die Idee einer normierten Sexualität gelingt es laut Foucault, „anatomische Elemente, biologische Funktionen, Verhaltensweisen, Empfindungen, und Lüste in einer künstlichen Einheit zusammenzufassen und diese fiktive Einheit als ursächliches Prinzip, als allgegenwärtigen Sinn und allerorts zu entschlüsselndes Geheimnis funktionieren zu lassen“ (184). Sexualität ist somit Ursprung und Ziel menschlicher Identität und Identifikation. Die Macht, die von Foucault nirgends explizit bekannt oder definiert wird, besteht in einer Diskurshoheit (einer Einschreibung von Normen) und der kodifizierten Wahrheit dieser Normen in Gesetzestexten, Krankheitsbildern oder psychischer Störungen. Der „Zugriff der Macht auf den Sex vollzieht sich in der Sprache oder vielmehr durch einen Diskursakt, der bloß dadurch, dass er sich artikuliert, einen Rechtszustand schafft“ (104). Dadurch, dass sie den normierten Körper des Individuums in den übergeordneten Zusammenhang der Biomacht einschreibt und ihn gleichzeitig als dessen manifestes Exemplar statuiert, bleibt die Macht flexibel; sie stellt kein statisches System dar, sondern bringt sich in jedem diskursiven Akt selbst hervor. Sie umfasst alle Aspekte des Lebens, weil sie sich aus allen Aspekten des Lebens speist.

Sexualität ist für Foucault also einer der wichtigsten, wenn nicht sogar die primäre menschliche Identifikationskategorie, da sie, explizit oder implizit, das individuelle Selbstbild, die Identität des Individuums, sowie auch sämtliche Beziehungen zwischen den einzelnen Menschen durchzieht, strukturiert und damit potentiell reguliert. Wie dieses Buch gezeigt hat, ist daher jede Veränderung in den Geschlechterrollen oder in den Beziehungsnormen und -modellen zwischen den Geschlechtern untrennbar in einen weitergreifenden sozialen, politischen und kulturellen Wandel eingebettet. Foucault bezeichnet dabei die jeweils geltenden diskursiven Formationen, in deren Rahmen normative Aussagen getroffen werden können, als *Episteme*. Diese Rahmenbedingungen des Diskurses strukturieren notwendigerweise Theorie und Praxis der jeweiligen Geschlechterbeziehungen und -rollen. In demselben Maß können aber etwaige Neuverhandlungen dieser Beziehungen und Rollen ihrerseits die Normen und Wahrheiten einer Gesellschaft verschieben. Die Kontrolle der Geschlechterbeziehungen beinhaltet also immer auch eine sehr reale politische und soziale Machtposition und eignet sich deshalb als Gradmesser für weitreichendere gesellschaftliche Umwälzungen.

---

47 Für eingehendere Darstellungen von Foucaults Konzeption der Biomacht und deren Weiterentwicklung hin zur Biopolitik, siehe Foucault (2004), Gehring (2006) und Lemke (2007).

5.4 Klassiker des Themengebiets Körper und Macht

Dementsprechend soll im Folgenden nun anhand zweier konkreter Beispiele aus der zweiten Hälfte des 20. Jahrhunderts gezeigt werden, wie Diskussionen um die symbolische und reale Verfügungsgewalt über den weiblichen Körper dazu beigetragen haben, eben jene Rahmenbedingungen des sexuellen Diskurses zu schaffen, gegen die der neuerstarkte reduktive Populismus so vehement Stimmung macht.

5.4.1 Der Mythos Schönheit

Im Jahr 1990 veröffentlichte die – aufgrund von Verschwörungstheorien im Zusammenhang mit politischen Maßnahmen zur Bekämpfung der Corona-Epidemie seither stark in die Kritik geratene – Journalistin Naomi Wolf *Der Mythos Schönheit* (*The Beauty Myth*), ein Buch, in dem viele Entwicklungen und Denkpositionen zum Thema Geschlechterbeziehung zusammenlaufen, und das für die systematische akademische Auseinandersetzung mit dem Begriff ‚Gender' entscheidende Impulse geliefert hat. Wolfs Theorien umfassen alle vier Dimensionen, die Connell für eine zeitgemäße Analyse von Geschlechterbeziehungen als bedeutsam herausgearbeitet hat, indem sie aufzeigt, wie die weibliche Arbeit am eigenen Körper und die unentwegte Beschäftigung mit der eigenen Schönheit

a) das letzte verbliebene Machtinstrument der alten patriarchalischen Gesellschaftsordnung darstellt (Machtbeziehung),
b) die finanziellen und kreativen Ressourcen der emanzipierten und rechtlich eigentlich gleichgestellten Frau bindet (Produktionsbeziehung),
c) dazu dient, die Frau von der Realität ihrer eigenen Körperhaftigkeit zu entfremden (emotionelle Beziehung) und
d) wie diese Entfremdung auf der ständigen medialen Repräsentation von scheinbar idealen und nachahmungspflichtigen Vorbildern beruht (symbolische Beziehung).

Zusammen mit Butlers *Das Unbehagen der Geschlechter* steht *Der Mythos Schönheit* somit am Anfangspunkt der kritischen Gender Studies. Wie diese verankert sich auch Wolf klar in der Tradition des Feminismus, dessen Errungenschaften sie massiv bedroht sieht. Der diskursive Gegenstand dieser „heftigen reaktionären Rückschlagsbewegung [*violent backlash*; W.F.] gegen den Feminismus" (1991 [1990]: 13) ist der weibliche Körper und die performativ um ihn herum erzeugten Normen, nach denen dieser als ‚schön' wahrgenommen werden kann. Wolf fasst die Dialektik weiblicher gesellschaftliche Teilhabe so zusammen: „Heute verfügen mehr Frauen über mehr Geld, Macht, Möglichkeiten und gesetzliche Rechte denn je zuvor, aber was unser körperliches Selbstwertgefühl betrifft, sind wir womöglich schlechter dran als unsere unemanzipierten Großmütter."

Wolf diagnostiziert eine Form von Persönlichkeitsspaltung der weiblichen Geschlechtsidentität: Auf der einen Seite sind die Frauen von heute erfolgreich berufstätig und stehen emotionell wie finanziell auf eigenen Beinen; hinter dieser Fassade existiert jedoch „noch ein heimliches zweites Leben", so Wolf, „das sie belastet und ihnen die neugewonnene Freiheit vergällt". Diese „Schattenebene" wird heraufbeschworen durch die allgegenwärtige Präsenz von Schönheitsnormen und Idealvorstellungen, als deren Folge sich die Identifikation mit dem eigenen Körper als „Strudel aus Selbsthass, zwanghaftem Kreisen um – subjektiv so empfundene – körperliche Unvollkommenheiten, Angst vor dem Älterwerden und vor Kontrollverlust" darstellt (12). Der abstrakte und durch eine Flut an Bildern und Geschichten bezeugte und vermittelte *Mythos* von Schönheit als essentialistischer Kategorie, als einer objektiven und universellen Eigenschaft des weiblichen Körpers, speist dabei, wie schon im ersten theoretischen Kapitel dieses Buchs dargestellt, ein klar definiertes Verhaltens*modell*, das Wolf so zusammenfasst: „Frauen müssen danach streben, [Schönheit] zu besitzen. Männer müssen danach streben, Frauen zu besitzen, die sie besitzen" (14).

Doch gerade in dieser praktischen Umsetzung des abstrakten Mythos von der Schönheit des Ewig-Weiblichen liegt der Kern des patriarchalisch-kapitalistischen Kontrollmechanismus. Denn, so erklärt Wolf, die „Eigenschaften, die eine bestimmte Epoche bei Frauen für ‚schön' erklärt, stehen lediglich symbolisch für die weiblichen Eigenschaften, die die betreffende Gesellschaft für wünschenswert erachtet" (16). Weibliche Schönheit ist also mit anderen Worten nie eine ästhetisch neutrale Geschmackskategorie, sondern immer eine gesellschaftliche und lebensweltliche Handlungsaufforderung. Wie jeder erfolgreiche Mythos deckt auch der von der Unveränderlichkeit weiblicher Schönheit dabei eine Vielzahl von unterschiedlichen Aspekten ab: Er fungiert als Sinnstifter (Schönheitsratgeber) und Beschäftigungstherapie (*Germany's Next Top Model*); er bindet finanzielle Mittel (Kosmetikindustrie; plastische Chirurgie) und strukturiert alltägliche Gewohnheiten (Bikinifigur; Schönheitsschlaf). In seiner Funktion als Kontrollmechanismus weiblicher Energie tritt der Mythos Schönheit damit nahtlos an die Stelle des von Betty Friedan eine Generation früher identifizierten ‚Weiblichkeitswahns' (*feminine mystique*; siehe Kap. 3.4.1), eine Verbindung, die Wolf wiederholt explizit herstellt: „Die endlose Sisyphusarbeit an der eigenen Schönheit ersetzte die endlose Sisyphusarbeit im Haushalt" (18; siehe auch 87-91; vergleiche Penny 2013 [2011]: 95). Wie der auf einem Kult der Häuslichkeit und des Familienlebens beruhende Weiblichkeitswahn, so vermittelt auch die Kultivierung des Schönheitsmythos „eine besondere weibliche Welt mit eigenen Gesetzen und Aufgaben, einer eigenen Religion und Kultur, Sexualität und Sozialisation – eine Welt, deren Elemente nicht minder repressiv sind als alles, was sie ablösten" (19). Beide verbindet darüber hinaus, dass die Repression nicht primär von außen aufgezwungen und durchgesetzt werden muss, sondern in den meisten Fällen in einem so hohen Maß verinnerlicht zu sein scheint, dass eine Hinterfragung der Normen und ihres Zustandekommens kaum möglich ist. Dies wiederum garantiert die Autorität und Fortschreibung des Mythos.

5.4.2 Pornographie-Debatten

Ein wichtiger Grundpfeiler des Mythos Schönheit ist laut Wolf die unauflösliche Verquickung von Schönheit, Sexualität und Pornographie. Sie schreibt: „Die äußerlichen Reize, die von der Pornographie und dem Sadomasochismus des Schönheitskults ausgehen, erzeugen eine Form weiblicher Sexualität, die leichter zu manipulieren ist als eine wirklich freie Sexualität" (182). Die medial vermittelte Darstellung von faltenfrei-symmetrischen, allzeit zur Befriedigung männlicher Lust bereiter weiblicher Körper verfolgt dabei zwei primäre Funktionen: In einer Zeit, wo Jugendliche ihre sexuelle Kompetenz tendenziell zuerst medial vermittelt bekommen, bevor sie sie persönlich erwerben, standardisiert sie zum einen von Anfang an die Vorstellung von sexuellen Praktiken, Zielen und Verhaltensweisen. Zugleich suggeriert dieser von Wolf als „Schönheitspornographie" (173; *beauty pornography*) bezeichnete Verblendungszusammenhang eine ‚Perfektion' und Idealisierung menschlichen Sexualverhaltens, hinter dem die Erfahrung der Realität zwangsläufig zurückbleiben muss, was wiederum der für die Fortdauer des Schönheitsmythos notwendigen Entfremdungserfahrung von der eigenen Körperlichkeit Vorschub leistet.

Zudem folgen pornographische Darstellungen auch handfesten marktökonomischen Gesetzmäßigkeiten von Angebot und (in diesem Fall, selbst hervorgebrachter) Nachfrage. „In den letzten fünf Jahren", so schreibt Wolf schon 1990, „ist die Pornographie zum wichtigsten Mediensektor geworden" (12), und es darf angenommen werden, dass sich daran auch in den Zeiten von OnlyFans, Pornhub und Tinder wenig geändert hat. Diese direkte Verknüpfung von medialer Form mit der Kommerzialisierung von Sexualität betont noch einmal die Parallelen zwischen Kapitalismus und Patriachat und leitet damit eine implizierte Geschlechterhierarchie aus ökonomischen Gesetzmäßigkeiten ab: Männer kaufen – Frauen verkaufen (sich) und/oder werden verkauft. Das nun folgende Kapitel will zeigen, wie unter dem Begriff der Pornographie die Diskussion um die Zurschaustellung des sexualisierten weiblichen Körpers in der Vergangenheit schon öfter Maßstäbe und Modelle für die Beziehung der Geschlechter zueinander geliefert hat.

Es ist in diesem Fall, mehr noch als in vielen anderen vielleicht, von wesentlicher Bedeutung, den Gegenstand der Analyse klar zu benennen, mithin also zu definieren, was mit dem Wort ‚Pornographie' eigentlich gemeint ist. Zunächst ist mit Andrea Dworkin einmal nüchtern festzuhalten, dass aus etymologischer Sicht ‚Pornographie' die „schriftliche und bildliche Darstellung von Frauen als wertlosen Huren" bezeichnet (1987 [1981]: 241). Alice Schwarzer, die im deutschsprachigen Raum wohl wortmächtigste Kritikerin der Pornographie definiert sie als „moderne Propaganda von der Minderwertigkeit der weiblichen Menschen" (1987: 9-10). Die deutsche Gerichtsbarkeit versucht sich dem gegenüber an einer etwas behutsameren Bedeutungsfindung. In einer Entscheidung vom 08. Februar 2008 legt der 4. Strafsenat des Berliner Kammergerichts fest, Pornographie liege dann vor „wenn eine Darstellung unter Ausklammerung aller sonstigen menschlichen Bezüge sexuelle Vorgänge in grob aufdringlicher Weise in den Vordergrund rückt und ihre Gesamttendenz ausschließlich oder überwiegend auf die Erregung eines sexuellen Reizes abzielt“ (Urteil vom 08.02.2008, Az.: 1 Ss 312/07). Auch wenn diese Definition explizit nicht gegendert ist, unterstreicht sie doch zwei wesentliche Aspekte, die auch in Wolfs und Schwarzers Begriffsbestimmungen zentral sind: die Stilisierung menschlicher Sexualität jenseits von individuellen Erfahrungen sowie die damit einhergehende Inszenierung einer Subjekt-Objekt-Hierarchie.

Wie bei Wolfs Schönheitsbegriff ist es allerdings auch im Fall der Pornographie irreführend, sie als menschliche Konstante und universales Phänomen darzustellen, mit der Begründung, es habe sie, analog zur Prostitution, dem bekanntlich ‚ältesten Gewerbe der Welt‘, in allen Kulturen schon immer gegeben. Welche Darstellung welcher Körper in welcher Aktivität jeweils als ‚Pornographie‘ angesehen werden, unterscheidet sich historisch wie kulturell in hohem Maß. Dazu nur ein willkürliches Beispiel: Als Rodins Skulptur „Der Kuss“ 1924 zum ersten Mal in Japan gezeigt wurde, musste ein Bambuszaun um sie herum aufgestellt werden. In Japan galt die Tatsache, dass das Paar sich küsste, als obszön, da in der japanischen Kultur zwar Darstellungen von nackten, sogar kopulierenden Paaren gängig waren, aber Küssen eine rein private und intime Praktik und damit in der Öffentlichkeit tabu war.[48] Bereits bei seinen ersten öffentlichen Präsentationen in Europa hatte das 1889 geschaffene Werk Aufsehen erregt; die Gründe hierfür waren dabei jedoch andere. In Europa wurde die Nacktheit des dargestellten Paars als Skandal empfunden; die Aktivität des Kusses spielte dabei nur eine untergeordnete Rolle (Abel 2014: 201-202). Die Grenzen zwischen Kunst und Pornographie, zwischen Erotik und Obszönität sind also fließend und, hier tritt der diskursive Charakter solcher Verhandlungen zutage, immer gleichzeitig Teil einer Debatte um akzeptierte Normen (Kunst, Erotik) und deren Verletzung (Pornographie, Obszönität). Dies erklärt auch, warum die Analyse dessen, was in einer Gesellschaft aus welcher Logik heraus als Pornographie bezeichnet wird, ein wertvolles Instrument für die kritischen Untersuchungen der Gender Studies darstellt.

Der traditionelle Feminismus lehnt Pornographie weitestgehend ab, da er darin die gesellschaftliche und politische Ungleichstellung zwischen den Geschlechtern auf exemplarische Weise manifestiert sieht. In Deutschland hat sich insbesondere Alice Schwarzer hier hervorgetan. 1978 scheiterte eine von ihr mitinitiierte Klage gegen ein als sexistisch und degradierend wahrgenommenes Cover der Zeitschrift *Stern* und 1987 startete sie eine, letztlich ebenfalls erfolglose, Kampagne unter dem Schlagwort ‚PorNO‘ mit dem Ziel eines allgemeinen gesetzlichen Verbots von Pornographie (Schwarzer 1994; siehe auch Bremme 1990 und Graf 1995). Im selben Jahr verfasst Schwarzer auch das Vorwort zur deutschen Übersetzung der wohl umfassendsten und radikalsten Pornographie-Kri-

48 Für eine ausführliche Darstellung des Konzepts der Obszönität, siehe Marcuse (1968).

tik im englischsprachigen Raum – Andrea Dworkins *Pornographie. Männer beherrschen Frauen.* Dworkin stellt in ihrem Buch die Praktiken und Darstellungen der Pornographie als symbolisch für eine männliche Sexuallogik dar, deren primäres Ziel die private und öffentliche Verfügungsgewalt über den weiblichen Körper ist. Auf die etymologische Herkunft des Worts bezugnehmend erklärt sie: „Die Frau als Hure [griechisch *porne*; W.F.] existiert innerhalb des objektiven und realen Systems männlicher sexueller Herrschaft. Die Pornographie selbst ist für das männliche Sexualsystem objektiv, real, zentral. Die Bewertung der weiblichen Sexualität in der Pornographie ist objektiv und real, weil Frauen so gesehen und so bewertet werden" (1987 [1981]: 242).

Auf der anderen Seite gibt es allerdings auch im Feminismus Positionen, die einen differenzierteren Blick auf die Pornographie fordern und den Ansatz ablehnen, nachdem Pornographie an und für sich schon Frauen real und symbolisch degradiert, ausbeutet und im schlimmsten Fall gar psychisch oder real verletzt oder tötet. Der französische Feminismus hatte im Rahmen seiner programmatischen Einschreibung weiblicher Körperlichkeit in den kulturellen Diskurs (*écriture feminine*) durchaus Texte hervorgebracht, die unter zeitgenössischen Standards als pornographisch zu bezeichnen wären. Darüber hinaus betonen manche feministische Theoretikerinnen die mögliche Befreiungswirkung von Pornographie, auch und insbesondere auf Frauen (siehe McElroy 1995, Strossen 1997 und Rückert 2004). In diesem Zusammenhang liefert die Fokussierung auf den sexualisierten weiblichen Körper eine Ermächtigungsstrategie für die Frau. Pornographie stelle einen im Wortsinn selbstbewussten Umgang mit der eigenen Sexualität vor Augen und führe dadurch letztlich zu einer Wiederaneignung des durch die Logik und Ökonomie des Patriarchats entfremdeten und stigmatisierten Körpers der Frau. Durch den Konsum von Pornographie sei es der Frau außerdem möglich, Spielarten von Sexualität auszuleben, die sich außerhalb der männlich geprägten gesellschaftlichen Normvorstellungen bewegen. Wendy McElroy argumentiert, dass in einem solchen Zusammenhang sogar Darstellungen von Vergewaltigungsphantasien potentiell eine befreiende und ermächtigende Wirkung haben können (1995: 125-145).

Abschließend kann man zu diesem Thema wohl am ehesten Ellen Willis beipflichten, die unterstreicht, dass es für die ethische und moralische Bewertung von Pornographie in erster Linie darauf ankommt, unter welchen Gesichtspunkten sie produziert, konsumiert und kommentiert wird, dass sie also, in Abwandlung eines berühmten Hamlet-Zitats, an sich weder gut noch böse ist, sondern erst das Denken (und Tun) sie jeweils dazu macht. Willis schreibt diesbezüglich: „Wo Pornographie die Vorherrschaft des Mannes und sexuelle Entfremdung glorifiziert, ist sie zutiefst reaktionär. Aber da, wo sie gegen sexuelle Repression und Heuchelei – und beide haben an Frauen mehr Schaden angerichtet als an Männern – angeht, bringt sie radikale Triebkräfte zum Ausdruck" (1985: 185)

5.5 Zusammenfassung

Pornographie ist also sowohl historisch und kulturell als auch moralisch eine wandelbare und oszillierende Kategorie und Darstellungsform, die herrschende Machtverhältnisse zwischen den Geschlechtern abbilden, vorschreiben, festschreiben, aber auch unterwandern, in Frage stellen und ad absurdum führen kann. In gleicher Weise, so sollte dieses Kapitel gezeigt haben, ist auch der menschliche Körper – als Oberfläche, auf der Genderbeziehungen und Geschlechtsidentitäten inszeniert werden – eine Konstruktion von Diskursen und das Resultat performativer Sinnstiftungsprozesse. Er wird von Normen und Regeln der ihn umgebenden Gesellschaft bestimmt und hervorgebracht, beeinflusst diese aber seinerseits. Normative Schönheitsideale können buchstäblich zu Verkörperungen von bestimmten Ideologien werden und damit ein regulatives Regime von Verhaltensregeln, Beziehungshierarchien und Interaktionspraktiken versinnbildlichen. Körper sind, in den Worten von Lotte Rose, „immer kulturelle Produkte, in denen sich soziale Verhältnisse, gesellschaftliche Arbeitsteilungen, Klassenunterschiede und Geschlechterunterschiede manifestieren" (1997: 125). Gleichzeitig stellt die Projektionsfläche des Körpers aber auch, im Sinne Butlers, „Schauplätze notwendigen Unbehagens" (2003 [1991]: 145) zur Verfügung, auf denen Geschlechteridentitäten zur Disposition gestellt und gegebenenfalls neu verhandelt werden können. Diese ambige Rolle des menschlichen Körpers sollte allein schon jeder allzu ideologischen und essentialistischen Positionierung in der Genderdiskussion entgegenstehen, da sie aufzeigt, wie flüchtig und kontingent jede vermeintlich feste Identität und Rollenzuschreibung ist. Was dem einen Pornographie, ist dem anderen hohe Kunst; der Freak von gestern ist die Norm von morgen.

6 Diskussion und Ausblick

Abb. 7: Der Roboter Sophia spricht bei der Konferenz „AI for Good"

6.1 Welt ohne Gender?: Sophia und die Zukunft von Geschlechtlichkeit

Im Oktober 2017 wurde zum ersten Mal in der Geschichte der Menschheit eine Maschine als Mitbürger*in einer souveränen Nation anerkannt: Saudi-Arabien verlieh dem humanoiden Roboter Sophia offiziell die Staatsbürgerschaft, was Sophia sogleich dazu nutzte, auf die Situation und Rechte ‚echter' Frauen in ihrem neuen Heimatland hinzuweisen (Williams 2017). Die sich anschließende öffentliche Debatte beschäftigte sich unter anderem mit der spannenden und komplexen Frage, warum ein – auf den ersten Blick klar als ‚weiblich' zu identifizierender – Roboter im Gegensatz zu den menschlichen Staatsbürgerinnen Saudi-Arabiens von Einschränkungen wie z.B. dem Verschleierungsgebot ausgenommen ist. In einem weiter gefassten Kontext stellt Sophias Rolle als Mitbürgerin zudem die durchaus existentiell zu nennende Grenzziehung zur Disposition, was als menschliches Leben anzuerkennen ist bzw. an welchen Kriterien diese Anerkennung konkret festzumachen ist und ob in diesem Zusammenhang möglicherweise Geschlechterkategorien an sich überflüssig und gegenstandslos werden könnten.

Dieses Kapitel wird diese Fragen aufnehmen und sie zum Anlass nehmen, einen kurzen und spekulativen Ausblick darüber zu wagen, wie sich aktuelle technologische Entwicklungen, z.B. auf dem Gebiet der Künstlichen Intelligenz (KI), potentiell auf die Wahrnehmung und Beurteilung menschlicher Geschlechteridentitäten auswirken können. Hierzu werden zuerst noch einmal die zentralen Positionen des gegenwärtigen gesellschaftlichen Diskurses über Gender, Geschlechterbeziehungen und Geschlechteridentitäten, die im Verlauf dieses Buchs erläutert wurden, kurz rekapituliert und in eine chronologische Darstellung soziokultureller Entwicklungen eingebettet. Anschließend werden unter Zuhilfenahme der Theorien Beatriz (Paul) Preciados, Donna Haraways und Luciana Parisis einige hypothetische Überlegungen dazu angestellt, in welche Richtungen sich kritisch-theoretische Diskussionen zum Thema Gender zukünftig entwickeln könnten.

Die vorhergehenden Kapitel legen nahe, dass es eine anthropologische Konstante zu sein scheint, sich über die geschlechtliche Verfasstheit des Menschen – als Individuum wie als Teil einer Gruppe oder Gesellschaft – Gedanken zu machen. So versuchen die Schöpfungsmythen zahlreicher Kulturkreise auf unterschiedlichste Weise zu erklären, warum Mann und Frau so sind wie sie sind, und sich so verhalten wie sie sich eben verhalten. Die Entwicklung dieses quasi natürlich angelegten menschlichen Erforschungstriebs der eigenen Sexualität hin zur wissenschaftlichen Forschungsdisziplin Gender Studies wird im Wesentlichen durch zwei entscheidende Wegmarken bezeichnet. Zum einen wurde durch die (gesellschafts-)politischen Interventionen und theoretischen Analysen des Feminismus (ein Begriff, der in diesem Buch sehr weit gefasst ist) die Festschreibung von Geschlechterrollen und die daraus abgeleiteten Verhaltensnormen und -modelle als zentrales gesellschaftliches Strukturprinzip herausgearbeitet. Schriftstellerinnen und Theoretikerinnen von Christine de Pizan bis Laurie Penny haben hierbei die unterschiedlichen Erscheinungsformen und Mechanismen dargelegt, die in patriarchalischen Gesellschaften dafür sorgen, dass die Frau politisch, ökonomisch, emotionell und symbolisch dem Mann nachgeordnet ist. Vor dem Hintergrund einer umfassenden Kritik existierender Machtbeziehungen in der Bürgerrechtsbewegung der 1960er und 1970er Jahren wurden die akademischen Denk- und Infrastrukturen geschaffen, diese Mechanismen kritisch zu erfassen, zu beleuchten und gegebenenfalls Alternativen aufzuzeigen.

Als Reaktion auf die philosophischen und kulturkritischen Erkenntnisse der Postmoderne wandelte sich in den 1980er und insbesondere den 1990er Jahren auch die theoretische Diskussion um Geschlechterrollen und -beziehungen. Diese beschäftigte sich, unter der Bezeichnung Gender Studies und initialisiert von Judith Butler, nun nicht mehr primär mit den gesellschaftlichen Missverhältnissen zwischen Mann und Frau, sondern untersuchte vielmehr die sozialen Rahmenbedingungen, unter denen in einer bestimmten gesellschaftlichen Struktur

Geschlechterrollen, Geschlechtsidentität und Gender produziert werden und welche Auswirkungen dies für das Individuum und die Gesellschaft als Ganzes zeitigt.

Es sollte deutlich geworden sein, dass Gender (sowohl in der Bedeutung als gelebte und gefühlte Geschlechtsidentität als auch hinsichtlich der Zuschreibungsprozesse, die diese Identität konstruieren und strukturieren) immer auch auf übergeordnete gesellschaftliche Entwicklungen reagiert und diese reflektiert. Dementsprechend soll an dieser Stelle abschließend ein Ausblick erlaubt sein, wie sich die Beschäftigung, lebensweltlich wie analytisch, mit der menschlichen Geschlechtlichkeit in der näheren Zukunft entfalten könnte. Es scheint unbestreitbar, dass die fortschreitende Technologisierung und Digitalisierung des Lebens in all seinen Facetten das wohl tiefgreifendste Element gesellschaftlichen Wandels im frühen 21. Jahrhundert darstellt. Technologische Entwicklungen gestalten die westliche Gesellschaft in rasender Geschwindigkeit um; sie verschieben die Grenzen unserer Arbeitswelt (hin zur ständigen Erreichbarkeit und zum Home Office) und unserer Freizeit und Erfahrungswelt (hin zur virtuellen Realität). Fortschritte auf dem Gebiet der Reproduktionsmedizin und Gentechnik könnten uns in die Lage versetzen, sogar die Grenzen des Lebens an sich zu verschieben. Algorithmen beeinflussen oder steuern nahezu jeden Aspekt unseres Lebens, vom Konsumverhalten zur Kommunikation, von der Paarbeziehung zum eigenen Selbstbild. Der Mensch des 21. Jahrhunderts ist, fast ist man geneigt zu sagen, auf Gedeih und Verderb, mit seinen Maschinen verwachsen und selbst Teil der Algorithmen, die sein Leben strukturieren. Dadurch ist er in eine Ökonomie der Dauerpräsenz und Transparenz eingebunden, die sowohl die Autonomie des Individuums als auch die Selbstbestimmung als Mensch potentiell zur Disposition stellt. In der philosophischen Denkrichtung des Posthumanismus wird diese Verschmelzung von Mensch und Maschine, von Autonomie und Algorithmus, als bedeutsamer Schritt in der menschlichen Evolution interpretiert (siehe dazu Hayles 1999, Herbrechter 2012 und Loh 2018).

6.2 Techniken des Selbst: Gender und die Zukunft

Wenn, wie sich am Beispiel von Sophia zeigt, Diskussionen um Gender und Geschlechtsidentität immer auch in einer dynamischen Wechselwirkung zu anderen gesellschaftlichen Entwicklungen stehen, stellt sich hier die Frage, wie die gegenwärtige Technologisierung des Lebens und eine daraus möglicherweise resultierende posthumane Daseinsform auf dem Gebiet der Gender Studies reflektiert wird. Dazu sollen in diesem Kapitel zwei theoretische Entwürfe angesprochen werden, die sowohl dazu dienen, wichtige Aspekte der analytischen Entwicklung noch einmal zusammenzufassen und diese gleichzeitig in eine zugegebenermaßen spekulative Zukunft zu spiegeln.

6.2.1 Der Cyborg als Utopie und Realität: Donna Haraway und Luciana Parisi

Nur ein Jahr nach der Veröffentlichung von Judith Butlers wegweisendem Buch *Das Unbehagen der Geschlechter* veröffentlichte Donna Haraway ihr „Manifest für Cyborgs" (1995; „A Cyborg Manifesto" [1991]), das Butlers Konzept von der Performativität von Geschlechtsidentität konsequent auf die technischen Entwicklungen am Ende des 20. Jahrhunderts überträgt.

> **CYBORG**
>
> Ursprünglich bezeichnet dieses in den 1960ern geprägte englische Akronym aus **cyb***ernetic* **org***anism* eine Daseinsform, die sowohl aus organischen wie mechanischen Komponenten besteht, ein Mischwesen aus Mensch und Maschine also. Durch literarische Adaptionen wie *RoboCop* oder die Borg in *Star Trek* wurde der Cyborg zu einer Metapher für die möglichen Folgen einer Technokratisierung der Gesellschaft. Im Bereich der Gendertheorie und angelehnt an Konzepte des Posthumanismus (Flessner 2000; Herbrechter 2009) nimmt Donna Haraway die Figur des Cyborgs auf, um eine mögliche Emanzipation von essentialistischen Körperbildern und darauf begründeter Geschlechterrollen zu versinnbildlichen (siehe dazu auch Balsamo 1996).

Haraway geht wie Butler vom Grundsatz der sozialen Konstruktion von Identität aus. Die technologischen Entwicklungen resultieren für Haraway vor allem darin, dass die Grenzen, innerhalb derer sich der Mensch als Mensch definiert, verwischen. Drei Abgrenzungen sind hiervon besonders betroffen: die zwischen Mensch und Tier (36), zwischen Organismus und Maschine (37) und die zwischen Physikalischem und Nichtphysikalischem (38). Das Ergebnis dieser Auflösung starrer ontologischer Kategorien ist für Haraway zum einen ein grundlegender Wandel des Gesellschaftsbilds; wir leben, so schreibt sie, „im Übergang von einer organisierten Industriegesellschaft in ein polymorphes Informationssystem – war bisher alles Arbeit, wird nun alles Spiel, ein tödliches Spiel" (48).

Gleichzeitig beobachtet Haraway auch eine tiefgreifende Veränderung im Menschenbild, in der Frage, was den Menschen zum Menschen macht: „Im späten 20. Jahrhundert, in unserer Zeit, einer mythischen Zeit, haben wir uns alle in Chimären, theoretisierte und fabrizierte Hybride aus Maschine und Organismus verwandelt, kurz, wir sind Cyborgs" (34). Dass sie die Auswirkungen dieser Entwicklungen insbesondere auf den Bereich des Feminismus und der Geschlechtertheorie ausgerechnet im Bild des Cyborgs veranschaulicht, erscheint auf den ersten Blick überraschend. Denn diese Mischform aus Mensch und Maschine, die aus diversen Science Fiction Erzählungen bekannt ist, ist häufig als geschlechtslos gezeichnet. Genau diese Undefiniertheit ist es aber, die den Cyborg für Haraway zu einem sinnfälligen Beispiel für eine soziale Neuverhandlung sexueller Kategorien macht, die aus einer positiven Interpretation oben genannter Grenzverletzungen hervorgeht. Dementsprechend sind Cyborgs für Haraway „ebenso Geschöpfe der gesellschaftlichen Wirklichkeit wie der Fiktion“ (33). Als „imaginäre Figur und als gelebte Erfahrung“ zur selben Zeit verändern sie „was am Ende des zwanzigsten Jahrhunderts als Erfahrung der Frauen zu betrachten ist“ (34).

Für Haraway versinnbildlicht der Cyborg also zum einen eine Technologisierung von Identität und Sexualität und zum anderen eine Verkörperung des Menschen als Maschine; er steht dadurch „in der utopischen Tradition, die sich eine Welt ohne Gender vorstellt, die vielleicht eine Welt ohne Schöpfung, aber möglicherweise auch eine Welt ohne Ende ist“ (35). Diese im Cyborg angelegte Technologisierung des Selbst und die daraus resultierende „Post-Gender-Welt“ (35) bedeutet gleichzeitig eine Aufhebung des Dualismus von Natur und Kultur. Dieser, in der Kulturgeschichte des Westens stets klar gegenderte Gegensatz (Frau/Natur ⇔ Mann/Kultur), ist ein grundlegender Bestandteil der patriarchalischen Gesellschaftskonstruktion. Haraways Kritik richtet sich in dieser Hinsicht auch gegen jene theoretischen Ansätze im Feminismus und in der Gender Forschung, die eine Absage an Technik als männlich codierte Domäne formulieren und dem eine einseitige Verbundenheit von Frauen mit Natur entgegenstellen. Vielmehr fordert Haraway die Frauen auf, sich selbst strategisch und oppositionell als Cyborgs zu konstruieren: „Die Cyborg ist eine Art zerlegtes und neu zusammengesetztes, postmodernes kollektives und individuelles Selbst. Es ist das Selbst, das Feministinnen kodieren müssen“ (51). Eine solche, im Sinne Butlers, performative Identitätskonstruktion kann für Haraway dann auch in einer neuen sozialen Konfiguration resultieren, die neue Vernetzungen und Zusammenschlüsse sowie neue politische Instrumentarien generiert. Diese beruhen auf einer Vermischung von Mensch und Maschine und bergen das Potential in sich, mittelfristig die Grenzen von Gender, Rasse und Klasse als soziale Kategorien nachhaltig verändern zu können.

Wie eingangs dieses Kapitels schon dargestellt, bestätigt die tatsächliche technologische Entwicklung seit Beginn der 90er Jahre, und hier insbesondere die allumfassende Virtualisierung und Digitalisierung menschlicher Interaktion, Haraway in vielerlei Hinsicht. Der durchschnittliche Medien-User scheint in der Tat dauerhaft mit einer Vielzahl von Maschinen verwachsen zu sein, sodass das Bild vom Cyborg (als Mischwesen von Mensch und Maschine) durchaus adäquat anmutet. Haraways optimistische Vision des Cyborgs als Kreatur einer Welt ohne Gender hingegen ist bislang nicht eingetroffen. Im Gegenteil, auch und gerade in der virtuellen Welt treten in der Mehrzahl hypermaskuline und -feminine Konstruktionen auf (Mosher und Tomkins, 1988; McKelvie und Gold, 1994; Bee-Zeev et al., 2012), die ihren ‚realen‘ Vorbildern in Sport, Unterhaltung und Gesellschaft in nichts nachstehen, sondern sie oftmals sogar ins Extreme überhöhen. Dennoch ist festzustellen, dass gewisse gegenwärtige technologische Entwicklungen der von

Haraway in Aussicht gestellten Welt ohne Gender möglicherweise Vorschub leisten können. Ich möchte mich hierbei nur auf zwei konkrete Aspekte beschränken.

In ihrem „Manifest für Cyborgs" hatte Haraway schon festgestellt, dass „Ideologien der sexuellen Reproduktion [...] sich heute nicht mehr sinnvoll auf die Begriffe Sex und Geschlechterrolle als organische Aspekte natürlicher Objekte wie Organismen oder Familien berufen" können (49). Durch Techniken wie Klonierung und *Genome Editing* erscheint es in der Tat heute zumindest vorstellbar, dass die menschliche Sexualität von ihrer reproduktiven Funktion ganz oder wenigstens teilweise entkoppelt wird. Gleichzeitig wird auch die Art und Weise, wie der individuelle Mensch Sexualität erfährt, zu einem hohen Maß virtualisiert (*cybersex*) und damit von der realen Körperlichkeit entfremdet. Dies führt laut Luciana Parisi dazu, dass sich weibliche Geschlechtsidentität theoretisch außerhalb jedes biologischen und anatomischen Determinismus konfigurieren und sich damit von der wirksamsten normativen Einschreibung patriarchalischer Strukturen befreien kann (2004: 2). Weiterhin, so führt Parisi aus, verändert sich, beeinflusst von wissenschaftlichen Erkenntnissen, auch das Bild vom Menschen an sich, und damit auch von seiner geschlechtlichen Verfasstheit. Als exemplarisch hierfür kann die Erforschung des Mikrobioms beim Menschen gelten. Bei genauer Hinsicht wird dabei klar, dass das einzelne menschliche Individuum nur zu einem sehr geringen Teil aus ‚eigenen' Körperzellen besteht; die überwiegende Mehrzahl sind körperfremde, einzelligen Mikroorganismen, hauptsächlich Bakterien (siehe auch Kegel, 2015). Aus philosophischer Perspektive schließt sich an diese Erkenntnis die Frage an, worin sich angesichts dessen die körperliche Autonomie des Menschen begründen lässt. Außerdem, so Parisi, stellt der Fokus auf die mikrobielle Beschaffenheit des Menschen potentiell die Stabilität von physisch definierten Identitätskategorien, wie zum Beispiel das biologische Geschlecht, in Frage, da sich das Mikrobiom in einem dauernden Zustand des Wandels und der Mutation befindet (2004: 197).

Zusammenfassend lässt sich für das angehende 21. Jahrhundert also der durchaus paradoxe Sachverhalt konstatieren, dass die Stabilität von Geschlechterrollen und -identitäten momentan in den Naturwissenschaften einer kritischen Hinterfragung unterzogen wird, während die sozio-kulturellen Repräsentationen dieser Geschlechterrollen gleichzeitig (noch) relativ beständig und widerstandsfähig erscheinen. Ein sinnfälliges Beispiel hierfür ist auch der Diskurs über künstliche Intelligenz (KI), der in den einleitenden Gedanken zu Sophia schon angeklungen ist. Ein künstlich geschaffenes Wesen könnte im Prinzip, wie Haraways Cyborg, genderlos sein, da es weder anatomisch noch reproduktionsbiologisch in einer Geschlechtermatrix verankert werden muss. Dennoch weisen viele Erscheinungsformen künstlicher Intelligenz, denen wir im Alltag begegnen, eine Tendenz zu einer klaren Geschlechtsidentität auf. Dabei ist zu beobachten, dass diese häufig, hier wiederum gegen Haraways Hypothese, konventionelle Geschlechternormen weiterschreiben: So sind die digitalen Assistenzsysteme von *Amazon*, *Microsoft* und *Apple* durch ihre Namen (Alexa, Cortona und Siri) klar weiblich markiert und damit durchaus in den feministischen Diskurs weiblicher Dienstbarkeit und Verfügbarkeit einzuordnen. Auch fiktive KIs von Ava in Alex Garlands Film *Ex Machina* (2015) über Samantha in Spike Jonze *her* (2013) bis hin zu Prototypen wie den Stepford Wives oder dem Terminator entziehen sich diesem Schema nicht, sondern bekräftigen vielmehr performativ diese traditionellen Geschlechterzuschreibungen. In diesem Zusammenhang ist anzumerken, dass Programme wie ChatGPT, die zum jetzigen Zeitpunkt wohl mit hoher Wahrscheinlichkeit die naheliegendste Form künstlicher Intelligenz darstellen, keiner klaren Geschlechterzuordnung unterworfen sind und uns damit einer Harraway'schen Utopie der genderlosen Welt möglicherweise einen entscheidenden Schritt näher bringen.

6.2.2 Beatriz [Paul] Preciado und die Kontrasexualität

Aus der gerade beschriebenen Ästhetik künstlicher Intelligenz ergäbe sich also contra Haraway und Parisi die Erkenntnis, dass sich Geschlechterrollen nicht al-

PAUL B. PRECIADO

Paul Preciado ist ein spanischer Schriftsteller, Philosoph, Journalist und Kurator. Er studierte Philosophie in Madrid, New York und Paris, wo unter anderen Jacques Derrida als sein Mentor fungierte. Bis 2014 veröffentlichte Preciado seine Schriften unter seinem Geburtsnamen Beatriz.

1970	Geburt in Burgos
2010	Promotion zum Wechselspiel von Pornographie und Architektur
2012	Professur für Körpergeschichte und Gender Theorie (Paris)
2023	Spezialpreis der Jury der internationalen Filmfestspiele Berlin für seinen Film *Orlando: Meine politische Biographie*

In seinem Werk setzt sich Preciado in verschiedener Weise mit der Frage auseinander, wie sich Konstruktionen von Geschlecht und die Konstruktion des geschlechtlichen Körpers im gesellschaftlichen Diskurs widerspiegeln und diesen beeinflussen können. Neben dem hier ausführlicher besprochenen utopischen Entwurf in *Kontrasexuelles Manifest*, widmet er sich dabei insbesondere Fragen der Architektur (*Pornotopia*, 2012) und der Pharmakologie (*Testo Junkie*, 2016 [2008]).

lein dadurch umdefinieren lassen, dass der biologische Determinismus von Sexualität und Reproduktion eliminiert wird. Die kulturellen Einschreibungen scheinen stark genug zu sein, auch ohne biologische ‚Grundlage' bestehen zu können. Dies, nur nebenbei, würde auch Butlers These vom Primat der gesellschaftlich und kulturell konstruierten Geschlechtsidentität (*gender*) über die jeweilige biologische Ausprägung (*sex*) bestätigen. In seiner Konzeption der Kontrasexualität versucht Paul B. Preciado einen alternativen Weg zu beschreiten, indem er das Wesen der Sexualität an sich neu zu definieren versucht und der, quasi als utopischer Ausblick, hier abschießend kurz in seinen Grundzügen vorgestellt werden soll.

Preciado ist insofern von Haraways Cyborg-Metapher beeinflusst, als dass auch er Sexualität als Technologie definiert. Er analysiert diese spezifische Technologie allerdings sehr stark aus marxistischer Perspektive; für ihn ist „der Sex eine Technologie heterosozialer Herrschaft, die den Körper auf erogene Zonen reduziert" (2003 [2000]: 14). Dementsprechend sieht er das Ziel der Kontrasexualität auch nicht in der Schaffung einer neuen Verkörperung menschlicher Identität (die der Cyborg zweifelsohne darstellt). Vielmehr gehe es um das „Ende einer Natur, die als Ordnung verstanden wird und die Unterwerfung von Körpern durch andere Körper rechtfertigt" (10).

Für Preciado liefert der Dildo das metaphorische und reale Sinnbild für seine Idee und Praxis der Kontrasexualität. Der Dildo ist erkennbar ein Kunstprodukt, ein performatives Konstrukt, das gleichsam auf die körperliche und biologische ‚Realität' der menschlichen Sexualität verweist und diese in sich selbst reproduziert. Er trägt gleichzeitig aber auch die Subversion dieser biologischen Realität in sich. Nicht nur, dass er im Sinne Baudrillards ein Simulacrum, man könnte halbernst auch von einem ‚Stimulacrum' sprechen, des männlichen Geschlechtsorgans darstellt und damit die phallogozentrische Logik des Patriarchats als Inszenierung entlarvt. Darüber hinaus ist er, da er quasi als Ding an sich existiert und damit von der Körperhaftigkeit des einzelnen Menschen abgetrennt ist, ein Symbol für die „Dekonstruktion der natürlichen Heterosexualität" zu betrachten (60), da er in Preciados Worten zum Beispiel den Anus als „universelles erogenes Zentrum" erschließt, „das außerhalb der durch die sexuelle Differenz erzwungenen anatomischen Grenzen liegt und in dem die Rollen und die Register als universal umkehrbar erscheinen (wer hat keinen Anus?)" (18-19).

In dieser Rolle als performatives Mittel zur Subversion von Geschlechterrollen und sexuellen Praktiken, ist der Dildo somit durchaus als Endglied einer metaphorischen Reihe von Penis (als biologische Realität der menschlichen Sexualität) und Phallus (als kultureller Repräsentation der Geschlechterordnung) zu verstehen. Preciado fasst dies prägnant zusammen: „Die Erfindung des Dildos ist das Ende des Penis als Ursache des sexuellen Unterschieds" (60). Diese Abfolge von Penis-Phallus-Dildo als Leitmetapher für die Geschlechterbeziehungen kann, und das ist weniger albern als es auf den ersten Blick erscheinen mag, dabei als sinnbildlich für die historische Entwicklung der kritischen Analyse von Gender an sich stehen, die zu Anfang dieses Kapitels kurz dargestellt wurde.

7 Schluss

In diesem Lehrbuch ging es darum, die weitreichenden gesellschaftlichen, kulturellen, politischen und ökonomischen Auswirkungen aufzuzeigen, die Diskussionen um die geschlechtliche Verfasstheit des Menschen heute und in der Vergangenheit mit sich bringen und in sich tragen. Dadurch soll auch ein Beitrag dazu geleistet werden, diese – zum Teil sehr hitzigen und überhitzten – Diskussionen zu entschärfen. Gender, so sollte gezeigt werden, ist keine (Welt-)Anschauungssache, sondern ein legitimer und produktiver Forschungs- und Studiengegenstand. Um das weite Feld der diesbezüglichen Theorien und Praktiken zu strukturieren, ist das Buch in die Kapitel *Mythos Geschlecht, Feminismus, Gender Studies* und *Sex Macht Politik* unterteilt. Dabei wurde jedem Kapitel jeweils exemplarisch ein aktuelles Thema des öffentlichen Diskurses vorangestellt. Auf deren Grundlage wurde dann der gegenwärtige Stand der Diskussion sowie die sich daraus ableitenden Fragestellungen beschrieben. Um diese zu historisieren und kontextualisieren, und damit gleichzeitig für zeitgenössische Gesellschaftsanalysen verwendbar zu machen, wurde eine Entwicklungs- und Begriffsgeschichte der zentralen Aspekte des jeweiligen Untersuchungsgegenstands geleistet.

Um möglichen Missverständnissen in der Handhabung und Anwendung der in diesem Buch vorgestellten Theorien vorzubeugen, wurden in Kapitel 2 einleitend zuerst einmal die wichtigsten Begrifflichkeiten für die Argumentation dieses Buchs dargelegt. Bezugnehmend auf die zum Teil heftigen Kontroversen rund um das Thema geschlechter-gerechte Sprache wurde für die analytische Wertigkeit und Trennschärfe des Genderbegriffs argumentiert. Als mögliches Anwendungsbeispiel in dieser Hinsicht wurde Raewyn Connells Vier-Dimensionen-Modell geschlechtsbezogener menschlicher Beziehungen herangezogen. Hieran anschließend wurde ‚Geschlecht‘ als Kategorie menschlicher Selbst- und Fremdwahrnehmung eingeführt, die sowohl deskriptive (Mythos) wie normative (Modell) Züge aufweist. Um dies zu illustrieren, wurden im Folgenden drei Themenkomplexe vorgestellt (antike und christliche Schöpfungsmythen, anatomische Körperbilder zwischen Ein-Geschlecht-Modell und Zwei-Geschlechter-Modell, psychoanalytische Entwicklungsstufen bei Freud und Lacan), die verschiedene Formen der Mythologisierung von Geschlechterrollen und Geschlechterhandeln vor Augen führen und aus denen sich jeweils unterschiedliche Verhaltensregeln und Rollenbilder ableiten.

Kapitel 3 nahm die Rolle und Bedeutung des Feminismus in den Blick. Ausgehend von einer Werbekampagne für männliche Körperpflegeprodukte wurde gezeigt, dass der als Konsumobjekt inszenierte weibliche Körper ein zentrales Motiv für zeitgenössische feministische Theoriebildung und sozio-politische Interventionen darstellt. Um die zahlreichen synchronen und diachronen Facetten des Feminismusbegriffs anfänglich zu strukturieren, wurde dem Kapitel eine strategisch vereinfachende Unterscheidung in gleichheitsfeministische Ansätze auf der einen und differenzfeministische Ansätze auf der anderen Seite vorangestellt. Auf dieser Grundlage wurden dann mit dem Ökofeminismus, dem antikapitalistischen Feminismus, dem coolen Feminismus und der Intersektionalität die wichtigsten momentanen Betätigungsfelder im Bereich feministischer Theoriebildung beschrieben. In einem weiteren Schritt wurde deren kulturhistorische und sozio-politische Verankerung in verschiedenen Schriften und Denkfiguren des klassischen Feminismus aufgezeigt, wobei sich der Bogen vom Frankreich des frühen 15. Jahrhunderts (Christine de Pizan) bis ins Amerika der Nachkriegszeit (Betty Friedan, Kate Millett) und vom England des 19. und frühen 20. Jahrhunderts (Mary Wollstonecraft, Virginia Woolf) zum Frankreich der 1970er Jahre (Hélène Cixous, Luce Irigaray) spannt. Der zuvor eingeführten Unterscheidung in gleichheitsfeministische und differenzfeministische Ansätze folgend, wurde hierbei zuerst eine auf Gleichstellung und Gleichbehandlung abzielende Bestandsaufnahme verschiedener Formen weiblicher Unterdrückung und Minderstellung in den Werken von Pizan bis Millett erörtert. Dem folgte eine Darstellung des sogenannten französischen Feminismus (Cixous, Irigaray), der wiederum die grundsätzliche Andersartigkeit der weiblichen Daseinsform betont und versucht, aus der daraus abgeleiteten, dezidiert weiblichen Diskursform ein Gegenmodell zur normativen phallozentrischen Ordnung patriarchalischer Gesellschaftsstrukturen zu entwickeln.

Kapitel 4 widmete sich der Herausbildung der Disziplin der Gender Studies. Diese entstehen an dem Punkt, wo traditionelle feministische Ansätze und Theorien angereichert werden mit der in der Postmoderne entwickelten epistemologischen Neuorientierung des Poststrukturalismus und der Dekonstruktion. Als einleitendes Beispiel wurde hierfür die komplexe Geschlechtszuordnung der südafrikanischen Leichtathletin Caster Semenya angeführt und die dadurch zum Ausdruck kommende Fluidität und Kontingenz von Geschlechterzuschreibungen allgemein als hervorstechendes Merkmal der Neuorientierung einer analytischen Betrachtung menschlichen Geschlechtsverhaltens im Sinne der Gender Studies konstatiert. Als exemplarische Vertreter für die postmoderne Zeichenkritik, die als Basis für die Umdeutung von Geschlechtsidentitäten im Werk Judith Butlers dient, wurde im Anschluss zuerst Jacques Derridas These von der Différance, als fundamental jeder Begriffs- und Identitätsbildung eingeschriebener Unschärfe, dargestellt. Diese wurde ergänzt um Jean Baudrillards Konzeption der Simulation als einzig möglicher Repräsentationsform in einer Welt, in der Bilder und Zeichen nicht mehr auf eine Realität außerhalb ihrer selbst verweisen, sondern sich lediglich auf ihre Position innerhalb des Zeichensystem beziehen können. Die Beschäftigung mit dem Werk Butlers stand im Zentrum dieses Kapitels und wurde untergliedert in die Aspekte ‚Sex/Gender', ‚heterosexuelle Matrix' und ‚Performativität'. Der Einfluss von Butlers Theorien auf die zeitgenössische Analyse menschlicher Geschlechtlichkeit wurde anschließend anhand der Queer Theories veranschaulicht, einer Denkrichtung, die einer Subversion jeder Form von stabiler Identitätszuschreibung das Wort redet. Die historische Einbettung von Butlers Konzeption von Gender als performativer Identitätskategorie erfolgte im letzten Teil dieses Kapitels aus einer Analyse der Theorien von Georg Simmel und Simone de Beauvoir, die beide eine stabile Geschlechterrolle als Illusion und relationales Produkt internalisierten Verhaltensnormen beschreiben.

In Kapitel 5 wurde der Zusammenhang zwischen Sexualität und Macht, der in den vorhergegangenen Kapiteln immer implizit mitangeklungen war, explizit zum Untersuchungsgegenstand. Zur Einführung wurde die strategische Instrumentalisierung weiblicher Nacktheit in den politischen Aktionen der Gruppe Femen dargestellt. Daran anschließend wurde die Rolle des Körpers in der Gesellschaft als relevante soziologische Fragestellung herausgearbeitet. Michel Foucaults Analysen zur Disziplinierung des Körpers im Rahmen einer allgemeinen Diskursivierung der menschlichen Sexualität bildeten den Kern dieses Kapitels. Die historische Verankerung des Themenkomplexes ‚Körper/Sexualität/Macht' wurde im Folgenden erbracht durch eine Erörterung von Naomi Wolfs These vom ‚Mythos Schönheit' und einen kurzen Abriss über die Debatten hinsichtlich des Begriffs und der Rolle von Pornographie.

Das abschließende Kapitel 6 wagte einen Ausblick darauf, in welche Richtungen sich die zukünftigen Debatten um das Thema Gender und Geschlecht entwickeln könnten. In der fortschreitenden Technologisierung menschlicher Welterfahrung und Interaktion wurde dabei der entscheidende Faktor für diese mögliche Entwicklung gesehen. Donna Haraways Überlegungen zur symbolischen Aufhebung von jedweder Geschlechtsidentität in der Figur des Cyborgs sowie Paul B. Preciados Vision einer kontrasexuellen Gesellschaft im Zeichen des Dildos steckten hierbei einen möglichen theoretischen Rahmen ab. Entgegen Haraway sieht der Autor dieses Buchs das kritische und erkenntnisfördernde Potential der systematischen Untersuchung menschlicher Geschlechtlichkeit (unter dem Begriff Gender) als noch lange nicht abgeschlossen. So sollte dieses Buch idealerweise als Hilfsmittel für weitere, den Rahmen dieses Buchs sprengende, Untersuchungen und Gesellschaftsanalysen dienen und gleichzeitig als Aufruf verstanden werden, die diesbezüglichen Debatten möglichst ohne ideologische Agenda und mit den kühlen Mitteln kritischer Analyse zu führen, die diese kurze Einführung an die Hand zu geben versucht.

8 Informationsteil und Verzeichnisse

8.1 Literaturverzeichnis

Abel, Jonathan E. (2014) Redactionary Global Modernism: Kisses in Imperial Japan, Modernism/Modernity 21(1): 201-229.

Abelove, Henry/Barale, Michèle Aina/Halperin, David (Hg.) (1993) The Lesbian and Gay Studies Reader. New York/London: Routledge.

„About us" auf Femen Official Blog. URL: http://femen.org/about-us/ (Abrufdatum: 23.01.2024).

Alcalde, M. Cristina/Villa, Paula-Irene (Hg.) (2022) #MeToo and Beyond: Perspectives on a Global Movement. Lexington, KY: University Press of Kentucky.

Alderman, Naomi (2018 [2016]) Die Gabe. Übers. Sabine Thiele. München: Heyne.

Alt, Peter-André (2016) Sigmund Freud. Der Arzt der Moderne. München: Beck.

Althusser, Louis (1977 [1970]) Ideologie und ideologische Staatsapparate. Aufsätze zur marxistischen Theorie. Übers. Peter Schöttler. Hamburg: VSA.

Andersen, Margaret L./Hill Collins, Patricia (Hg.) (1998) Race, Class, and Gender. An Anthology. Belmont, CA: Wadsworth.

Auswärtiges Amt (2023) Leitlinien für feministische Außenpolitik: Außenpolitik für alle. Auf Auswärtiges Amt Online (01. März 2023). URL: https://www.auswaertiges-amt.de/de/aussenpolitik/leitlinien-ffp/2584950 (Abrufdatum: 29.01.2024).

Balsamo, Anne (1996) Technologies of the Gendered Body. Reading Cyborg Women. Durham, NC/London: Duke University Press.

Baudrillard, Jean (1978) Agonie des Realen. Übers. Lothar Kurzawa/Volker Schaefer. Berlin: Merve.

Baudrillard, Jean (1982 [1976]) Der symbolische Tausch und der Tod. Übers. Gerd Bergfleth/Gabriele Ricke/Ronald Voullié. München: Matthes & Seitz.

Baudrillard, Jean (1991) La guerre du Golfe n'a pas eu lieu. Paris: Edition Galilée.

Bennington, Geoffrey (2001 [1991]) Jacques Derrida. Ein Portrait. Übers. Stefan Lorenzer. Frankfurt/Main: Suhrkamp.

Ben-Zeev, Avi/Scharnetzki, Liz/Chan, Lann K./Dennehy, Tara C. (2012) Hypermasculinity in the Media: When Men „Walk into the Fog" to Avoid Affective Communication, Psychology of Popular Media Culture 1(1): 53-61.

Berkel, Irene (2008) Sigmund Freud. Paderborn: Fink.

Bersani, Leo (1995) Homos. Cambridge, MA/London: Harvard University Press.

Biele Mefebue, Astrid/Bührmann, Andrea/Grenz, Sabine (Hg.) (2022) Handbuch Intersektionalitätsforschung. Wiesbaden: Springer.

Bly, Robert (2005 [1990]) Eisenhans. Ein Buch über Männer. Übers. Ulrike Wasel/Klaus Timmermann. Reinbek: Rowohlt.
Bremme, Bettina (1990) Sexualität im Zerrspiegel. Die Debatte um Pornographie. Münster/New York: Waxmann.
Bristow, Joseph (Hg.) (1992) Sexual Sameness. Textual Difference in Lesbian and Gay Writing. London/New York: Routledge.
Brittan, Arthur (1989) Masculinity and Power. Oxford/New York: Basil Blackwell.
Brod, Harry (Hg.) (1987) The Making of Masculinities. The New Men's Studies. Boston, MA: Allen & Unwin.
Brownmiller, Susan (1980 [1975]) Gegen unseren Willen. Vergewaltigung und Männerherrschaft. Übers. Ivonne Carroux. Frankfurt/Main: Fischer.
Bublitz, Hannelore (2010) Judith Butler zur Einführung. Hamburg: Junius.
Bundeszentrale für politische Bildung (2018) Debatte: Sprache und Geschlecht. Auf BpB online (29. Mai 2018). URL: https://www.bpb.de/themen/gender-diversitaet/geschlechtliche-vielfalt-trans/269887/debatte-sprache-und-geschlecht/ (Abrufdatum: 23.01.2024).
Butler, Judith (1991 [1990]) Das Unbehagen der Geschlechter. Übers. Katharina Menke. Frankfurt/Main: Suhrkamp.
Butler, Judith (1995 [1993]) Körper von Gewicht. Die diskursiven Grenzen des Geschlechts. Übers. Karin Wördemann. Berlin: Berlin-Verlag.
Butler, Judith (2001 [1997]) Psyche der Macht. Das Subjekt der Unterwerfung. Übers. Reiner Ansén. Frankfurt/Main: Suhrkamp.
Butler, Judith (2003 [1991]) Imitation und die Aufsässigkeit der Geschlechtsidentität. Übers. Claudia Brusdeylins, in: Andreas Kraß (Hg.): Queer Denken. Gegen die Ordnung der Sexualität. Frankfurt/Main: Suhrkamp, S. 144-168.
Butler, Judith (2007 [2005]) Kritik der ethischen Gewalt. Übers. Reiner Ansén/Michael Adrian. Frankfurt/Main: Suhrkamp.
Butler, Judith (2009 [2004]) Die Macht der Geschlechternormen und die Grenzen des Menschlichen. Übers. Karin Wördemann/Martin Stempfhuber. Frankfurt/Main: Suhrkamp.
Butler, Judith (2010 [2009]) Raster des Krieges. Warum wir nicht jedes Leid beklagen. Übers. Reiner Ansén. Frankfurt/Main/New York: Campus.
Chandra, Giti/Erlingsdóttir, Irma (Hg.) (2021) The Routledge Handbook of the Politics of the #MeToo Movement. London/New York: Routledge.
Cixous, Hélène (1988 [1975]) Sorties. Übers. Ann Liddle, in: David Lodge (Hg.): Modern Criticism and Theory. A Reader. London: Longman, S. 287-293.
Cixous, Hélène (2013 [1975]) Das Lachen der Medusa. Zusammen mit aktuellen Beiträgen. Hg. Esther Hutfless/Gertrude Postl/Elisabeth Schäfer/Claudia Simma. Wien: Passagen Verlag.
Conley, Verena Andermatt (1984) Hélène Cixous. Writing the Feminine. Lincoln, NE: University of Nebraska Press.
Connell, Raewyn/Pearse, Rebecca (2015) Gender. In World Perspective. Cambridge/Malden, MA: Polity.

Connell, R.W. (1977) Ruling Class – Ruling Culture. Studies of Conflict, Power and Hegenomy in Australian Life. Cambridge: Cambridge University Press.

Connell, R.W. (1987) Gender and Power. Society, the Person and Sexual Politics. Stanford, CA: Stanford University Press.

Connell, R.W. (1999 [1995]) Der gemachte Mann. Konstruktion und Krise von Männlichkeiten. Opladen: Leske und Budrich.

Crenshaw, Kimberlé (1991) Mapping the Margins: Intersectionality, Identity Politics, and Violence against Women of Color, Stanford Law Review 43(6): 1241-1299.

Daub, Adrian (2022) Cancel culture transfer: Wie eine moralische Panik die Welt erfasst. Berlin: Suhrkamp.

Davidson, James (2008) The Greeks and Greek Love. A Radical Reappraisal of Homosexuality in Ancient Greece. New York: Weidenfeld & Nicolson.

De Beauvoir, Simone (1960 [1954]) Die Mandarins von Paris. Übers. Fritz Montfort/Ruth Uecker-Lutz. München/Zürich: Droemer.

De Beauvoir, Simone (1968 [1949]) Das andere Geschlecht. Sitte und Sexus der Frau. Übers. Eva Rechel-Mertens/Fritz Montfort. Hamburg: Rowohlt.

De Pizan, Christine (1990) Das Buch von der Stadt der Frauen. Übers. Margarete Zimmermann. München: dtv.

De Saussure, Ferdinand (2014 [1916]) Cours de Linguistique Générale. Zweisprachige Ausgabe französisch-deutsch. Übers. Peter Wunderli. Tübingen: Narr Francke Attmpto.

Derrida, Jacques (1972 [1967]) Die Schrift und die Differenz. Übers. Rodolphe Gasché. Frankfurt/Main: Suhrkamp.

Derrida, Jacques (1974 [1967]) Grammatologie. Übers. Hans Jörg Rheinberger/ Hanns Zischler. Frankfurt/Main: Suhrkamp.

Derrida, Jacques (1990 [1968]) Die Différance. Übers. Eva Pfaffenberger-Brückner, in: Peter Engelmann (Hg.): Postmoderne und Dekonstruktion. Texte philosophischer Autoren der Gegenwart. Stuttgart: Reclam, S. 76-111.

Derrida, Jacques (2005 [1993]) Marx‘ Gespenster. Der Staat der Schuld, die Trauerarbeit und die neue Internationale. Übers. Susanne Lüdemann. Frankfurt/ Main: Suhrkamp.

Derrida, Jacques (2010 [2006] Das Tier, das ich also bin. Übers. Marcus Sedlaczek. Wien: Passagen Verlag.

Distelhorst, Lars (2009) Judith Butler. Paderborn: Fink.

Dollimore, Jonathan (1991) Sexual Dissidence. Augustine to Wilde, Freud to Foucault. Oxford: Clarendon.

Dover, K.J. (1978) Greek Homosexuality. Cambridge, MA: Harvard University Press.

Dworkin, Andrea (1987 [1981]) Pornographie. Männer beherrschen Frauen. Übers. Erica Fischer. Köln: Emma.

Ellmann, Mary (1968) Thinking About Women. New York: Harcourt.

Engelmann, Peter (2013) Dekonstruktion. Jacques Derridas semiotische Wende in der Philosophie. Wien: Passagen Verlag.

Englert, Klaus (2009) Jacques Derrida. Stuttgart: UTB.

Faderman, Lillian (1990 [1981]) Köstlicher als die Liebe der Männer. Romantische Freundschaft und Liebe zwischen Frauen von der Renaissance bis Heute. Übers. Bettina Kobold. Zürich: eco-Verlag.

Faludi, Susan (1991) Backlash. The Undeclared War against American Women. New York: Crown.

Felman, Shoshana (1989) Women and Madness: The Critical Phallacy, in: Catherine Belsey/Jane Moore (Hg.): The Feminist Reader. Essays in Gender and the Politics of Literary Criticism. Basingstoke/London: Macmillan, S. 133-153.

Fine, Cordelia (2012 [2010]) Die Geschlechterlüge. Die Macht der Vorurteile über Mann und Frau. Übers. Susanne Held. Stuttgart: Klett-Cotta.

Flessner, Bernd (Hg.) (2000) Nach dem Menschen. Der Mythos einer zweiten Schöpfung und das Entstehen einer posthumanen Kultur. Freiburg: Rombach.

Foucault, Michel (1986 [1969]) Archäologie des Wissens. Übers. Ulrich Köppen. Frankfurt/Main: Suhrkamp.

Foucault, Michel (1991 [1971]) Die Ordnung des Diskurses. Übers. Ralf Konersmann. Frankfurt/Main: Fischer.

Foucault, Michel (1995 [1976]) Sexualität und Wahrheit Band 1. Der Wille zum Wissen. Übers. Ulrich Raulff/Walter Seitter. Frankfurt/Main: Suhrkamp.

Foucault, Michel (2003 [1966]) Die Ordnung der Dinge. Eine Archäologie der Humanwissenschaften. Übers. Ulrich Köppen. Frankfurt/Main: Suhrkamp.

Foucault, Michel (2006 [2004]) Die Geburt der Biopolitik. Geschichte der Gouvernementalität 2. Übers. Jürgen Schröder. Frankfurt/Main: Suhrkamp.

Freud, Sigmund (1926) Die Frage der Laienanalyse. Unterredungen mit einem Unparteiischen. Leipzig/Wien/Zürich: Internationaler Psychoanalytischer Verlag.

Freud, Sigmund (1952-1987) Gesammelte Werke. Chronologisch Geordnet. Frankfurt/Main: Fischer.

Freud, Sigmund (1971 [1920]) Drei Abhandlungen zur Sexualtheorie und verwandte Schriften. Frankfurt/Main: Fischer.

Friedan, Betty (1966 [1963]) Der Weiblichkeitswahn oder die Selbstbefreiung der Frau. Ein Emanzipationskonzept. Übers. Margaret Carroux. Reinbek: Rowohlt.

Friedrichs, Julia (2017) Der Kampf um das Geschlecht, Zeit Magazin 25 (14. Juli): 14-26.

Fuss, Diana (1989) Essentially Speaking. Feminism, Nature and Difference. New York/London: Routledge.

Galster, Ingrid (2015) Simone de Beauvoir und der Feminismus. Hamburg: Argument Verlag.

Gehring, Petra (2006) Was ist Biomacht? Vom zweifelhaften Mehrwert des Lebens. Frankfurt/Main/New York: Campus.

„Gender" auf Duden online. URL: http://www.duden.de/node/676048/revisions/1645033/view (Abrufdatum: 03.07.2017).

„gendern" auf Duden online. URL: https://www.duden.de/node/141281/revision/1450726 (Abrufdatum: 23.01.2024).

Genz, Stéphanie/Brabon, Benjamin (Hg.) (2022) Postfeminism: Cultural Texts and Theories. Edinburgh: Edinburgh University Press.

Gerhard, Ute (2009) Frauenbewegung und Feminismus. Eine Geschichte seit 1789. München: Beck.

Gilbert, Sandra/Gubar, Susan (1979) The Madwoman in the Attic. The Woman Writer and the 19th-Century Literary Imagination. New Haven, CT: Yale University Press.

Goldmann, Ralph/Halbach, Andreas/Wlodawer, Mirjam (2020) Sexismus: Die Macht der Werbeindustrie. Auf ZDF Frontal online (13. August 2020). URL: https://www.zdf.de/politik/frontal/sexismus-in-der-werbung-104.html (Abrufdatum 23.01.2024).

Goodman, Robin Truth (Hg.) (2019) The Bloomsbury Handbook of 21st-Century Feminist Theory. London: Bloomsbury.

Gough, Kathleen (1971) The Origin of the Family, Journal of Marriage and Family 33(4): 760-771.

Graf, Angela (1995) Zwischen Muff und Menschenrechten: PorNo-Debatten 1978-1994, Medien Praktisch 19(1): 12-17.

Graf, Helena (2021) Schlüsselgewalt: Gender im Windschatten des Feminismus. Münster: agenda Verlag.

Grass, Günter (1997 [1986]) Die Rättin. Göttingen: Steidl.

Hägler, Rudolf-Peter (1994) Kritik des neuen Essentialismus. Logisch-philosophische Untersuchungen über Identität, Modalität und Referenz. Paderborn: Schöningh.

Haidinger, Bettina/Knittler, Käthe (2014) Feministische Ökonomie: Eine Einführung. Wien: Mandelbaum.

Halperin, David (1990) 100 Years of Homosexuality and Other Essays on Greek Love. New York: Routledge.

Halperin, David (1995) Saint Foucault. Towards a Gay Hagiography. New York: Oxford University Press.

Haraway, Donna (1995 [1991]) Ein Manifest für Cyborgs: Feminismus im Streit mit den Technowissenschaften. Übers. Fred Wolf, in: Carmen Hammer/Immanuel Stieß (Hg.): Die Neuerfindung der Natur. Primaten, Cyborgs und Frauen. Frankfurt/Main: Campus, S. 33-72.

Hark, Sabine/Villa, Paula-Irene (2016a) ‚Anti-Genderismus': Warum dieses Buch?, in: Sabine Hark/Paula-Irene Villa (Hg.): Anti-Genderismus. Sexualität und Geschlecht als Schauplätze aktueller politischer Auseinandersetzungen. Bielefeld: transcript, S. 7-13.

Hark, Sabine/Villa, Paula-Irene (2016b) ‚Eine Frage an und für unsere Zeit': Verstörende Gender Studies und symptomatische Missverständnisse, in: Sabine Hark/Paula-Irene Villa (Hg.): Anti-Genderismus. Sexualität und Geschlecht als Schauplätze aktueller politischer Auseinandersetzungen. Bielefeld: transcript, S. 14-39.

Harris, Alexandra (2015 [2011]) Virginia Woolf. Übers. Tanja Handels/Ursula Wulfekamp. Göttingen: Steidl.

Hartmann, Jutta/Klesse, Christian/Wagenknecht, Peter/Fritzsche, Bettina/Hartmann, Kristina (Hg.) (2007) Heteronormativität. Empirische Studie zu Geschlecht, Sexualität und Macht. Wiesbaden: VS Verlag für Sozialwissenschaften.

Haschemi Yekani, Elahe/Michaelis, Beatrice (Hg.) (2005) Quer durch die Geisteswissenschaften. Perspektiven der Queer Theory. Berlin: Querverlag.

Haschemi Yekani, Elahe/Nowicka, Magdalena/ Roxanne, Tiara (Hg.) (2022) Revisualising Intersectionality. Cham: Palgrave Macmillan.

Hausbichler, Beate (2023 [2021]) Der verkaufte Feminismus: Wie aus einer politischen Bewegung ein profitables Label wurde. München: btb.

Hayles, N. Katherine (1999) How We Became Posthuman. Virtual Bodies in Cybernetics, Literature, and Informatics. Chicago, IL/London: University of Chicago Press.

Henderson, Bruce (2019) Queer Studies: Beyond Binaries. New York: Harrington Park Press.

Herbrechter, Stefan (2012) Posthumanismus. Eine kritische Einführung. Darmstadt: WBG.

Hoff Sommers, Christina (1995 [1994]) Who Stole Feminism? How Women have Betrayed Women. New York: Touchstone.

Ingle, Sean (2022) Caster Semenya out of world 5,000m as Coe signals tougher female sport rules. Auf The Guardian online (21. Juli 2022). URL: https://www.theguardian.com/sport/2022/jul/21/caster-semenya-out-of-world-5000m-as-coe-signals-tougher-female-sport-rules (Abrufdatum: 29.01.2024).

Irigaray, Luce (1979 [1977]) Das Geschlecht, das nicht eins ist. Übers. Gerlinde Koch/Monika Metzger. Berlin: Merve.

Irigaray, Luce (1980 [1974]) Speculum. Spiegel des anderen Geschlechts. Übers. Xenia Rajewsky/Gabriele Ricke/Gerburg Treusch-Dieter/Regine Othmer. Frankfurt/Main: Suhrkamp.

Irigaray, Luce (1991 [1984]) Ethik der sexuellen Differenz. Übers. Xenia Rajewsky. Frankfurt/Main: Suhrkamp.

Jagose, Annamarie (2001 [1996]) Queer Theory. Eine Einführung. Berlin: Querverlag.

Jameson, Fredric (1972) The Prison-House of Language. A Critical Account of Structuralism and Russian Formalism. Princeton, CA: Princeton University Press.

Jung, Werner (1990) Georg Simmel zur Einführung. Hamburg: Junius.

Junge, Matthias (2009) Georg Simmel kompakt. Bielefeld: transcript.

Kammler, Clemens (1990) Historische Diskursanalyse (Michel Foucault), in: Klaus-Michael Bogdal (Hg.): Neue Literaturtheorien. Eine Einführung. Opladen: Westdeutscher Verlag, S. 31-55.

Kantor, Jodi/Twohey, Megan (Hg.) (2020 [2019]) #MeToo: Von der ersten Enthüllung zur globalen Bewegung. Übers. Judith Elze/Katrin Harlaß. Stuttgart: Tropen.

Katz, Christine (2015) Nachhaltigkeit anders denken: Veränderungspotenziale durch Geschlechterperspektiven. Wiesbaden: Springer.

Kegel, Bernhard (2015) Die Herrscher der Welt. Wie Mikroben unser Leben bestimmen. Köln: DuMont.

Keller, Reiner (2007) Diskursforschung. Eine Einführung für SozialwissenschaftlerInnen. Wiesbaden: VS Verlag für Sozialwissenschaften.

Kimmel, Michael (Hg.) (1987) Changing Men. New Directions in the Study of Men and Masculinity. Newbury Park, CA: Sage.

Kimmel, Michael (2015 [2013]) Angry White Men. Die USA und ihre zornigen Männer. Übers. Helmut Dierlamm. Zürich: Orell Füssli.

Klarer, Mario (1993) Frau und Utopie. Feministische Literaturtheorie und utopischer Diskurs im anglo-amerikanischen Roman. Darmstadt: WBG.

Klinger, Cornelia/Knapp, Gudrun-Axeli/Sauer, Birgit (Hg.) (2008) Achsen der Ungleichheit. Zum Verhältnis von Klasse, Geschlecht und Ethnizität. Frankfurt/Main/New York: Campus.

Knapp, Gudrun-Axeli (2005) Intersectionality: Ein neues Paradigma feministischer Theorie, Feministische Studien. Zeitschrift für interdisziplinäre Frauen- und Geschlechterforschung 23(1): 68-81.

Knuth, Johannes (2019) Wann ist eine Frau eine Frau? Auf Süddeutsche Zeitung online (1. Mai 2019). URL: https://www.sueddeutsche.de/sport/semenya-cas-testosteron-1.4428307 (Abrufdatum: 29.01.2024).

Ko, Dorothy (2005) Cinderella's Sisters. A Revisionist History of Footbinding. Berkeley, CA/Los Angeles, CA/London: University of California Press.

Konrad, Sandra (2019) Das beherrschte Geschlecht: Warum sie will, was er will. München: Piper.

Kottenhoff, Margaret (1994) „Du lebst in einer schlimmen Zeit". Christine de Pizans Frauenstadt zwischen Sozialkritik und Utopie. Köln/Weimar/Wien: Bühlau.

Kraß, Andreas (Hg.) (2003) Queer Denken. Gegen die Ordnung der Sexualität. Frankfurt/Main: Suhrkamp.

Kroker, Britta (1994) Sexuelle Differenz. Einführung in ein feministisches Theorem. Pfaffenweiler: Centaurus.

Krome, Sabine (2022) Gendern in der Schule: Zwischen Sprachwandel und orthographischer Norm. Mitteilungen des Deutschen Germanistenverbandes 69(1): 86-110.

Kuhn, Thomas S. (1962) The Structure of Scientific Revolutions. Chicago, IL: University of Chicago Press.

Lacan, Jacques (1975 [1948]) Das Spiegelstadium als Bildner der Ichfunktion, in: Norbert Haas (Hg.): Schriften I. Olten/Freiburg: Walter, S. 61-70.

Lacan, Jacques (1975 [1966]) Die Ausrichtung der Kur und die Prinzipien ihrer Macht, in: Norbert Haas (Hg.): Schriften I. Frankfurt/Main: Suhrkamp, S. 171-239.

Landwehr, Achim (2008) Historische Diskursanalyse. Frankfurt/Main/New York: Campus.

Laqueur, Thomas (1992 [1990]) Auf den Leib geschrieben. Die Inszenierung der Geschlechter von der Antike bis Freud. Übers. H. Jochen Bußmann. Frankfurt/Main/New York: Campus.

Lemke, Thomas (2007) Biopolitik zur Einführung. Hamburg: Junius.
Levin, Ira (1994 [1972]) Die Frauen von Stepford. Übers. Keto von Waberer. München: Goldmann.
Lindemann, Gesa (1993) Das paradoxe Geschlecht: Transsexualität im Spannungsfeld von Körper, Leib und Gefühl. Frankfurt/Main: Fischer.
Loh, Janina (2018) Trans- und Posthumanismus zur Einführung. Hamburg: Junius.
Lohmann, Hans-Martin (2006 [1998]) Sigmund Freud. Reinbek: Rowohlt.
Lorde, Audre (1984) The Master's Tools Will Never Dismantle the Master's House, in: Sister Outsider. Freedom, CA: Crossing Press, S. 110-113.
Lorenz, Ansgar (2012) Michel Foucault. München: Fink.
Lovelock, James E. (1982 [1979]) Unsere Erde wird überleben. Gaia, eine optimistische Ökologie. Übers. Constanze Ifantis-Hemm. München: Piper.
Lüdemann, Susanne (2013 [2011]) Jacques Derrida zur Einführung. Hamburg: Junius.
Lunz, Kristina (2022) Die Zukunft der Außenpolitik ist feministisch: Wie globale Krisen gelöst werden müssen. Berlin: Econ.
Lyotard, Jean-François (2015 [1979]) Das postmoderne Wissen. Ein Bericht. Übers. Otto Pfersmann. Wien: Passagen Verlag.
Mangold, Ijoma (2024) Das Ende von Woke, Die Zeit (18. Januar 2024): S. 41.
Marcuse, Ludwig (1968) Obszön. Geschichte einer Entrüstung. München: List.
Martin, Emily (1996 [1991]) The Egg and the Sperm, in: Evelyn Fox Keller/Helen Longino (Hg.): Feminism and Science. Oxford/New York: Oxford University Press, S. 103-117.
McElroy, Wendy (ohne Jahr) Pornographie: Aus feministischer Sicht. Übers. Ulrich Wille. Freisinn Eigensinn Eigentum: Marktplatz für Liberalismus, Anarchismus und Kapitalismus. URL: http://www.zetetics.com/mac/articles/14-fem__sicht.html (Abrufdatum: 03.07.2017).
McElroy, Wendy (1995) A Woman's Right to Pornography. New York: St. Martin's Press.
McKelvie, Melissa/Gold, Steven R. (1994) Hyperfemininity: Further Definition of the Construct, The Journal of Sex Research 31(3): 219-228.
McRobbie, Angela (2016 [2008]) Top Girls. Feminismus und der Aufstieg des neoliberalen Geschlechterregimes. Übers. Carola Pohlen/Katharina Voß/Michael Wachholz. Wiesbaden: Springer VS.
Medhurst, Andy/Munt, Sally R. (1997) Lesbian and Gay Studies. A Critical Introduction. London/Washington, DC: Cassell.
Mellor, Mary (1997) Feminism & Ecology. New York: New York University Press.
Merchant, Carolyn (1987 [1980]) Der Tod der Natur. Ökologie, Frauen und neuzeitliche Naturwissenschaft. München: Beck.
Mertens, Wolfgang (2008) Psychoanalyse. Geschichte und Methoden. München: Beck.
Meuser, Michael (1998) Geschlecht und Männlichkeit. Soziologische Theorie und kulturelle Deutungsmuster. Opladen: Leske und Budrich.

Mies, Maria/Shiva, Vandana (1995) Ökofeminismus. Beiträge zur Praxis und Theorie. Zürich: Rotpunkt.

Millett, Kate (1971 [1969]) Sexus und Herrschaft. Die Tyrannei des Mannes in unserer Gesellschaft. Übers. Ernestine Schlant. München: Kurt Desch.

„Modell“ auf Duden online. URL: http://www.duden.de/node/658605/revisions/1393156/view (Abrufdatum: 03.07.2017).

Moers, Ellen (1976) Literary Women. Garden City, NY: Doubleday.

Money, John (1955) Hermaphroditism, Gender and Precocity in Hyperadrenocorticism: Psychologic Findings, Bulletin of the Johns Hopkins Hospital 96(6): 253-264.

Moran, Caitlin (2013 [2011]) How to be a Woman. Wie ich lernte, eine Frau zu sein. Übers. Susanne Reinker. Berlin: Ullstein.

Mosher, Donald L./Tomkins, Sylvan S. (1988) Scripting the Macho Man: Hypermasculine Socialization and Enculturation, The Journal of Sex Research 25(1): 60-84.

Nave-Herz, Rosemarie (1994) Die Geschichte der Frauenbewegung in Deutschland. Opladen: Leske und Budrich.

Neiman, Susan (2023) Links ≠ woke. Übers. Christiana Goldmann. Berlin: Hanser.

Nida-Rümelin, Julian (2023) „Cancel Culture“ - Ende der Aufklärung?: Ein Plädoyer für eigenständiges Denken. München: Piper.

Pagel, Gerda (2002) Jacques Lacan zur Einführung. Hamburg: Junius.

Parisi, Luciana (2004) Abstract Sex. Philosophy, Bio-Technology and the Mutations of Desire. London/New York: Continuum.

Parkinson, Richard B. (2013) A Little Gay History. Desire and Diversity across the World. London: British Museum Press.

Pearce, Ruth/Erikainen, Sonja/Vincent, Ben (2020) TERF wars: An Introduction, The Sociological Review 68(4): 677-698.

Penny, Laurie (2013 [2011]) Fleischmarkt. Weibliche Körper im Kapitalismus. Übers. Susanne von Somm. Hamburg: Edition Nautilus.

Perkins Gilman, Charlotte (1994 [1915]) Herland. Übers. Sabine Wilhelm. Reinbek: Rowohlt.

Platon (1998) Das Gastmahl. Übers. Kurt Hildebrandt. Ditzingen: Reclam.

Popper, Karl R. (1994 [1974]) Die beiden Grundprobleme der Erkenntnistheorie. Tübingen: Mohr.

Preciado, Beatriz (2003 [2000]) Kontrasexuelles Manifest. Übers. Stephan Geene/Katja Diefenbach/Tara Herbst. Berlin: b_books.

Preciado, Beatriz (2012) Pornotopia. Architektur, Sexualität und Multimedia im *Playboy*. Übers. Bettina Engels/Karen Genschow. Berlin: Klaus Wagenbach.

Preciado, Paul B. (2016 [2008]) Testo Junkie. Sex, Drogen und Biopolitik in der Ära der Pharmapornographie. Übers. Stephan Geene. Berlin: b_books.

Preusser, Heinz-Peter/Rétif, Francoise/Rytz, Juliane (Hg.) (2012) Pandora. Zur mythischen Genealogie der Frau. Heidelberg: Winter.

Priester, Karin (2002) Mary Wollstonecraft. Ein Leben für die Frauenrechte. München: Langen-Müller.

„queer" auf Duden online. URL: https://www.duden.de/rechtschreibung/queer (Abrufdatum: 21.12.2023).

Quindeau, Ilka (2008) Psychoanalyse. Paderborn: Fink.

Reuter, Martina (2022) Mary Wollstonecraft. Cambridge: Cambridge University Press.

Rich, Adrienne (1980) Compulsory Heterosexuality and Lesbian Existence, Signs 5(4): 631-660.

Richardson, Diane (Hg.) (2002) Handbook of Lesbian and Gay Studies. London: Sage.

Roche, Charlotte (2008) Feuchtgebiete. Köln: DuMont.

Rose, Lotte (1997) Körperästhetik im Wandel: Versportung und Entmütterlichung des Körpers in den Weiblichkeitsidealen der Risikogesellschaft, in: Irene Dölling/Beate Krais (Hg.): Ein alltägliches Spiel. Geschlechterkonstruktion in der sozialen Praxis. Frankfurt/Main: Suhrkamp, S. 125-149.

Rosenbrock, Hinrich (2012) Die antifeministische Männerrechtsbewegung. Denkweisen, Netzwerke und Online-Mobilisierung. Berlin: Heinrich-Böll-Stiftung.

Rubin, Gayle (1975) The Traffic in Women: Notes on the 'Political Economy' of Sex, in: Rayna Reiter (Hg.): Toward an Anthropology of Women. New York: Monthly Review Press, S. 157-210.

Rubin, Gayle (2003 [1984]) Sex denken: Anmerkungen zu einer radikalen Theorie der sexuellen Politik, in: Andreas Kraß (Hg.): Queer denken. Gegen die Ordnung der Sexualität (Queer Studies). Frankfurt/Main: Suhrkamp, S. 31-79.

Rückert, Corinna (2004) Die neue Lust der Frauen. Vom entspannten Umgang mit der Pornographie. Hamburg: Rowohlt.

Ruffing, Reiner (2008) Michel Foucault. Paderborn: Fink.

Sahtouris, Elisabet (1993) Gaia. Vergangenheit und Zukunft der Erde. Frankfurt/Main: Insel.

Salber, Linde (2006) Der dunkle Kontinent. Freud und die Frauen. Reinbek: Rowohlt.

Sarasin, Philip (2012 [2005]) Foucault zur Einführung. Hamburg: Junius.

Schiebinger, Londa (1986) Skeletons in the Closet: The First Illustrations of the Female Skeleton in Eighteenth-Century Anatomy, Representations 14 (Spring): 42-82.

Schlichter, Annette (2000) Die Figur der verrückten Frau. Weiblicher Wahnsinn als Kategorie der feministischen Repräsentationskritik. Tübingen: Edition diskord.

Schönherr-Mann, Hans-Martin (2007) Simone de Beauvoir und das andere Geschlecht. München: dtv.

Schößler, Franziska/Wille, Lisa (2022) Einführung in die Gender Studies. Berlin/Boston, MA: De Gruyter.

Schröder, Hannelore (1995) Olympe de Gouges. Mensch und Bürgerin. Aachen: ein-Fach-Verlag.

Schulze-Eisentraut, Harald/Ulfig, Alexander (Hg.) (2021) Gender Studies: Wissenschaft oder Ideologie?. Baden-Baden: Deutscher Wissenschafts-Verlag.

Schwarzer, Alice (1987) Vorwort, in: Andrea Dworkin. Pornographie. Männer beherrschen Frauen. Köln: Emma, S. 9-12.

Schwarzer, Alice (1994) PorNO. Opfer & Täter; Gegenwehr & Backlash; Verantwortung & Gesetz. Köln: Kiepenheuer & Witsch.

Scott, Joan W. (1986) Gender: A Useful Category of Historical Analysis, The American Historical Review 91(5): 1053-1075.

Segal, Lynne (1990) Slow Motion. Changing Masculinities, Changing Men. New Brunswick, NJ: Rutgers University Press.

Semenya, Caster (2023) Running in a Body of My Own. New York Times (21. Oktober 2023): S. 8.

‚Sexistisch': Werberat rügt erstmals den Post eines Influencers (2020). Auf RedaktionsNetzwerk Deutschland online (03. Februar 2020). URL: https://www.rnd.de/medien/sexistisch-werberat-rugt-erstmals-den-post-eines-influencers-KTXC6NVXHFF6PORG2NF5WPFTKQ.html (Abrufdatum 23.01.2024).

Showalter, Elaine (1977) A Literature of Their Own. British Women Novelists from Brontë to Lessing. Princeton, MA: Princeton University Press.

Sigmund-Wild, Irene (2000) Anerkennung des Ver-rückten. Zu Luce Irigarays Entwurf einer „Ethik der sexuellen Differenz". Marburg: Tectum.

Simmel, Georg (1986 [1910]) Das Relative und das Absolute im Geschlechter-Problem, in: Philosophische Kultur. Über das Abenteuer, die Geschlechter und die Krise der Moderne. Berlin: Klaus Wagenbach, S. 64-93.

Simmel, Georg (1992 [1908]) Soziologie. Untersuchungen über die Formen der Vergesellschaftung. Band 11 der Gesamtausgabe. Hg. von Otthein Rammstedt. Frankfurt/Main: Suhrkamp.

Simmel, Georg (2006 [1903]) Die Großstädte und das Geistesleben. Frankfurt/Main: Suhrkamp.

Simmel, Georg (2013 [1900]) Philosophie des Geldes. Aufsätze und Materialien. Hg. von Otthein Rammstedt. Frankfurt/Main: Suhrkamp.

Spivak, Gayatri Chakravorty (1996 [1986]) Subaltern Studies: Deconstructing Historiography, in: Donna Landry/Gerald Maclean (Hg.): The Spivak Reader. New York: Routledge, S. 203-236.

Stiglmayer, Alexandra (1993) Massenvergewaltigung. Krieg gegen die Frauen. Freiburg: Kore.

Stolberg, Michael (2003) A Woman Down to Her Bones: The Anatomy of Sexual Difference in the Sixteenth and Early Seventeenth Centuries, Isis 94(2): 274-299.

Stoller, Robert (1968) Sex and Gender. On the Development of Masculinity and Femininity. London: The Hogarth Press.

Strehle, Samuel (2012) Zur Aktualität von Jean Baudrillard. Einleitung in sein Werk. Wiesbaden: VS Verlag für Sozialwissenschaften.

Strossen, Nadine (1997) Zur Verteidigung der Pornographie. Für die Freiheit des Wortes, Sex und die Rechte der Frauen. Zürich: Haffmans.

Stryker, Susan/Blackson, Dylan McCarthy (Hg.) (2023) The Transgender Studies Reader Remix. London/New York: Routledge.

Sugiura, Lisa (2021) The Incel Rebellion: The Rise of the Manosphere and the Virtual War Against Women. Leeds: Emerald Publishing.

Theweleit, Klaus (2000 [1977/1978]) Männerphantasien. München: Piper.

Todd, Janet (2000) Mary Wollstonecraft. A Revolutionary Life. New York: Columbia University Press.

Venus, Jochen (1997) Referenzlose Simulation? Argumentationsstrukturen postmoderner Medientheorie am Beispiel von Jean Baudrillard. Würzburg: Königshausen & Neumann.

Villa, Paula-Irene (2012 [2003]) Judith Butler. Frankfurt/Main/New York: Campus.

Voß, Heinz-Jürgen (2010) Making Sex Revisited. Dekonstruktion des Geschlechts aus biologisch-medizinischer Perspektive. Bielefeld: transcript.

Wachter, Nicole (2001) Interferenzen. Zur Relevanz dekonstruktiver Reflexionsansätze für die Gender-Forschung. Wien: Passagen Verlag.

Wagner-Lawlor, Jennifer A. (2013) Postmodern Utopias and Feminist Fictions. Cambridge: Cambridge University Press.

Waldmann, Werner (2003 [1983]) Virginia Woolf. Reinbek: Rowohlt.

Wang, Ping (2000) Aching for Beauty. Footbinding in China. Minneapolis, MN/London: University of Minnesota Press.

Warner, Michael (1991) Introduction: Fear of a Queer Planet, Social Text 29, 3-17.

Warren, Karen (1997) Ecofeminism. Women, Culture, Nature. Bloomington/Indianapolis: Indiana University Press.

Wedgwood, Nikki (2005) Robert W. Connells Theorie der Männlichkeit und ihre Entstehungsgeschichte, in: Beate Kortendiek/Sigrid Metz-Göckel (Hg.) Lebenswerke: Porträts der Frauen- und Geschlechterforschung. Opladen, Budrich: S. 216-239.

West, Candace/Zimmerman, Don H. (1987) Doing Gender, Gender & Society 1(2): 125-151.

Williams, Janice (2017) Sophia the Robot Wants Women's Rights for Saudi Arabia. Auf Newsweek online (05. Dezember 2017). URL: https://www.newsweek.com/sophia-robot-saudi-arabia-women-735503 (Abrufdatum 29.01.2024).

Willis, Ellen (1985) Feminismus, Moralismus und Pornographie, in: Ann Snitow/Susan Stansell/Sharon Thompson (Hg.): Die Politik des Begehrens. Sexualität, Pornographie und neuer Puritanismus in den USA. Berlin: Rotbuch Verlag, S. 179-190.

Wilson, Edward O. (2000 [1998]) Die Einheit des Wissens. Übers. Yvonne Badal. München: Goldmann.

Winkler, Gabriele/Degele, Nina (2015) Intersektionalität. Zur Analyse sozialer Ungleichheiten. Bielefeld: transcript.

Wissenschaftsrat (2023) Empfehlungen zur Weiterentwicklung der Geschlechterforschung in Deutschland. Auf Wissenschaftsrat online (Juli 2023). URL: https://www.wissenschaftsrat.de/download/2023/1385-23.html (Abrufdatum 23.01.2024).

Wittig, Monique (1981 [1980]) One is not Born a Woman, Feminist Issues 1(2): 47-54.

Wittig, Monique (1992) The Straight Mind and Other Essays. Boston, MA: Beacon Press.

Wolf, Naomi (1991 [1990]) Der Mythos Schönheit. Übers. Cornelia Holfelder-von der Tann/Sabine Hübner/Ursula Locke-Groß. Reinbek: Rowohlt.

Wollstonecraft, Mary (2008 [1792]) Die Verteidigung der Frauenrechte. Übers. Petra Altschuh-Riederer. Aachen: ein-Fach-Verlag.

Woolf, Virginia (2012 [1929]) Ein eigenes Zimmer. Übers. Axel Monte. Stuttgart: Reclam.

Wörler, Frank (2015) Das Symbolische, das Imaginäre und das Reale: Lacans drei Ordnungen als erkenntnistheoretisches Modell. Bielefeld: transcript.

Zima, Peter V. (2016 [1994]) Die Dekonstruktion. Einführung und Kritik. Tübingen: Narr Francke Attempto.

8.2 Kommentierte Listen

An dieser Stelle finden Sie für den Bereich Gender Studies einschlägige Zeitschriften und Handbücher, Fachgesellschaften und Forschungsorganisationen jeweils in alphabetischer Reihenfolge.

Zeitschriften

Femina Politica – Zeitschrift für feministische Politikwissenschaft
Diese halbjährlich erscheinende Zeitschrift wurde 1997 gegründet und analysiert politologische Forschung und tagespolitische Themen aus feministischer Perspektive.

feministische studien – Zeitschrift für interdisziplinäre Frauen- und Geschlechterforschung
Diese halbjährlich erscheinende Zeitschrift wurde 1982 gegründet. Ihr Ziel ist es laut eigener Aussage, das Wissen von und über Frauen in Geschichte, Kultur und Gesellschaft zu vertiefen und zu verbreiten.

Freiburger Zeitschrift für GeschlechterStudien (fzg)
Diese halbjährlich erscheinende Zeitschrift wurde 1995 gegründet und erschien bis 2011 unter dem Titel *Freiburger GeschlechterStudien* (FGS). Sie sucht einen

breiten interdisziplinären Dialog und versucht insbesondere eine wissenschaftstheoretische Reflexion der Gender Studies.

GENDER – Zeitschrift für Geschlecht, Kultur und Gesellschaft
Diese Zeitschrift erscheint dreimal im Jahr und wurde 2009 gegründet. Sie sieht sich als fächerübergreifendes Forum für wissenschaftliche Arbeiten und will insbesondere den Dialog zwischen Forschung und Praxis befeuern.

gender forum – An Internet Journal for Gender Studies
Diese vierteljährlich erscheinende Online-Zeitschrift wurde 2002 gegründet und veröffentlicht interdisziplinäre Beiträge zu vielen theoretischen Aspekten der Gender Studies. Darüber hinaus erscheinen auch einschlägige Buchbesprechungen sowie literarische Werke, die sich mit dem Thema Geschlecht befassen.

Gender Issues
Diese seit 1998 erscheinende englischsprachige Fachzeitschrift (vormalig *Feminist Issues*) veröffentlicht interdisziplinäre Artikel sowohl zu den Grundlagen als auch zur praktischen Anwendung und Umsetzung der Gender Studies. Durch das hybride Veröffentlichungs-Modell erscheinen viele Artikel als Open Access.

Gender & Society
Diese 1987 gegründete Fachzeitschrift erscheint sechsmal im Jahr und gilt als renommierteste Veröffentlichung im Bereich der Gender Studies im englischsprachigen Raum.

Hypatia – A Journal of Feminist Philosophy
Diese Zeitschrift erscheint vierteljährlich und wurde 1986 gegründet. Sie veröffentlicht Beiträge und Rezensionen zu aktuellen und historischen Themen der Philosophie aus feministischer Perspektive.

Signs – Journal of Women in Culture and Society
Diese feministische Fachzeitschrift wurde 1975 gegründet und erscheint vierteljährlich. Ein Schwerpunkt liegt in der Analyse von globalen gesellschaftlichen Zusammenhängen und deren Auswirkungen auf die Lebenswirklichkeit in verschiedenen Teilen der Welt.

Einführungen, Handbücher und Nachschlagewerke

Gender@Wissen. Ein Handbuch der Gender Theorien (2013)
Von Braun, Christina/Stephan, Inge (Hg.) (2013) *Gender@Wissen. Ein Handbuch der Gender Theorien.* Köln/Weimar/Wien: Bühlau.

Dieses sehr praktische und doch fundierte Handbuch liefert auf jeweils 15 bis 20 Seiten kompakte Einführungen in die zentralen Begriffe rund um das Thema Gender Studies.

Gender Studien. Eine Einführung (2006)
Von Braun, Christina/Stephan, Inge (Hg.) (2006) *Gender Studien. Eine Einführung*. Stuttgart/Weimar: Metzler.
Dieses Standardwerk liefert zuerst eine thematische Einführung in die wichtigsten Konzepte und die historische Entwicklung der Gender Studies. Anschließend führt es in Artikel von jeweils 15 bis 20 Seiten deren Bedeutung für einzelne Fachdisziplinen auf. Ein Anhang listet außerdem die akademischen Institutionen auf, die für Lehre und Forschung der Gender Studies einschlägig sind.

Genus. Geschlechterforschung, Gender Studies in den Kultur- und Sozialwissenschaften (2005)
Bußmann, Hadumod/Hof, Renate (Hg.) (2005) *Genus. Geschlechterforschung, Gender Studies in den Kultur- und Sozialwissenschaften*. Stuttgart: Kröner.
Dieses Werk liefert auf jeweils ca. 40 Seiten eine Zusammenschau der vielfältigen Anknüpfungspunkte und Verflechtungen der Geschlechterforschung zu verschiedenen Einzeldisziplinen der Kultur- und Sozialwissenschaften.

Handbook of Gender and Women's Studies (2006)
Davis, Kathy (Hg.) (2006) *Handbook of Gender and Women's Studies*. London: Sage.
Dieses sehr breit gefächerte Werk liefert sowohl präzise Beiträge zur historischen Entwicklung des Forschungsgegenstands als auch zahlreiche gegenwartsbezogene Analysen zur sozialen, politischen, ökonomischen und kulturellen Fragestellungen im Bereich der Geschlechterforschung.

Handbuch Frauen- und Geschlechterforschung (2010)
Becker, Ruth/Kortendiek, Beate (Hg.) (2010) *Handbuch Frauen- und Geschlechterforschung. Theorie, Methoden, Empirie*. Wiesbaden: VS Verlag für Sozialwissenschaften.
Dieses monumentale Nachschlagewerk liefert auf jeweils 6 bis 10 Seiten eine prägnante Zusammenfassung zu zentralen Begriffen und Fragestellungen der Geschlechterforschung.

Fachgesellschaften

European Association for Gender Research, Education and Documentation (ATGENDER)
Diese Gesellschaft wurde 2009 gegründet und sieht sich als Plattform für die Verknüpfung zwischen den einzelnen europäischen Ländern und den einzelnen

Disziplinen, mit dem Ziel Gender Studies und Geschlechterforschung institutionell besser zu verankern und damit Strukturen für Kooperation und den Austausch und die Verbreitung von Wissen in diesem Bereich bereitzustellen.
Weitere Informationen unter *www.atgender.eu/*

Fachgesellschaft Geschlechterstudien/Gender Studies Association (Gender e.V.)
Die Fachgesellschaft Geschlechterstudien wurde 2010 gegründet und hat laut eigener Homepage zum Ziel, die wechselseitige Vernetzung und Information von Forschenden und Lehrenden in der wissenschaftlichen Geschlechterforschung zu unterstützen. Insbesondere auf den Jahrestagungen der Fachgesellschaft werden aktuelle Entwicklungen auf dem Gebiet der kritischen Geschlechterforschung diskutiert.
Weitere Informationen unter *www.fg-gender.de*

National Women's Studies Association (NWSA)
Dieser internationale Fach- und Interessensverband wurde 1977 gegründet und umfasst weltweit mehr als 2000 Mitglieder. Sein Ziel ist es, die gesellschaftliche Relevanz der Frauenforschung und des akademischen Feminismus deutlich zu machen. Der Verband vergibt zahlreiche Preise für Forschung und Lehre und organisiert eine große Jahrestagung.
Weitere Informationen unter *www.nwsa.org*

Österreichische Gesellschaft für Geschlechterforschung (ÖGGF)
Dieser Fachverband wurde 2012 gegründet und bezweckt laut eigener Aussage die Etablierung, Weiterentwicklung und Förderung von Geschlechterforschung in ihrer gesamten Breite im universitären und außeruniversitären Bereich in Österreich.
Weitere Informationen unter *www.oeggf.at*

Schweizerische Fachgesellschaft für Geschlechterforschung (SGGF)
Der schweizerische Fachverband für Geschlechterforschung wurde 1997 gegründet und bietet nach eigenen Angaben ein Forum zum Austausch für Geschlechterforschung und trägt zu deren Vernetzung auf nationaler und internationaler Ebene bei. Der Verband organisiert alle zwei Jahre eine große Fachtagung zu einem aktuellen Thema.
Weitere Informationen unter *www.gendercampus.ch/de/sggf*

Sektion Frauen- und Geschlechterforschung in der Deutschen Gesellschaft für Soziologie (DGS)
Die Sektion Frauen- und Geschlechterforschung in der Deutschen Gesellschaft für Soziologie gibt eine eigene Reihe heraus, das *Forum Frauen- und Geschlechterforschung*.
Weitere Informationen unter *www.frauen-undgeschlechterforschung.de*

Forschungsinstitutionen und -förderung

Center of Excellence Women and Science (CEWS)
Dieses Kompetenzzentrum für Frauen in Wissenschaft und Forschung (CEWS) ist Teil des GESIS Leibniz-Instituts für Sozialwissenschaft und sieht sich als nationaler Knotenpunkt zur Verwirklichung der Chancengleichheit von Frauen und Männern in Wissenschaft und Forschung in Deutschland.
Weitere Informationen (sowie ein sehr ausführlicher und informativer Newsletter) unter *www.gesis.org/cews/cews-home*

Cornelia-Goethe-Centrum für Frauenstudien und die Erforschung der Geschlechterverhältnisse (CGC) (Frankfurt am Main)
Dieses interdisziplinär und international ausgerichtete Forschungs- und Studienzentrum existiert seit 1997 und bietet ein reichhaltiges und facettenreiches Angebot aus Studienprogramm, Nachwuchsförderung, Tagungen, Workshops und Kolloquien.
Weitere Informationen unter *www.cgc.uni-frankfurt.de*

The Gender Studies Network
Dieses lose Netzwerk ist Teil der European Society for the Study of English (ESSE) und zielt ab auf einen europaweiten Informationsaustausch und eine erhöhte Sichtbarkeit der Gender Studies im Bereich der Literatur- und Kulturwissenschaften.
Weitere Informationen unter *essenglish.org/gender-studies*

Zentrum für Gender Studies und feministische Zukunftsforschung (Marburg)
Die zentralen Arbeitsgebiete des Zentrums liegen in den Bereichen Forschung, Lehre, Nachwuchsförderung und Vernetzung. Das Zentrum organisiert darüber hinaus regelmäßig wissenschaftliche Vorträge oder Studientage. Weitere Informationen über die unterschiedlichen Arbeitsfelder, aktuelle Forschungsprojekte und das Studienprogramm „Gender Studies und feministische Wissenschaft“ unter *www.uni-marburg.de/genderzukunft*

Zentrum für transdisziplinäre Geschlechterstudien (HU Berlin)
Das ZtG koordiniert seit 2003 die zahlreichen Forschungs- und Lehraktivitäten der HU Berlin. Es bündelt vielfältige Formen der Auseinandersetzung mit der Kategorie Geschlecht in allen theoretischen und gesellschaftlich-praktischen Feldern, unter anderem auch das von der Deutschen Forschungsgemeinschaft (DFG) geförderte Graduiertenkolleg „Geschlecht als Wissenskategorie“ (2005-2013).
Weitere Informationen unter *www.gender.hu-berlin.de*

Datenbanken und Open Access Plattformen

Datenbank Geschlechterforschung
Die „Datensammlung Geschlechterforschung" ist ein Angebot des Margherita-von-Brentano-Zentrums der Freien Universität Berlin, in dem verschiedene Datensammlungen zur Frauen- und Geschlechterforschung in Form eines digital verwalteten, übergreifend recherchierbaren Datenbanksystems bzw. einer Plattform zur Verfügung gestellt werden.
Weitere Informationen unter *www.mvbz.fu-berlin.de/service/datensammlungen/index*

Open Gender Platform
Diese ebenfalls vom Margherita-von-Brentano-Zentrum entwickelte Platform versucht den Open Access im Bereich der Geschlechterforschung voranzutreiben und bietet die Möglichkeit der Darstellung und Vernetzung bestehender Projekte und Aktivitäten.
Weitere Informationen unter *https://opengenderplatform.de*

Gender Open Repository
Diese seit 2016 operierende Suchmaschine macht es möglich, nach wissenschaftlichen Publikationen aus dem Feld der Geschlechterforschung zu suchen und diese gegebenenfalls direkt herunterzuladen.
Weitere Informationen unter *www.genderopen.de*

Bildnachweis

Aufkleber der Aktion «Gendern? Nein, danke!» auf dem Schild des Gleichstellungs- und Diversitätsbüros der Universität Wien, Public domain, https://www.nzz.ch/feuilleton/gendersternchen-in-wien-sogar-beim-sprechen-ld.1533682

Raewyn Connell, Foto: Peter Hall, 2008

Sigmund Freud, Foto: Ferdinand Schmutzer, 1926

Annonce Axe, Unilever 2012

John Opie: Mary Wollstonecraft, ca. 1797, National Portrait Gallery London

Virginia Woolf, Foto: unbekannt, 1927, Harvard Theater Collection, Houghton Library, Harvard University

Frau mit Lotusfüßen, 1911, Women Of All Nations, page 532, MCMXI (1911), Underwood & Underwood, London & New York

Hélène Cixous, Foto: © Claude Truong-Ngoc, 2011, lizensiert als CC unter Wikimedia Commons: https://de.wikipedia.org/wiki/Datei:H%C3%A9l%C3%A8ne_Cixous_par_Claude_Truong-

Caster Semenyas Sieg über 800 Meter beim Meeting de Paris, Stade Charlety - 30. Juni 2018, Foto: Yann Caradec, lizensiert als Creative Commons Attribution-Share Alike 2.0 Generic license unter https://commons.wikimedia.org/wiki/File:Meeting_de_Paris,_Stade_Charlety_-_30_juin_2018_(41318494790).jpg

Jacques Derrida, Foto aus: Klaus Englert: Jacques Derrida, Paderborn 2009

Judith Butler, University of California, Berkeley, 2013, lizensiert als CC und PD unter Wikimedia Commons: https://commons.wikimedia.org/wiki/File:JudithButler2013.jpg

Simone de Beauvoir und Jean-Paul Sartre in Peking, Parade zum sechsjährigen Bestehen des kommunistischen China am Tiananmen-Platz, Foto: Xinhua News Agency, 1. Oktober 1955 (Ausschnitt)

Femen-Protest beim Tag der offenen Tür im Kanzleramt, 21. August 2022, picture alliance/dpa / Carsten Koall

Paul B. Preciado auf der Eröffnungskonferenz der Documenta 14 am 7. Juni 2017 in Kassel, Foto: Olaf Kosinsky, lizensiert als CC unter Wikimedia Commons: https://commons.wikimedia.org/wiki/File:2017-06-07_Documenta_14_Paul_B._Preciado_by_Olaf_Kosinsky-10.jpg?uselang=de

Sophia, Hanson Robotics Ltd., speaking at the AI for GOOD Global Summit, ITU, Geneva, Switzerland, Foto: R. Farrell, lizensiert als Creative Commons Attribution 2.0 Generic license unter https://commons.wikimedia.org/wiki/File:Sophia_(robot)_2.jpg

Alle übrigen verwendeten Abbildungen sind gemeinfrei oder wurden vom Verlag oder Autor erstellt.

Register